A CONSTITUIÇÃO DA SUBJETIVIDADE FEMININA EM ALFONSINA STORNI

FUNDAÇÃO EDITORA DA UNESP

Presidente do Conselho Curador
Mário Sérgio Vasconcelos

Diretor-Presidente
José Castilho Marques Neto

Editor-Executivo
Jézio Hernani Bomfim Gutierre

Assessor Editorial
João Luís Ceccantini

Conselho Editorial Acadêmico
Alberto Tsuyoshi Ikeda
Áureo Busetto
Célia Aparecida Ferreira Tolentino
Eda Maria Góes
Elisabete Maniglia
Elisabeth Criscuolo Urbinati
Ildeberto Muniz de Almeida
Maria de Lourdes Ortiz Gandini Baldan
Nilson Ghirardello
Vicente Pleitez

Editores-Assistentes
Anderson Nobara
Jorge Pereira Filho
Leandro Rodrigues

NILDICÉIA APARECIDA ROCHA

A CONSTITUIÇÃO DA SUBJETIVIDADE FEMININA EM ALFONSINA STORNI

UMA VOZ GRITANTE NA AMÉRICA

© 2013 Editora UNESP

Direitos de publicação reservados à:
Fundação Editora da UNESP (FEU)

Praça da Sé, 108
01001-900 – São Paulo – SP
Tel.: (0xx11) 3242-7171
Fax: (0xx11) 3242-7172
www.editoraunesp.com.br
www.livrariaunesp.com.br
feu@editora.unesp.br

CIP-BRASIL. CATALOGAÇÃO NA PUBLICAÇÃO
SINDICATO NACIONAL DOS EDITORES DE LIVROS, RJ

R574c

Rocha, Nildicéia Aparecida
A constituição da subjetividade feminina em Alfonsina Storni: uma voz gritante na América / Nildicéia Aparecida Rocha. São Paulo: Editora Unesp, 2013.

Recurso digital
Formato: ePDF
Requisitos do sistema: Adobe Acrobat Reader
Modo de acesso: World Wide Web
ISBN 978-85-393-0426-4 (recurso eletrônico)

1. Storni, Alfonsina, 1892-1938 – Crítica e interpretação. 2. Literatura argentina – História e crítica. 3. Feminismo e literatura. 4. Livros eletrônicos. I. Título.

13-01604

CDD: 868.993209
CDU: 821.134.2(82)-09

Este livro é publicado pelo projeto *Edição de Textos de Docentes e Pós-Graduados da UNESP* – Pró-Reitoria de Pós-Graduação da UNESP (PROPG) / Fundação Editora da UNESP (FEU)

Editora afiliada:

"Es nuestra hipocresía la que nos destruye, la que destruye a nuestra compañera; es la falsedad entre lo que somos y lo que aparentamos; es la cobardía femenina que no ha aprendido a gritar la verdad por sobre los tejados."

(Storni, 1999, t.1, p.863)

Sumário

Introdução 9

Parte I 17

1 A produção literária na Argentina do início
do século XX 19
2 Alfonsina Storni:
vida e obra que se entrelaçam 47

Parte II 125

3 A poesia em prosa de
Poemas de amor 127
4 A subjetividade feminina/feminista 191

Considerações finais 233
Referências bibliográficas 241

Introdução

"They cut off my voice
So I grew two voices
In two different tongues
My songs I pour."[1]

(Partnoy apud Masiello, 1997, p.9, tradução
de Francine Masiello)

Em um momento histórico de grandes transformações sociopolíticas e culturais, de entrada e afirmação do século XX, especificamente na Suíça de 1892, nasce Alfonsina Storni. Levada pela migração, com apenas quatro anos de idade, ela vai com sua família para a Argentina, onde, posteriormente, graças à sua produção escritural, em poesia e em prosa, realizada entre 1915 e 1938, será um sujeito mulher de referência na literatura hispano-americana, considerada pela crítica e pelos leitores uma das vozes poéticas feminina/feminista e uma das atitudes feminista/feminina mais significativas de todos os tempos.

---

1 *"Me cortaron mi voz / Así que hice crecer dos voces / En dos lenguas distintas / Vierto mis canciones".*

Alfonsina Storni pertence a uma época intermediária, esteticamente, entre o modernismo e a vanguarda hispano-americana. Esse momento não traz apenas inovações, mas também captura, em meio a rejeições, muito do que o modernismo considerava turbulência criadora da vanguarda poética. Nesse fato histórico, cresce qualitativa e quantitativamente o discurso feminino, com a certeza de que a mulher, além de guardadora, que cuida da casa e da prole, é indivíduo público e pensante. Não é estranho, então, que a denominada voz feminina seja tão representativa a partir da década de 1910, e que, na primeira fila, destaque-se, como iniciadora na poesia, Alfonsina Storni, junto a Delmira Agustini, Juana de Ibarbourou, Gabriela Mistral, Eugenia Vaz Ferreira, Dulce María Loynaz, nos países hispano-americanos.

Considerada fundadora pela crítica, Alfonsina remodela a colocação da voz feminina, a qual se ocultava antes entre escritoras barrocas, no século XVII, como objeto delicado que em poucos momentos se objetiva a si mesmo como sujeito problematizado. Esse é o caso singular da precursora da escrita feminina na América Latina Sóror Juana Inéz de la Cruz, no México.

As vozes das escritoras mulheres, durante muito tempo, estiveram silenciadas ou mesmo apagadas, pois o cânone literário cabia à voz masculina. Na época de Alfonsina Storni, a crítica literária, por exemplo, de Luis María Jordán (1919), irá considerar a literatura realizada por mulheres como momentos de entretenimento e não a possibilidade de um lugar de reflexão do social, da luta por um espaço público para a mulher, e também lugar de discussão sobre a questão de gênero. Lugar esse que será instaurado pela literatura feita pelas mulheres nos inícios do século XX, como se pode verificar neste estudo.

A produção discursivo-literária de Sóror Juana apresenta-se em dois âmbitos: teológico, em prosa, e profano, em verso. Por meio de seus textos poéticos, geralmente cantados, aparece uma linguagem variada, desde um espanhol culto até a popular fala do índio e do negro, característica que aproxima seu texto dos seus interlocutores. Neles, a autora expõe sua recusa em aceitar a convenção da época,

A CONSTITUIÇÃO DA SUBJETIVIDADE FEMININA EM ALFONSINA STORNI   11

que considera inconveniente o acúmulo de conhecimento em uma mulher, principalmente se esta fosse uma religiosa, como é o caso de Sóror Juana. A crítica considera que a escrita é para Sóror Juana um processo de libertação, a resposta positiva ao somar elementos negativos: a negação que faz de seu corpo de mulher; e a marginalização por parte da sociedade e da Igreja, que não permitem que uma mulher estude e aceda ao saber.

Alfonsina Storni, em seus primeiros livros, *La inquietud del rosal* (1916) e *El dulce daño* (1918), parece uma pintora primitivista, pela alusão a um mundo primogênito de nobreza e frescura. Diz: *"¿Y vendrás tú? Por mis jardines vuelan / Ya las primeras mariposas / Sobre las roas. / Velan."* (Storni, 1999, t.I, p.111). Um mundo sonhado e desejado vislumbra-se em outro espaço espiritual e metafórico: é o lugar para florescer.

A partir de seu livro *Ocre* (1925), nota-se uma mudança significativa. Opera-se uma desnudez cuidadosa no detalhe, sensual em seus registros. A palavra sensível e inteligente salva-a em um âmbito de liberações, e, por esse caminho, ela se desloca durante nove anos em direção a *Mundo de siete pozos* (1935), para potencializar a imagem quase impressionista da cabeça humana. Em seu último livro, *Mascarilla y trébol* (1938), formoso em si mesmo e na consideração do trânsito poético de Alfonsina, seu encontro é com um corpo-mundo, com uma atitude sem medo e de abertura para novas descobertas. Nessa descoberta do novo, o corpo apresentado terá bocas *"negras, rotas, acartonadas, la garganta de nieve"* (Storni, 1999, t.I, p.404-6) e surgirá em um sonho, no qual há uma *"máscara tibia de otra más helada"* (ibidem, p.419).

No livro *Poemas de amor* (1926), poemas em prosa, *corpus* deste estudo, observa-se sinteticamente, como projeto de escrita, que a escritora Storni persegue temas e formas aparentemente contraditórios – "continuar a visão tradicionalista da mulher na sociedade" e/ ou "contestar tal visão a partir da condição de ser feminista". Trata-se da construção de uma identidade "feminina/feminista" por meio de uma diversidade de posições-sujeito, marcada subjetivamente por certa contradição complementar da representação da mulher no início do século XX, presente discursivamente tanto na poeticidade dos textos produzidos, com aspectos de narração-argumentação, quanto no jogo dialógico entre eu-poético/tu (amado, *nosotros, vosotros*) e leitor. Escolhemos esse livro como objeto de estudo por tratar-se de uma obra pouco analisada e conhecida de Alfonsina Storni, com o objetivo de, por um lado, trazer ao primeiro plano os poemas em prosa, estilo que foi cultivado no início do século XX e pouco valorizado pela crítica literária, e, por outro lado, *Poemas de amor* registra, com o livro de poemas *Ocre*, a ruptura de um fazer discursivo literário e a produção de novas experiências estéticas em Alfonsina Storni.

A proposta, segundo princípios teórico-metodológicos da análise de discurso de origem francesa e no desenvolvimento desse campo transdisciplinar no Brasil e na Argentina, é verificar a constituição discursivo-literária nos poemas em prosa de Storni, quanto ao jogo poeticidade/narratividade, as marcas dialógicas entre os interlocutores e os dispositivos de produção de subjetividade, que constroem uma diversidade de posições-sujeito na identidade feminina/feminista hispano-americana, nas primeiras décadas do século XX.

Geralmente, afirma-se que as mulheres estão relegadas ao espaço de dentro, da alcova. Entretanto, ao longo da história, a mulher tem cada vez mais ocupado o espaço não mais do privado, mas sim do público e da visibilidade. Já desde fins do século XIX e principalmente nas primeiras décadas do XX, há uma vasta produção artístico-literária que marca um discurso literário da mulher conhecedora de outros lugares, o espaço do saber-fazer uma produção literária e, por meio desse, a procura de um lugar de (re)conhecimento e de construção de uma outra subjetividade.

Entendemos discurso feminino como aquele em que a mulher é falada e pensada pela mulher, e discurso feminista quando há a expressão de uma contrarrazão ante o discurso do feminino, que elabora a lógica patriarcal, segundo Aralia López (apud Salomone, 2008, p.4). Ou seja, um espaço que possibilita visualizar as resistências que, a partir de diversas posições e estratégias, as mulheres têm estabelecido perante o discurso masculino. Nosso marco referencial,

A CONSTITUIÇÃO DA SUBJETIVIDADE FEMININA EM ALFONSINA STORNI   13

nesse aspecto, é a leitura da teoria e da crítica pós-feminista, denominada por July Cháneton (2007) pós-foucaultiana,[2] ou seja, propostas de Teresa de Lauretis, Joan Scott e Judith Butler, que aqui denominaremos crítica feminista contemporânea ou pós-feminista foucaultiana, tendo em vista a vinculação com os estudos de Michel Foucault.

Com Teresa de Lauretis (1994), entendemos a constituição da identidade feminina/feminista em Alfonsina Storni como múltipla e construída a partir de uma diversidade de posições-sujeito denominada "sujeito com gênero" (Violi, 1991, tradução nossa), no sentido de um sujeito que se faz pela diferença "genérico-sexual" ("*sexo-genérica*"), que incorpora uma configuração material e simbólica de duas subjetividades, de duas formas diversas de expressão e conhecimento, as quais não se negam nem se anulam.

Este livro está dividido em duas partes. A primeira parte, uma retomada histórico-contextual, está composta por dois capítulos, os quais se subdividem. O primeiro capítulo, "A produção literária na Argentina do início do século XX", sucintamente apresenta, a princípio, como se constituiu histórico-social e literariamente a modernidade cultural na Argentina entre 1900 e 1940, e, nesse contexto, a visibilidade da mulher como protagonista social e literária na América hispânica, bem como o surgimento do(a) escritor(a) como profissional das letras. A segunda parte desse primeiro capítulo trata especificamente do aparecimento da mulher escritora no novo contexto modernista, associando-o às mudanças sócio-históricas e políticas na Argentina, além de retomar a produção poética das escritoras mulheres de língua hispânica.

---

2 A designação pós-foucaultiana vincula-se à proposta de Cháneton (2007), no que se refere à postura pós-feminista, ou seja, na vertente do feminismo contemporâneo que repensa internamente os pressupostos teóricos e analíticos da teoria crítica feminista e que vai se construindo a partir de uma "política da diferença", da incorporação e da reflexão crítica da proposta foucaultiana sobre as redes de poder entre os indivíduos e destes consigo mesmos, por meio de *técnicas de si* e da *governamentalidade*, que se instauram em relações sócio-historicamente construídas.

14   NILDICÉIA APARECIDA ROCHA

O segundo capítulo, "Alfonsina Storni: vida e obra que se entrelaçam", apresenta especificamente a articulação entre a vida e a obra de Storni. Recuperamos vozes de críticos contemporâneos à escritora e resgatamos sua figura no contexto modernista de Buenos Aires, em uma breve biografia, articulando vida e produção literária, focalizando-a como um "sujeito novo" pelo compromisso assumido em sua postura de escritora e mulher pensante/contestadora de seu tempo. Nesse capítulo, traçamos historicamente a recepção crítica da obra de Storni, vinculando-a aos três momentos de sua poética – modernista, de ruptura e vanguardista –, e esboçamos brevemente a produção em prosa e teatro de Alfonsina, focalizando-a como denunciante da condição de um sujeito feminino, construtor de uma subjetividade "resistente" à ideologia e aos apelos sociais e literários de seu momento histórico.

A segunda parte deste livro, também dividida em dois capítulos, é de caráter mais teórico-analítico. No terceiro capítulo, "A poesia em prosa de *Poemas de amor*", focalizamos inicialmente os poemas em prosa do livro *Poemas de amor*, no âmbito da crítica literária, e apresentamos nossa proposta de análise. Resgatamos os conceitos de literatura e linguagem poética e os articulamos ao discurso literário; além disso, verificamos como se constituem a poesia e a prosa no que concerne a semelhanças e diferenças, considerando o poema em prosa do tipo híbrido. Em seguida, propomos a análise dos poemas em prosa, como poemas que contam uma história de amor, e ainda os relacionamos ao momento histórico em que foram produzidos. Analisamos também as marcas dialógicas que compõem os poemas de amor, recuperamos a linguística como ciência que se constrói no devir histórico e apresentamos uma perspectiva de releitura dos poemas em prosa no resgate do jogo dialógico.

O quarto capítulo – "A subjetividade feminina/feminista", trata especificamente da construção da subjetividade feminina/feminista em Alfonsina Storni. Tecemos as relações entre poder e subjetividade, segundo Foucault, e traçamos o percurso histórico da formação da crítica feminista como teoria crítica e disciplina legitimada. Nesse percurso, focalizamos a crítica literária feminista,

A CONSTITUIÇÃO DA SUBJETIVIDADE FEMININA EM ALFONSINA STORNI   15

principalmente a crítica feminista pós-estruturalista, denominada pós-feminista de caráter foucaultiano, que recupera as relações de poder e a construção da subjetividade na diferença. Por último, com base na teoria apresentada, fazemos uma releitura dos poemas em prosa de Storni e propomos que, na produção literária da escritora, há a construção de uma identidade múltipla e, por vezes, contraditória, mas uma contradição que se faz complementar, portanto a construção de uma diversidade de posições-sujeito.

A contribuição deste estudo instaura-se tanto no nível contextual de estudos sobre a literatura feminina hispano-americana no Brasil e na Argentina, quanto no teórico-analítico. A obra escritural de Alfonsina Storni é vislumbrada em várias análises, a partir de sua contemporaneidade, e se estende ao longo da crítica literária e da crítica feminista. A proposta aqui apresentada pretende-se inovadora quanto à focalização analítica da produção dos poemas em prosa de Storni sob a releitura na perspectiva discursiva, de linha francesa.

A extensa e diversificada crítica sobre a produção literária de Storni é sucintamente resenhada na primeira parte deste estudo. Primeiramente, sua poesia é vista como autobiográfica, salvo nas análises críticas realizadas por mulheres contemporâneas a Storni, como as de Gabriela Mistral, entre outras. Na década de 1980, as análises focalizam sua poesia pelo viés da escrita feminina e da crítica feminista norte-americana; a partir dos anos 1990, a perspectiva será a pós-feminista e discursiva, como nos estudos de Francine Masiello, Delfina Muschietti, Beatriz Sarlo, entre outras.

Com relação aos gêneros textuais produzidos por Storni, somente em fins dos anos 1980 e início da década 1990, surgem alguns trabalhos sobre a sua prosa. Especificamente com relação à sua produção jornalística, esta será enfocada nos últimos estudos sobre a escritora, principalmente nos artigos de Gwen Kirkpatrick (1990, 1995) e de Alicia Salomone (2006).

O objeto principal deste estudo, a poesia em prosa de Storni, no livro *Poemas de Amor*, é até o momento pouco estudado: quando é abordado em estudos analíticos, estes são breves entradas para focalizar *a priori* a poesia ou a prosa jornalística, como o trabalho de

Alicia Salomone (2006) e os artigos de Delfina Muschietti (1999). Sabe-se também que, como Alfonsina é muito mais conhecida por sua poesia, será justamente sobre essa produção que os estudiosos irão se debruçar.

O livro *Poemas de amor*, portanto, é a produção da poesia em prosa de Alfonsina, publicado em 1926, e que apenas aparece novamente publicada em suas *Obras completas* (1999), versão focalizada neste estudo, organizada por Delfina Muschietti. Focalizar esse *corpus* sob a perspectiva discursiva, especificamente com base nos estudos pós-feministas e foucaultianos, resgatando a subjetividade feminina e feminista nesses textos, reconhecendo, assim, as relações dialógicas e a poeticidade, na construção de uma diversidade de posições-sujeito na identidade da mulher nas primeiras décadas do século XX, é um desafio primeiro e instigante no âmbito dos estudos literários e discursivos.

PARTE I

1
A PRODUÇÃO LITERÁRIA NA ARGENTINA DO INÍCIO DO SÉCULO XX

"Temos sido sempre e eternamente socialistas, ou seja, fazendo concorrer a arte, a ciência, a política, ou o que o mesmo, os sentimentos do coração, as luzes da inteligência e a atividade da ação, ao estabelecimento de um governo democrático fundado em bases sólidas, no triunfo da liberdade e de todas as doutrinas liberais na realização, enfim, dos santos objetivos de nossa revolução"

(Sarmiento apud Kirkpatrick, 2005, p.86, tradução nossa)

Modernidade cultural na Argentina de 1900-1940

O processo de modernidade cultural que se dá na Argentina, entre 1900 e 1940, está diretamente vinculado a uma série de transformações: a modernização socioeconômica e política que o Estado argentino impulsiona, a princípio por meio da oligarquia, a partir da segunda metade do século XIX, como a unificação territorial; a organização e o funcionamento de um aparelho burocrático estatal; a crescente secularização da sociedade; o desenvolvimento de uma

20 NILDICÉIA APARECIDA ROCHA

economia primária agroexportadora; a imigração massiva de força de trabalho vinda de países do sul europeu; a urbanização de Buenos Aires, Rosário e outras capitais provinciais; assim como a difusão de um conjunto de imagens simbólicas que configuram um imaginário comum em torno da nacionalidade. Entretanto, esse esquema, a partir das reformas políticas democratizadoras de 1912[1] e com a eleição de Hipólito Yrigoyen para presidente em 1916, vai fraturando o monopólio elitista oligárquico, dando lugar a uma burguesia emergente.

No setor intelectual, as mudanças modernizadoras irão permitir a incorporação de membros da classe média nos meios sociais da classe mais alta, incluindo imigrantes ou os filhos destes, como é o caso de Alfonsina Storni e de José Ingenieros, entre outros. Nesse contexto, a figura do intelectual ganha evidência de especialização e profissionalização como atividade social, juntamente com a grande difusão e consagração da produção artístico-literária.

Por exemplo, nas primeiras décadas do século XX, a cidade de Buenos Aires é cenário de uma autêntica eclosão do jornalismo literário, com eventos como o surgimento da revista literária *Nosotros*, criada pelos então estudantes da Facultad de Filosofía y Letras da Universidade de Buenos Aires, Alfredo Bianchi e Roberto Guisti. A revista *Nosotros* dará lugar à atividade literária e crítica em âmbito nacional e internacional, pondo ênfase na resenha de autores locais: Leopoldo Lugones, Roberto Payró, Jorge Luis Borges e Alfonsina Storni, entre outros; também estão presentes autores hispano--americanos: Rubén Darío e Gabriela Mistral, entre muitos outros. Portanto, a criação da Facultad de Filosofía y Letras da Universidad Nacional de Buenos Aires será um espaço facilitador da circulação de livros e publicações, estabelecedor de vínculos entre os escritores consagrados e os mais jovens, além de ser um novo campo de

---

1 A Ley Sáenz Peña, de 1912, estabelece como obrigatório o sufrágio universal masculino para maiores de 18 anos e a inscrição eleitoral baseada nas listas de recrutamento militar, bem como a participação de minorias no sistema de "lista incompleta" (Salomone, 2006, p.23).

A CONSTITUIÇÃO DA SUBJETIVIDADE FEMININA EM ALFONSINA STORNI   21

trabalho para os que procuravam fazer das letras uma profissão permanente.

Beatriz Sarlo e Carlos Altamirano (1997, p.161) ressaltam algumas características próprias do ambiente literário na época do Centenário de Independência da Argentina, dentre elas: a aparição de novas formas de sociabilidade entre os escritores, por meio da *"camadería"* dos grupos que frequentam os espaços públicos; o artista nega as normas da *"buena sociedad"* e legitima a *"bohemia"* como forma de vida legítima; as *"tertulias en los cafés literarios"* e nas redações dos jornais. Esses novos aspectos contribuem para a constituição de um novo sujeito intelectual que, apesar de às vezes não ter condições de subsistência, irá afirmar sua identidade na prática da literatura.

Segundo Sarlo e Altamirano, a delimitação crescente de uma função social particular gera nos escritores uma certa "consciência do ofício" mas, ao mesmo tempo, tensiona-os ante um meio social que percebem adverso para a tarefa (ou missão) que devem praticar. Isso costuma provocar conflitos entre o escritor e sua sociedade, os que se derivam da precariedade trabalhista que eles experimentam, da falta de reconhecimento social para a sua atividade e da sua atitude ambivalente perante um público filisteu que os autores geralmente não reconhecem como um igual. (Salomone, 2006, p.26)[2]

Diferentemente do tradicional, o intelectual moderno verá sua tarefa como uma vocação comprometida existencialmente como sujeitos, como "destino central de suas vidas", segundo afirma Fermín Estrella Gutiérrez, ao analisar o panorama da literatura argentina em 1938 (Salomone, 2006, p.27). Nesse sentido, a constituição do sujeito nesse contexto está diretamente relacionada à preocupação deste com a profissionalização do autor, na luta de a atividade ser socialmente reconhecida e remunerada, tanto como

---

2 Todas as traduções deste livro são nossas.

escritor e/ou crítico, ou seja, como a constituição do sujeito relacionado às letras, a produção escritural.

De fato, a profissionalização da atividade literária caminhará ao lado da especialização da crítica, como acontece na revista *Nosotros*, que abrirá suas publicações com produções nacionais e internacionais, resenhas de autores locais consagrados ou emergentes, assim como de autores hispano-americanos. Roberto Guisti abordará a crítica na seção "Letras argentinas", criando um discurso profissional sobre a literatura. Teoricamente ele se baseia na crítica hegemônica da recém-formada academia argentina, ou seja, na crítica determinista de Hipólito Taine, no método biografista de Charles Sainte-Beuve e no hegelianismo de Francesco De Santis, dentro de uma perspectiva impressionista, mas sem excluir o diálogo entre a literatura local e a estrangeira, ou o estudo dos contextos aos quais remetiam as obras.

David Viñas (2005), ao analisar a literatura argentina e a política da época de Leopoldo Lugones, afirma que os escritores da geração de 1980, conformada por Cané, Wilde e Daniel García Mansilla, são vistos como *gentlemen* que se ocupam da literatura como uma atividade "lateral", nos intervalos de ócio da vida consagrada à política.

> No entanto, o trânsito visível entre o apogeu da oligarquia e o período posterior ao retrocesso da elite liberal até o surgimento do radicalismo ao governo em 1916 vai se destacando significativamente para o final da liderança dos *gentlemen*-escritores em direção a uma profissionalização do ofício de escrever por um deslocamento do predomínio dos escritores com sobrenomes tradicionais rumo ao aparecimento massivo e à preeminência de escritores provenientes da classe média e, em alguns casos, de filhos de imigrantes. (Viñas, 2005, p.8-9)

Na verdade, criam-se um processo geracional e, ao mesmo tempo, um deslocamento de classe, pois, se, por um lado, Roberto Giusti e Alfredo Bianchi fundam a revista *Nosotros*, por outro, Molinari, Levene e Ravignani definem "a nova Escola Histórica em

A CONSTITUIÇÃO DA SUBJETIVIDADE FEMININA EM ALFONSINA STORNI   23

1905, assim como Ghiraldo se indigna no primeiro *Martín Fierro*, de 1904" (Viñas, 2005, p.9).

A maioria desse grupo de novos escritores, os chamados *homens novos* por David Viñas, vai ser caracterizada pela militância, ou seja, pela vinculação com partidos populares de formação recente na Argentina, como o radicalismo, o socialismo e os grupos anarquistas. O anarquismo e o socialismo ganham maior relevância em fins do século XIX. O Partido Socialista argentino é fundado em 1896, por Juan B. Justo, dois anos depois de este ter criado *La Vanguardia* em colaboração com Leopoldo Lugones e Rubén Darío. Em toda a América Latina haverá uma difusão de discursos e contatos entre os intelectuais, artistas e literatos em torno da vida político-social dos cidadãos hispano-americanos. Muitos letrados manterão vínculos de significativa ação com socialistas e anarquistas, expressa, muitas vezes, em suas obras literárias. Por exemplo, são socialistas: Payró, Lugones, Ingenieros, Alfonsina Storni, entre outros, os quais levam para seu texto as inquietações, lutas e resistências sociais e políticas, além daquelas referentes ao gênero.

Nesse contexto, as mulheres tornam-se *"visibles"* (Zanetti, 1994, p.504) no campo social, sejam normalistas, universitárias, empregadas ou operárias, por meio de sua atividade de trabalho, de sindicalista, de intelectual e/ou política,[3] no sentido de reivindicar igualdade de direitos civis e cívicos. As escritoras adquirem uma dimensão inovadora, tanto a escritora de literatura como a jornalista, além de seu papel já assumido de leitoras assíduas. As escritoras Delmira Agustini e María Eugenia Vaz Ferreyra, entre outras, irão organizar vários congressos, como o Primer Congreso Femenino Internacional, na cidade de Buenos Aires, em 1910, onde fundam a Federación Feminista Americana, dela participando argentinas, paraguaias, peruanas e chilenas.

---

3 As mulheres dessa época militam ativamente no socialismo e no anarquismo; o Centro Feminista é fundado em 1905 e está diretamente vinculado ao Partido Socialista, e, como integrantes dele, estão: Alicia Moreau de Justo, Cecilia Grierson, Julieta Lanteri-Ranshaw, entre outras (Zanetti, 1994, p.489-534).

24   NILDICÉIA APARECIDA ROCHA

A modernização vai alterando a vida política, a inserção social, os usos cotidianos e também a paisagem, muito em função do dinamismo das cidades em contraste com a zona rural (ibidem). As expressões de música popular urbana encontrarão no tango argentino grande representatividade e ampla difusão nos centros americanos e europeus, nas primeiras décadas do século XX. Na literatura, o ensaio, a narrativa ou a poesia focalizam a zona rural em suas relações com a zona urbana, recuperando as ideias estruturadas do "americano", como as de *"civilización y barbárie"* (ibidem, p.508).

De fato, a modernização nos níveis literário, artístico e cultural dá-se de modo incipiente, ao articular novas regras de circulação e de consumo, bem como ao mudar os modos de consagração da obra e do escritor, e os sentimentos de pertencer efetivamente a algo até então consolidado com relação apenas a um passado recente.

Segundo Adolfo Pietro (apud Zanetti, 1994, p.511), toda tentativa de leitura da Argentina entre 1880 e 1910 supõe obrigatoriamente o reconhecimento e a incorporação de um tipo novo de leitor:

> O jornalismo foi a base da ampliação e diversificação do público – consequência da recente alfabetização –, a qual se soma, nas primeiras décadas do século XX, ao surgimento de novas livrarias e editoras. Serão os primeiros passos para uma cultura de massa, nos quais se reconhece, além disso, uma atividade teatral e musical de importância, que cria diversos circuitos de produção e público (a ópera e a zarzuela, o teatro culto e a farsa, ou outras expressões de teatro popular).

A ampliação da figura do leitor, de um público leitor, configura-se a partir do início do século XX em função do desenvolvimento urbano, que facilita o acesso aos serviços culturais na cidade moderna – Lei de Educação Comum n.1.420, de 1884 (Salomone, 2006, p.31) – e em função do crescimento e da melhora na qualidade de vida das classes médias e populares, que serão os consumidores da indústria cultural. Nesse sentido, a Argentina considerou que a

A CONSTITUIÇÃO DA SUBJETIVIDADE FEMININA EM ALFONSINA STORNI   25

educação era o lugar de homogeneizar e disciplinar os conglomerados heterogêneos, formados por estrangeiros e *criollos*, uma vez que o ensino da língua espanhola e da história nacional lhes possibilitaria a integração ao projeto de país de então. Na realidade, esse projeto supera seus próprios objetivos, uma vez que, depois dele, a Argentina apresenta níveis altíssimos de alfabetização, os quais são impactantes nos grandes centros. Por exemplo, segundo Alejandro Bunge (apud Salomone, 2006, p.31), a porcentagem de população analfabeta no país cai de 78,2%, em 1869, para 12%, em 1938, e de 47,8% para 6,6%, na mesma época, na capital Buenos Aires.

A expansão do público leitor vincula-se também ao crescimento demográfico e à urbanização do país. Graciela Queirolo (apud Salomone, 2006) diz que a cidade de Buenos Aires, cidade burguesa, possibilita, na época, a ascensão social a nativos e estrangeiros, o que a coloca no patamar da modernização. A cidade é centro de novas empresas e de uma série de iniciativas culturais. Criação de um jornalismo comercial, de editoras com publicação barata, de rádio, da produção discográfica, de exibições cinematográficas, de bibliotecas populares e sociedades de bairros etc.

A maior circulação literária, portanto, dá-se nos jornais, revistas e *magazines* nos fins do século XIX, mas, com o crescimento do número de livrarias interessadas na produção nacional e na edição de livros, e com o interesse das editoras estrangeiras em instalar-se na América, observa-se, nas primeiras décadas do século XX, uma mudança importante que abrirá outra perspectiva aos escritores. Por exemplo, em fins do século XIX, a cidade de Buenos Aires, graças ao seu dinamismo modernizador e à oferta de trabalho intelectual, começará a competir com a França e a Espanha na impressão de livros hispano-americanos. Em palavras de Suzana Zanetti (1994, p.531):

Os contínuos deslocamentos de escritores, a ativa correspondência, a imprensa jornalística ou as revistas especializadas, as novas instituições – como vimos – asseguraram um espaço de liberdade para a produção nos diferentes centros que, de certo modo, assentava-se na afiliação de fortes laços, de solidariedade, cujo único elemento filiador foi a reiterada afirmação de pertencimento hispano-americano.

Consequentemente, o rápido desenvolvimento da produção jornalística e da imprensa, com grande tiragem a baixo preço, requer também um crescente número de jornalistas assalariados, que devem adequar-se à censura e aos controles tanto das imposições empresariais como governamentais. Para expressarem a liberdade tão ansiada, os escritores, como jornalistas, programam estratégias de escrita para "controlar o valor literário de seus textos" (ibidem, p.512), por meio *del ajetreo*[4] e das novidades das redações, de conformar o gosto do leitor e de desenvolver um estilo de reconhecimento, mesmo que às vezes tenham que se submeter ao *"pluriempleo"*.[5]

Nesse panorama, surgem inquietações em relação à vocação e ao trabalho do escritor, em relação à função da escrita e do autor, relativizando, assim, a autonomia da arte e o lugar do artista. Ainda muito jovens, os escritores da época ingressam no mundo da escrita, principalmente por meio da atividade jornalística, e, a partir desse lugar, podem projetar-se a um âmbito intelectual ou literário, vivenciam a vida jornalística e traçam solidariedades, adesões e estilos junto à fugacidade do mundo jornalístico. Muitos textos literários – artigos, contos ou poemas – vão aparecer primeiro na imprensa jornalística, nos suplementos literários ou folhetins e nas revistas literárias, os quais tratam de problemas e temas latino-americanos em geral, contam com a participação de escritores de toda a América e reproduzem

---

4 Fadiga, cansaço. Aqui tem sentido de movimentação do dia a dia, isto é, correria cotidiana.

5 Exemplos de escritores que mantinham vários empregos: Gómez Carrillo era redator do *ABC* (Madri), correspondente de *Caras y Caretas* e *La Nación* (Buenos Aires), *Blanco y Negro* (Madri), *El Mercúrio* (Pari) e *Diario de la Marina* (La Habana), além de colaborador no dicionário enciclopédico de Garnier; em Buenos Aires, Javier de Viana escreve para *Caras y Caretas, Fray Mocho, Mundo Argentino* e *Atlántida*, inclusive comenta em certa ocasião que chegou a escrever quatro contos em apenas três horas (Zanetti, 1994, p.513).

A CONSTITUIÇÃO DA SUBJETIVIDADE FEMININA EM ALFONSINA STORNI   27

textos e respectivas críticas; a posteriori, acabam sendo plasmados em formato de livros, muitas vezes publicados pelo próprio autor, com grandes dificuldades.

Por exemplo, de acordo com relatos de Conrado Nalé Roxlo (1964), para que Alfonsina Storni pudesse publicar seu primeiro livro de poesia, La inquietud del rosal, em 1916, já que a escritora ganhava muito pouco e tinha dificuldade em encontrar editores na época, ela recorreu ao poeta Félix B. Visillac. Este, ao ler os poemas de Storni, repete: "Muito emotivo, muito emotivo!" (apud Nalé Roxlo, 1964, p.63), como fórmula de aprovação. No dia seguinte, vão à imprensa de Miguel Calvello para proceder à publicação do exemplar. Combinam que serão publicados 500 exemplares por 500 pesos, mas o pagamento nunca acontece, não se sabe por quê. Segundo Don Miguel Calvello: "Não me importa que não me pague... Mas que não me cumprimente!" (apud Nalé Roxlo, 1964, p.64).

No novo âmbito de circulação literária e especialização do escritor, a figura do autor, sua função e seu papel serão também uma preocupação nessa época. Ao retomar a constituição do autor, é imprescindível lembrar que, em Michel Foucault (2006, p.274), no livro O que é um autor?, a função autor está vinculada a uma "característica do modo de existência, de circulação e de funcionamento de certos discursos no interior de uma sociedade". Assim o autor seria o "princípio de uma certa unidade de escrita", ao mesmo tempo "permite superar as contradições" de uma série de textos e também "um certo foco de expressão que, sob formas mais ou menos acabadas, manifesta-se da mesma maneira e com mesmo valor [...]" (ibidem, p.278). Nesse sentido, a função autor:

[...] está ligada ao sistema jurídico e institucional que contém, determina, articula o universo dos discursos; ela não se exerce uniformemente e da mesma maneira sobre todos os discursos, em todas as épocas e em todas as formas de civilização; ela não é definida pela atribuição espontânea de um discurso ao seu produtor, mas por uma série de operações específicas; ela não remete pura e simplesmente a um indivíduo real, ela pode dar lugar simultaneamente a vários egos, a várias posições-sujeitos que classes diferentes de indivíduos podem vir a ocupar. (Foucault, 2006, p.279-80)

A relação com um autor e as diferentes formas dessa relação irão constituir, para Foucault (2006, p.286), uma das propriedades do discurso; além disso, instaura-se também uma possível introdução "à análise histórica dos discursos". Estudaríamos, então, os discursos nas modalidades de sua existência, ou seja, nos "modos de circulação, de valorização, de atribuição, de apropriação dos discursos", os quais variam de cultura a cultura e se modificam no interior de cada uma; "a maneira com que eles se articulam nas relações sociais se decifra de modo [...] mais ou menos direto no jogo da função autor e em suas modificações do que nos temas ou nos conceitos que eles operam" (ibidem). E no contexto da literatura modernista na Argentina, o autor será instituído não apenas pela tradição, mas também por novas figuras da sociedade, como os estrangeiros e filhos destes.

Em decorrência desse novo personagem, o autor, há também uma mudança na linguagem poética nesses novos textos produzidos a partir de outros lugares de enunciação. Portanto, entre 1888 e 1910, na literatura hispano-americana, o modernismo, no que se refere ao uso da linguagem poética moderna, irá revitalizar a língua espanhola sob três importantes aspectos: inovações na métrica, na rima e na sintaxe; expansão de temáticas; e mudança na percepção da função da poesia (Kirkpatrick, 2005, p.32).

No começo da década de 1920, os grupos artísticos vão se afiliando às novas propostas da vanguarda.[6] Os jovens vanguardistas

---

6   "O fenômeno poético que se produz na década de 1920, especificamente entre 1922 e 1930, é a consequência de vários fatores concomitantes, que, a partir de distintos ângulos, vão determinar uma modalidade e, portanto, uma produção literária. Se bem que, a partir do pessoal, um matiz distintivo – características de estilos ou pessoais de cada escritor – oferecerá um denominador comum que unificará, em determinados aspectos, todo o grupo. [...] Observamos que, no mundo todo, há um processo de transformação e mudanças radicais: o surgimento de teorias estético-filosóficas que impulsionaram o homem do século XX em direção a posturas diversas (teorias de vanguarda, futurismo, surrealismo, dadaísmo). Quanto ao imediato e ao cotidiano, observam-se fatos notáveis: o

A CONSTITUIÇÃO DA SUBJETIVIDADE FEMININA EM ALFONSINA STORNI   29

procuram estabelecer uma ruptura com o modernismo, a corrente literária precedente. Dentro do modernismo, o escritor Leopoldo Lugones foi reconhecido como o "maestro" de toda uma geração de poetas, entretanto e justamente por ser o mestre dos modernistas, será às vezes negado e rejeitado, por sua adesão à rima e seus tipos de versificação. Será rejeitado pelos vanguardistas e ultraístas. Pouco tempo depois da morte de Lugones, em 1938, Alfonsina Storni assim resume a forte influência que recebeu do poeta: "Rima tecnizante; retenção da confidencia, busca insistente do bom idioma; obstinação no tema nacional; lirismo amatório da ordenação sacramental; influência e apetências ecléticas: tudo isso muito argentino e em alguns pontos nada hispano-americano" (ibidem, p.67).

Toda essa transformação histórica, social, política e cultural determina mudanças significativas na expressão literária do início do século XX. Especificamente na Argentina, coexistem as contribuições da estética, preconizada pelo grupo de Florida ("ultraísmo" – em busca da forma), trazida da Europa e difundida por Jorge Luis Borges, González Lanuza, Oliverio Girondo e Evar Méndez, a qual expressa as inovações europeias; e o enfoque do grupo de escritores de Boedo, este muito mais comprometido com a temática e as questões sociais. Mas nem todos os poetas seguem essas propostas, e os que as integram também irão variar em sua posição de autor e darão voz a uma produção personalizada e livre das fórmulas predeterminadas. De fato, a busca pela argentinidade será o denominador comum que vinculará os escritores:

[...] desejos de modernidade, uma tendência rumo ao futuro; um voltar ao passado com tons nostálgicos, mas sem cair na imitação restritiva aos modelos estrangeiros, tentado, em última instância, encontrar seu próprio perfil. Se, em um primeiro momento, os poetas enfrentaram-se em uma atitude bipolar Florida-Boedo

---

avanço da ciência, a descoberta da penicilina, as transmissões experimentais da televisão vindas de Londres, a velocidade automobilística [...]. É o homem das transformações súbitas, aquele 'que considerará velho tudo aquilo que nasceu no dia anterior'" (Llagostera, 1980).

30   NILDICÉIA APARECIDA ROCHA

[bairro nobre e popular de Buenos Aires que albergava os escritores mais tradicionais e os mais jovens], a conciliação sintetizará uma só expressão: a procura pela argentinidade. (Llagostera, 1980, p.III)

Na transição entre o final do modernismo e a emergência da vanguarda, a questão sobre a identidade nacional é vista a partir de duas perspectivas estéticas não excludentes: por um lado, uma literatura "arte", para alguns, "produzida por escritores que afirmam a legitimidade de sua palavra numa filiação argentina herdeira por sua linhagem", e, por outro, uma literatura de produção mais massiva, "de escritores mais pobres, com provável origem imigrante" (Salomone, 2006, p.36, tradução nossa).

Nesse contexto literário, vale registrar a contribuição literária de escritores de toda América Latina sobre o *criollo*. É o caso de *Don Segundo Sombra*, de Ricardo Güiraldes (s.d.), no qual se configura uma pintura da vida rural com a idealização das relações entre amos, senhores das terras, e servidores, os crioulos. Por sua vez, o texto *Los caranchos de la Florida*, de Benito Lynch (1994), na zona rural, recupera os conflitos nas relações entre os senhores e os crioulos. Além disso, o indígena será outro sujeito também recuperado nessa nova perspectiva literária, ou seja, no resgate da identidade hispano--americana ou, mais especificamente, argentina. No Peru, Clorinda Matto de Turner (1889), em fins do século XIX, 1889, publica *Aves sin nido*, romance que oferece uma imagem problematizada do indígena, iniciando assim o indigenismo hispano-americano.

A figura de Horacio Quiroga pode ser paradigmática nesse panorama literário. Uruguaio de nascimento, instala-se em Buenos Aires em 1902 e produz sua literatura basicamente em Misiones, província de Argentina, região naquele momento pouco ou quase nada explorada e habitada. Horacio Quiroga dedica-se ao conto como gênero independente, iniciado na Argentina por Domingo Faustino Sarmiento (1845) com *Facundo*, especificamente o capítulo V. Focalizando a selva missioneira, Horacio Quiroga é considerado um dos criadores da "selva literária", ao descrever a luta do homem com seu meio ambiente natural. Outro escritor que cultiva essa

A CONSTITUIÇÃO DA SUBJETIVIDADE FEMININA EM ALFONSINA STORNI   31

literatura é José Eustasio Rivera que, em 1924, publica o livro *La vorágine*, no qual apresenta a selva como cenário de ações e atribui a ela características antropomórficas. Nessa obra, a selva devora os protagonistas.

De modo geral, o período em que Alfonsina Storni produz sua escrita poética, entre 1915 e 1938, é um momento de grande impacto para os intelectuais e literatos, pois eles precisam refletir sobre as mudanças sociopolíticas do continente americano e tomar uma postura ante esses acontecimentos, em um contexto de reformulação nacional, depois da crise oligárquica. No que tange ao político, haverá a necessidade de pensar políticas mais democratizadoras e de inclusão; as classes sociais demandam direitos sociais básicos, surge a questão indigenista, e há a demanda e obtenção de direitos civis e políticos para as mulheres, no âmbito genérico-sexual.

A produção feminina na América Latina: Argentina

"Mujer, al fin, y de mi pobre siglo."

(Storni, 1999, t.1, p.208)

Nas primeiras décadas do século XX, a constituição da subjetividade feminina, como construção discursiva de uma identidade do sujeito feminino na especificidade do discurso-poético, herda, segundo Márgara Russotto (1994, p.812, tradução nossa), uma série de "desenfoques e distorções da antiga origem, duplamente desenfocado e reajustados à luz do contexto latino-americano". O panorama cultural da época sofre uma pluralidade de fenômenos que rompe com o imaginário social assentado e encaminha-se para uma emancipação intelectual: a fragmentação de estilos, de vidas e de correntes artísticas; a estabilidade social e mudança, prosperidade e abandono, abertura ao exterior e redescoberta das regiões interiores; certa democratização das formas artísticas e também o reaparecimento de velhos sistemas políticos

32 NILDICÉIA APARECIDA ROCHA

autoritários; são anos de renovação e são anos de "ouro da poesia latino-americana" (ibidem, p.812-3).

Em contrapartida, na Argentina, a participação da mulher na vida social ainda é pouca. A preocupação das instituições educativas e a reforma pedagógica de 1902 a 1920 vão possibilitando maior inserção da mulher no âmbito social. Mas, justamente pelo desejo de emancipação e legitimação de um espaço público, esses avanços tornam-se motivo de distorção e ambiguidade, pois obrigam a mulher a adquirir um papel público que a separa de outro, o privado, o qual ainda funciona na escrita literária como o lugar de expressão de sua personalidade ou como o registro dessa ambiguidade, em alguns casos escriturais.

A crítica Francine Masiello (1997), em *Entre civilización y barbarie: mujeres, nación y cultura literaria en la Argentina moderna*, irá relacionar o estudo da história das mulheres na Argentina com a perspectiva política. Para tanto, ela faz um resgate histórico da relação entre as mulheres e a cultura argentina desde o começo do século XIX, que se define como mundo pós-colonial secularizado, e chega a meados de 1930, "década que culminou em uma longa experiência de modernização que, na verdade, terminou em fracasso" (Masiello, 1997, p.12, tradução nossa), visto que as vanguardas são então uma realidade nacional.

As ações femininas mais potentes na América Latina, o que se estende a toda a América Latina, advêm da cultura argentina, graças à tradição das *belles lettres*, por ter estabelecido um eixo de identidade feminina fora das concepções míticas. Na verdade, dentro das dimensões não utópicas, "a Argentina revela uma tradição literária cheia de contradições, que oscila entre um conservadorismo doméstico cujo eixo é o lar e a família e um discurso anárquico, às vezes subversivo, que mina a lealdade das mulheres às retóricas nacionalistas" (ibidem, p.12).

Desse modo, a emergência de uma série de tensões na cultura, vinculadas à questão de gênero, está relacionada ao desenvolvimento nacional argentino. De acordo com Masiello (1997), há três períodos da história argentina vinculados à questão de gênero:

A CONSTITUIÇÃO DA SUBJETIVIDADE FEMININA EM ALFONSINA STORNI   33

- anos de confrontação entre federais e unitários, intensificada no regime de Juan Manuel de Rosas (1829-1852) e que se prolongou numa divisão bipartidária em direção à década de 1870;
- consolidação do Estado-nação moderno em princípios de 1880, o qual implementa o primeiro plano de programas de modernização com ênfase no dinheiro e no método científico;
- ressurgimento nacionalista, iniciado com as celebrações do Centenário de 1910 (centenário da Independência da Argentina), no qual se articula uma retórica patriótica contra os imigrantes e alguns setores da sociedade argentina.

Além dessa dimensão histórico-cultural vinculada ao gênero, outros fatores influenciam o estilo *cambiante* da linguagem literária, com considerações sobre os problemas de representação e até mesmo de estrutura do próprio discurso. Por exemplo, entre 1920 e 1930, os autores de textos nacionalistas e suas defensoras feministas movem sua preocupação na direção do debate de gênero e Estado para as modalidades do discurso. Portanto, a organização da língua e a posição dos leitores nos textos serão o foco das atenções de escritores na modernidade.

No primeiro período anteriormente apresentado, após a Independência, os proeminentes escritores-estadistas irão representar as mulheres, na imaginação política desses homens, segundo as virtudes de nacionalidade e de potencial para polemizar as injustiças sociais. Mas a literatura pós-colonial mostra estilos antagônicos de representação do feminino e um registro alternativo de imagens de mulheres vinculadas ao caos e à desordem, como comprovam os estudos de Josefina Ludmer (apud Masiello, 1997), a qual, ao observar os anos anteriores a 1880, verifica que os discursos culturais e políticos argentinos da época circulam sem um controle fixo da forma. A linguagem, a circulação de materiais impressos e a formação do gênero irão refletir a turbulência desses anos de formação da nação argentina. Assim, as expressões contraditórias na cultura e o discurso impresso modularão a representação das mulheres.

34   NILDICÉIA APARECIDA ROCHA

A ideologia da época, segundo a qual "governar é povoar", em acordo com a purificação da raça, tentará proteger o território argentino dos povos indígenas e de "outros" indesejados. A mulher de origem europeia discursivamente será inscrita como *"amorti-guadoras"* (ibidem, p.14), no sentido de plasmar uma declaração programada sobre a raça e estabelecer um nexo entre as políticas locais e os valores europeus. O agravante dessa situação é que essa ideologia converte a mulher europeia e a indígena em foco de repressão.

Algumas escritoras passam a publicar, no período de 1829 a 1852, em revistas culturais e também obras de ficção; elas apresentam sua oposição à dominação imposta, participando ativamente da formação da nação argentina. As escritoras Juana Manuela Gorriti, Rosa Guerra, Juana Manso e Eduarda Mansilla de García são exemplos de figuras femininas que lutaram para instaurar uma identidade feminina por meio de suas escrituras. Juana Manuela Gorriti (1818-1892) foi escritora, jornalista e uma personagem importante de sua época. De acordo com Masiello (1997, p.62, tradução nossa), Gorriti realiza uma análise crítica do progresso da Argentina como nação, "mesmo que suas tendências de corte notadamente liberal se opusessem aos valores mais conservadores de Eduarda Mansilla". Juana Manso luta socialmente contra a ideia de "família unitária" e é uma "conhecida partidária dos unitários e amiga de Sarmiento e de Marmól, integrava a domesticidade com uma denúncia da política do regime de Rosas. [...] mais seriamente comprometida com uma missão feminista [...]" (ibidem, p.93).

Essas escritoras podem, assim, determinar a configuração da família argentina, descrever sua condição de exiladas, articular associações de linguagem e de estatuto social com as mulheres europeias e nativas, e também formulam respostas à autoridade perante os conflitos políticos. De fato, há uma maior participação e contribuição das mulheres argentinas na formação da cultura impressa e no âmbito público, por meio de suas produções em revistas e jornais literários, registrando historicamente uma linguagem e uma voz feminina nos debates nacionais.

A CONSTITUIÇÃO DA SUBJETIVIDADE FEMININA EM ALFONSINA STORNI 35

O segundo período, na década de 1880, marcará um deslocamento nas representações culturais das mulheres, da família e da nação. Fatores como a grande imigração europeia para a Argentina e o início da industrialização, da pesquisa científica e da modernidade fazem com que os homens de letras cheguem a atribuir às mulheres, algumas vezes, a responsabilidade pela prostituição e pela ganância. Por exemplo, eles destinam simbolicamente à mulher imigrante de classe baixa do sul da Europa a degradação do modelo europeu idealizado. Entretanto, esses anos propiciam o desenvolvimento da classe média e dos estrangeiros, a organização das massas em atividades anarcossindicalistas e a utilização das mulheres europeias em programas nacionalistas. Literariamente, os textos do século XIX ganham relevância na década de 1880, expressa na consciência de uma Argentina consolidada nacionalmente e instalada na modernidade.

Em textos de homens e mulheres, a figura da prostituta representará a intrusão da experiência erótica na vida do mercado público. Para Masiello (1997, p.15, tradução nossa), a prostituta sintetizará uma "incômoda colocação das mulheres que não estão associadas a um lugar doméstico específico, nem formalmente ocultas do cenário público". Vista como delinquência, a prostituição irá redefinir a relação dos cidadãos com o Estado e também a relação do corpo com o texto. A mulher simbolizará, desse modo, um *llamado satánico* à produtividade textual e ao excesso zombador da imaginação masculina. No entanto, a mulher tocará o grotesco, em função de sua incapacidade de conter os diferentes discursos.

Já na direção de fins do século XIX até o Centenário, a representação da mulher na Argentina passará dos idos conflitos entre os líderes do Estado a um maior número de vozes femininas que se farão ouvir publicamente, graças ao intenso movimento das massas trabalhadoras anarquistas e socialistas, e também à demanda das mulheres de classe média e alta pelo direito ao sufrágio e ao divórcio. As mulheres serão vistas como subversivas. As escritoras mulheres problematizarão o predomínio da ciência e a significação da política e do dinheiro, redefinindo suas relações com as autoridades. Literariamente, o romance sentimental focalizará as preocupações político-sociais. A escrita feminina verá a arte como espaço para descrever as relações entre os consumidores e a economia. Exemplos dessa literatura serão os textos de Juana Manuela Gorriti, Lola Larrosa de Ansaldo, Eduarda Mansilla de García e Emma de la Barra.

> Gorriti e Mansilla, ao lado de um expressivo número de mulheres jornalistas da década de 1880, enchem as páginas dos jornais com discussões sobre a ciência materialista, a tecnologia e a prática médica. Ao proporem uma representação orgânica do eu, de acordo com a família e a comunidade, produzem uma linguagem e estilos únicos que desafiam os preceitos do conhecimento especializado. (ibidem, p.16)

A fase que vai de 1910 até o final da denominada "década infame" de 1930 é marcada pelo cruzamento dos limites entre a vida privada e a pública das mulheres, e por outra definição sobre a questão de gênero. No âmbito da modernidade, as narrativas produzidas pelas mulheres não apenas tematizam as relações de gênero, como também as debatem, centralizando os direitos de autoridade sobre o "controle da expressão verbal tanto na literatura como nos ensaios nacionalistas" (ibidem, p.16). Assim, as mulheres dão voz feminina às questões das práticas discursivas e da semântica, como comprovam as práticas vanguardistas, a alta cultura e o realismo socialista, o que é realizado por mulheres rurais e de classe baixa que subvertem a autoridade das narrações canônicas.

De fato, a complexidade da formação de uma Argentina como nação não se restringe às representações de gênero, mas vincula-se principalmente às lutas de consolidação de independência e modernidade. Nesse contexto, os problemas de dinheiro, raça, prestígio e movimentos sociais se alternam nas representações discursivas veiculadas em textos e ensaios literários. O conceito de "mulher" é uma construção ideológica e ficcional. Nesse referente, para Masiello (1997), a busca dá-se com o objetivo de

A CONSTITUIÇÃO DA SUBJETIVIDADE FEMININA EM ALFONSINA STORNI   37

resgatar historicamente as possíveis imagens de mulheres, partindo do pressuposto de que sempre há alternância dessas "imagens" quando se muda a forma de governo ou a fase tradicionalista para uma mais modernista. Consequentemente, haverá uma alteração na representação do gênero, com uma configuração diferente dos homens e das mulheres.

Em consonância com Masiello (1997), Zanetti (1994, p.506) ressalta que a literatura moderna na América atesta uma:

> [...] problematização do nacional e apresenta novas propostas *criollas*, como ocorre com Blanco Fombona, coincidindo com a irrupção do nacionalismo rumo a 1910. [...] fala-se de concepções estéticas da escritura hispano-americana que vão deixando para trás as meras coincidências e as propostas separadas.

Acrescentamos que a representação do gênero é uma temática de fundamental importância como articuladora na constituição das nações americanas.

Com relação às produções literárias femininas, em fins do século XIX, desfaz-se a falsa dicotomia implícita[7] entre o âmbito "público" – vinculado ao homem – e o "privado" – relacionado à mulher –, pois as escritoras mulheres já se mostram comprometidas em atividades públicas por meio de sua escrita doméstica, organizada em torno de um diálogo sobre a nação argentina.

As três escritoras mais destacadas do século XIX – Juana Manuela Gorriti, com a crítica ao regime rosista (referente ao governo de Juan Manuel de Rosas); Eduarda Mansilla de García, com um programa de expansão do pampa; e Juana Manso, com enfoque na educação adequada para formar futuros cidadãos – organizam debates públicos em revistas da Argentina, do Brasil e Peru, como primeiras pré-feministas internacionais. Registram também a

---

7 Feministas como Nancy Fraser e Mary Ryan desvelaram essa falsa dicotomia e demonstraram a permeabilidade constante entre ambos os domínios da experiência (Masiello, 1997, p.20).

38 NILDICÉIA APARECIDA ROCHA

necessidade de "viver do ofício de escrever" (Masiello, 1997, p.21, tradução nossa), antecipando a profissionalização dos escritores e o consequente sustento da família.

A partir da produção dessas escritoras no século XIX, o espaço da casa permite que suas figuras literárias se afastem tanto dos âmbitos culturais desestruturados da experiência americana como das paixões, com suas fronteiras indeterminadas. *A posteriori*, com Victoria Ocampo e Alfonsina Storni, no século XX, a casa passa a ser o lugar da esfera pública, marcada textualmente pela ruptura da divisória identitária entre a vida pública e a privada. A casa será o lugar de desenvolvimento de novas aprendizagens, de expansão da conversação pública e, principalmente, para revisar as ideias sobre o trabalho e a identidade. Isso se observa nos diálogos de periódicos feministas que variam, no século XIX, entre comentários sobre moda e cosmetologia e especulações sobre filosofia e ciência, já nas décadas de 1920 e 1930.

Segundo Masiello (1997, p.22), a preocupação com a língua, reconhecida em sua heterogeneidade discursiva, também será preocupação realizada no espaço doméstico e plasmada nas produções literárias das escritoras argentinas:

Ao mesmo tempo em que questionavam os abusos do matrimonio e seu limitado acesso à educação ou às viagens, as escritoras argentinas condenavam as convenções do discurso retórico e público que haviam restringido sua participação na comunidade e que as excluíram da ação política. Os relatos de Juana Manuela Gorriti, por exemplo, às vezes, exploravam a formulação de uma língua nacional, além dos modelos castiços impostos pela Espanha na América Latina. Mais importante ainda, celebravam a vívida heterogeneidade das linguagens que colocavam em dúvida a estabilidade do discurso oficial.

No século XX, a discussão sobre a língua está mais vinculada à modernização e ao privilégio masculino na fala. Por exemplo, as escritoras Norah Lange e Victoria Ocampo procuram incorporar

A CONSTITUIÇÃO DA SUBJETIVIDADE FEMININA EM ALFONSINA STORNI 39

uma visão "feminizante" da realidade ao idioma espanhol, valorizando a experiência privada. E este será o ponto central do discurso vinculado ao gênero: ser um mediador entre a experiência e o escrito, segundo Masiello (1997). As escritoras argentinas fazem essa focalização, tanto as vanguardistas como as realistas socialistas, advertindo para o tema de gênero como um problema central da linguagem e da representação, em um contexto de uma literatura modernista e de experimentação vanguardista como a de Jorge Luis Borges. Nesse sentido, pode-se afirmar que as reflexões femininas partem da focalização da heterogeneidade escritural, mas, na verdade, serão tanto escritores como escritoras, "*hombres de letras*", que marcarão a voz híbrida na evolução literária.

De acordo com Elida Ruiz (1980), as poetas que aparecem no panorama argentino desde fins do século XIX e começo do XX focalizam o lírico e o intimista, ou às vezes religioso, como é o caso de Edelina Soto y Calvo (1844-1932), compartilhando sempre o gosto pelo tom romântico, até meados do século XX. Em 1905, no *best-seller Stella*, de Emma de la Barra, romance "rosa" com traços românticos, escrito sob o pseudônimo César Duayen (1933), há um fundo didático no sentido de ensinar a mulher como o amor e a dedicação do seu amado podem convertê-la em um ser "melhor", pela fé e esperança. Essa corrente didática e romântica se rompe com o surgimento de alguns livros de Alfonsina Storni, como *Ocre, Mascarilla y trébol*. Exercendo a docência, Alfonsina, em seu discurso poético, renova-se em direção a uma nova imagem de escritora, autossuficiente e participativa, tanto nas tertúlias literárias como em debates sociais e políticos, expressos em sua poesia e sua prosa, e que irá se constituir, assim, em um símbolo da liberdade feminina desejada pelas mulheres de sua contemporaneidade (ibidem, p.VI).

Fazendo um resgate das contribuições das vozes femininas do início do século XX até a década de 1930, verifica-se que será Victoria Ocampo que integrará uma consciência de *res publica*, com a representação de sua vida privada em suas memórias e uma linguagem feminina desafiadora do tradicional e do canônico; será Norah Lange que, afastada do interesse pela história nacional, iniciará

40 NILDICÉIA APARECIDA ROCHA

uma longa aventura com a linguagem autonomamente desreferen-
cializada; e, objeto deste estudo, será Alfonsina Storni que romperá
"rotundamente" a convenção do discurso das classes médias por
meio do seu tom satírico, de uma radical ironia teatral e do poético
presente em seus "clichês" e os diálogos estruturados sobre a cultura
de consumo; os nomes literários das mulheres socialistas por vezes
redefinem os conceitos de civilização e barbárie e articulam um
diálogo não regulado pelo discurso hegemônico.

A crítica Márgara Russotto (1994), em análise sobre a constituição da voz feminina na poesia latino-americana, ressalta que
há uma ambiguidade discursiva na poesia dos primeiros quarenta
anos do século XX. Por um lado, ocorre uma exposição hiperefu-
siva do erotismo feminino e, por outro, "sua mutilacão austera" e a
"masculinização" (Russotto, 1994, p.813), passando por gradações
e divisões. Surgem romanticamente escritoras infelizes, suicidas ou
mortas muito jovens, marcando essa ambiguidade e a fundação de
algumas convenções literárias: sinceridade da alma, desintelectua-
lização, "autenticidade da experiência feminina em seu fracasso e
fragmentação" (ibidem, p.814), como garantia do reconhecimento
institucional. Além disso, surgem a disciplina, a emergente profissionalização e a discreta participação na ordem do masculino, como
imitação de eficiência, hábitos e aspecto físico. Um exemplo é a
moda feminina imposta na década de 1920, com o ocultamento das
curvas nos rígidos "*chalecos*" que inibem o movimento físico.

Será a poesia que registrará, indelevelmente, as marcas dessa
ambiguidade transitória e busca dramática:

> Pela sua natureza de "coisa preservada", como pensava Valéry,
> ela revela os cortes mais abruptos e as contradições mais profundas
> da experiência feminina perante os embates dos "novos tempos",
> assim como a originalidade de suas diversas tentativas de sutura e
> adequação. Revela, sobretudo, a necessidade de afinar o estudo des-
> sas relações, de acordo com as próprias exigências do gênero poético,
> o qual, por ser uma forma de arte mais concentrada e codificada,
> escapa de certo realismo inevitável que caracteriza o gênero narrativo

A CONSTITUIÇÃO DA SUBJETIVIDADE FEMININA EM ALFONSINA STORNI   41

e oferece dificuldades maiores na hora de imprimir conteúdos específicos. (ibidem, p.814).

Russotto (1994) aduz que a coexistência de tempos[8] incompatíveis explica que, de um lado, os manifestos vanguardistas difundam uma ideia de mulher dinâmica, esportiva, livre para andar de bicicleta e fumar publicamente, representando uma imagem de subversão e criativa anarquia; de outro lado, a poesia de Alfonsina Storni apresenta um código e propostas ideológicas renovadoras, retratando a rigidez da sociedade, e a poesia de Juana de Ibarbourou expressa a sabedoria sobre a fugacidade do tempo. De fato, a poesia feminina marca a referência de um "tempo" e um "andamento" outros, desenhados pela mulher em sociedade.

Conclui, ainda, Russotto (1994, p.825) que, em linhas gerais, na constituição da voz feminina na América Latina, observam-se diferentes "metáforas de um mesmo e diferente descobrimento", referindo-se a um descobrimento do mundo e do sujeito, às vezes crítico ou inocente, outras vezes com ironia sutil ou dramatismo vivaz, e ainda com certo caráter narcisista ou forte socialização. É certo que, na produção poética das primeiras décadas do século XX, há uma ruptura com a imagem tradicional da mulher e marcas indeléveis de um comportamento artístico complexo e desenvolto, que Russotto (ibidem, p.825) denomina "marcas de fundação", e não apenas automatismos normativos.

São imagens de uma interioridade no instante em que esta se forja. Gestos que instituem uma identidade social e psicológica na dualidade ou no encantamento de alguém. Índices de um estilo de existência e de uma problemática cultural muitas vezes ignorados pela magnitude de seu isolamento. (ibidem, p.825-6)

---

8 "A poesia experimenta, durante a década de 1920, a pressão de certas exigências propugnadas pelos movimentos de vanguarda latino-americana, a partir dos postulados da europeia, que pareciam ignorar o tempo latino-americano, a lentidão das mudanças no âmbito da vida cotidiana e a resistência a modificações de ordem estrutural" (Russotto, 1994, p.815).

42 NILDICÉIA APARECIDA ROCHA

Após categorizar o modo como a poesia, internamente, contribui para a renovação expressiva e conceitual da produção da época, Russotto (1994) ressalta os significativos avanços que essa poesia trouxe ao nível "externo", como o relacionamento "simpático" entre autor e público, ao recuperar, na memória literária, a voz das provincianas sonhadoras, de tias solteironas, de professoras românticas, amantes solitárias, mães abandonadas, viajantes e educadoras heroínas. Por isso, a poesia realizada por mulheres constitui também um testemunho não apenas das mulheres escritoras, mas principalmente daquelas outras, escritas, e não escritoras. Essa poesia recupera assim "a impossibilidade definitiva de assimilação; a consciência, enfim, de muitas pontas e marcadores do discurso" (ibidem, p.828).

Com relação à profissionalização do escritor nas primeiras décadas do século XX, as mulheres escritoras também participam ativamente, com destaque para César Duayen, pseudônimo de Emma de la Barra, e Alfonsina Storni, consideradas paradigmáticas da escrita feminina da época.

Mas, desde fins do século XIX, as escritoras Juana Manuela Gorriti e Lola Larrosa de Ansaldo já se preocupam com a questão da profissionalização do trabalho das escritoras mulheres e com seus esforços por ganhar dinheiro proveniente de suas produções escritas, tomando a literatura como um trabalho profissional. Além disso, a própria situação econômica dessas escritoras faz com que tomem a escrita como sustento próprio e familiar. Apesar disso, o que de fato as motiva é o desejo de serem reconhecidas e respeitadas como escritoras profissionais. Essas preocupações aumentam consideravelmente nas primeiras décadas do século XX e estão presentes nos textos das escritoras mulheres dessa época, acompanhando a profissionalização feminina nos distintos campos do conhecimento[9].

---

9 Graças às melhoras educacionais introduzidas na Argentina, em fins do século XIX (1893), o avanço feminino é notado, por exemplo, com a criação da "Sociedad Proteccionista Intelectual", fundada por María Emilia Passicot, com o objetivo fundamental de proteger as mulheres que se dedicam ao trabalho intelectual. Em 1894, essa sociedade tinha 800 sócias. Alguns fatos importantes ocorreram nessa época: em 1895, a escritora peruana, recém-chegada

A CONSTITUIÇÃO DA SUBJETIVIDADE FEMININA EM ALFONSINA STORNI   43

Quanto ao profissionalismo da mulher no início do século XX, as primeiras escritoras profissionais serão: Elida Passo (farmacêutica), Elvira e Ernestina López, María A. Canetti e Ana Mauthe (doutoras em Letras), Sara Justo, Leonilda Menedier, Catalina Marni e Antonia Arroyo (dentistas), María Angélica Barreda (advogada e doutora em Jurisprudência), Celia Tapias (advogada), Ninfa Fleury (agrônoma) e Elisa Bachofen (engenheira civil). Há ainda as escrivãs Juana Silvina Gomina de Merlo e María Ema López Saavedra. Assim, brevemente se pode vislumbrar como as mulheres estavam em busca de um espaço profissional de trabalho e de sustento próprio na sociedade argentina.

Na literatura argentina, a profissionalização das escritoras, assim como de suas protagonistas, é tema de muitos textos da referida época, a saber: *La ciudad heroica* (1904), de Rosario Puebla de Godoy; *Stella* (1905), de César de Duayen (Emma de la Barra); *Del pasado* (1910), de Ada María Elflein; *Como en la vida* e *Mar sin riberas* (1917), de Carlota Garrido de la Peña; *Vida nueva* (1917), de Juana María Piaggio de Turcker; *Vidas tristes* (1918), de Luisa Israel de Portela, entre outros. Segundo Lea Fletcher (2008, p.7), que analisou a profissionalização da escritora e de suas protagonistas na Argentina de 1900 a 1919, as escritoras de narrativas anteriormente citadas podem compor dois grupos discursivamente: o "grupo do prólogo", nos casos em que a autora se apresenta como profissional, em prólogo próprio ou alheio, mas suas protagonistas não – Rosario Puebla de Godoy, Ada María Elflein e Carlota Garrido de la Peña; e as protagonistas profissionais, para os casos em que, como a autora não se apresenta em prólogo ou no texto, as protagonistas serão profissionais femininas – César Duayen e Juana María Piaggio de Turcker.

à Argentina, Clorinda Matto de Turner, foi convidada a dissertar em "El Ateneo", espaço reservado a "senhores" intelectuais, onde não era permitido o ingresso de mulheres e muito menos que elas falassem ao público. Clorinda fala sobre "Las obras del pensamiento en América del Sur", texto publicado no primeiro número da revista que fundou e dirigiu, *Búcaro americano* (1896), e também no livro *Boreales, miniaturas y porcelanas* (cf. Fletcher, 2008, p.3).

Em "testemunho" dessa atitude de plena ação da mulher nas primeiras décadas do século XX, as palavras de Tao Lao, pseudônimo de Alfonsina Storni, em 9 de maio de 1920, na primeira página da segunda seção do jornal *La Nación*, de Buenos Aires (Argentina), ecoam fortemente:

> *Si de 7 a 8 de la mañana se sube a un tranvía se lo verá en parte ocupados por mujeres que se dirigen a sus trabajos y que distraen su viaje leyendo.*
>
> *Si una jovencita lectora lleva una revista policial, podemos afirmar que es obrera de fábrica o costurera; si apechuga con una revista ilustrada de carácter francamente popular, dactilógrafa o empleada de tienda; si la revista es de tipo intelectual, maestra o estudiante de secundaria, y si lleva desplegado negligentemente un diario, no dudéis [...]. consumada feminista [...].*

Nesse excerto, é interessante perceber como as mulheres estavam e estão vinculadas ao ato da leitura, em uma atitude característica daquelas que viviam aquele momento histórico e das contemporâneas, indistintamente de gênero ou classe social. De fato o ato de ler é uma prática efetiva na Argentina como um todo e principalmente na capital, Buenos Aires.

Em especial, naquele bonde (*"tranvía"*), havia mulheres que iam trabalhar e que distraidamente liam, em tom irônico, ou seja, na distração do ato de ler. Talvez lessem uma revista policial, que marcava o interesse das jovens por notícias intrigantes; nesse caso, a leitora de notícias policiais era operária de fábrica ou costureira, o que pode ser inferido por meio de uma articulação com as atividades de greve dos operários da época, pois talvez estivesse procurando o nome de alguém ou a notícia de alguma greve ou manifestação popular dos operários. Talvez fosse uma atendente de loja ou uma datilógrafa que estaria lendo uma revista ilustrada e de caráter popular, indicando, provavelmente, alguma falta de compromisso com as ações populares daquelas funcionárias de fábrica, aparentemente mais conscientes de sua realidade sociocultural. Agora, a professora

A CONSTITUIÇÃO DA SUBJETIVIDADE FEMININA EM ALFONSINA STORNI   45

ou a estudante universitária apenas lê uma revista classificada como "para intelectual". Storni, por sua vez, atribui uma atitude esperada a uma professora e a uma universitária, ou seja, a procura de estar sempre se informando e atualizando-se, como se espera da função que cumprem na sociedade.

E apresenta a postura das feministas com certa ironia, pois elas levam um jornal *"desplegado"* (desdobrado), sugerindo que já leram e folhearam o jornal, informando-se sobre as notícias. As feministas, como se não tivessem nenhum interesse no ato de ler, levam um "jornal" embaixo do braço para "eventuais" possibilidades de leitura ou de ações sociais; por isso *"desplegado"*, descrevendo assim a atitude de uma "consumada feminista". Portanto, uma feminista está vinculada a uma atitude de aparente falta de compromisso, mas de efetiva ação social, econômica e cultural, visto que consumadamente leva um jornal desdobrado, indicando que esteve lendo-o, ação e objeto permitidos socialmente para homens, dentro de uma hegemonia masculina e conservadora naquela época. Além disso, o ato de ler um jornal leva consigo uma gama de interpretações possíveis sobre sua leitura, tais como: consciência das questões sociais e econômicas da época, conhecimento prévio e acessibilidade à literatura nele publicada, aspectos relacionados às novas propostas do modernismo em fins do século XIX e das vanguardas literárias de início do XX, conhecimento de e acesso aos fatos ocorridos na Europa, tomada de consciência sobre as novas correntes filosóficas veiculadas nos jornais etc.

2
ALFONSINA STORNI:
VIDA E OBRA QUE SE ENTRELAÇAM

"Pobre de mí que habré de ver
Mil soles más amanecer
[...]
¿Y para qué? ¿Y para qué?
Si moriré..."

(Storni, 1999, t.1, p.133)

Em 1912, chega à capital argentina, Buenos Aires, uma pequena figura de cabeleira loira e olhos azul-celeste, Alfonsina Storni (1892-1938), ainda menina e já grávida de alguns meses, solteira, *"maestra de provincia"* e com um projeto muito ambicioso: "viver" de compor versos, ou seja, da literatura. Transita, desde sua chegada, nos círculos intelectuais vinculados à revista *Nosotros* e estabelece laços com Delfina Bunge, Manuel Gálvez, Roberto Giusti, Carolina Muzzilli e com o grupo dirigido por Horacio Quiroga. Participa das *"peñas"* no Café Tortoni, onde canta tangos e declama poesias. Assim, integra-se rapidamente ao ambiente intelectual da época, é reconhecida como escritora graças a seus relacionamentos e se destaca como provocadora, por certos gestos. Também é comprometida politicamente com socialistas e algumas organizações feministas da época.

48 NILDICÉIA APARECIDA ROCHA

Alicia Salomone (2006) enquadra Alfonsina Storni como mais um sujeito intelectual "novo", pela sua origem social, de classe média e estrangeira, e também pelo seu compromisso com a criação literária, com o qual buscará um espaço próprio na nova conjuntura. Portanto, Storni

> [...] definirá uma série de afinidades e certas tomadas de decisão sobre posições literárias e estéticas com as quais se identifica sucessivamente; aquelas que têm a ver, por um lado, com as opções que oferecem um campo literário que transita desde o modernismo e pós-modernismo até as vanguardas, e, por outro, com uma certa política de escritura que ela adota, em que o posicionamento crítico da falante perante o contexto sociocultural no qual está inscrito seu discurso revela-se crucial. (Salomone, 2006, p.37)

No domínio da literatura, Storni publica seus primeiros poemas em 1911, em duas revistas literárias de Rosário, na Argentina: *Monos y Monadas* e *Mundo Rosarino*. Como a própria escritora relata, "aos 12, escrevo meu primeiro verso" (apud Salomone, 2006, p.46).

Alfonsina publicou sete livros de poesia,[1] um livro de poema em prosa – *Poemas de amor*[2] – e outro classificado como prosa, *Cinco caras y una golondrina,* publicado postumamente, em 1959, pelo Instituto Amigos del Libro Argentino. Storni tem também uma vasta produção jornalística de ensaios e crônicas, compilados em sua obra completa pela Editora Losada em 1999, sob a organização de Delfina Muschietti. Além disso, é autora de textos para o teatro: em 1927, escreveu *El amo del mundo* e, em 1931, publicou *Dos farsas pirotécnicas,* que

---

1 Em ordem cronológica: *La inquietud del rosal* (La Facultad, 1916), *El dulce daño* (Sociedad Cooperativa Editorial Limitada, 1918), *Irremediablemente* (Sociedad Cooperativa Editorial Limitada, 1919), *Languidez* (Sociedad Cooperativa Limitada, 1920), *Ocre* (Babel, 1925), *Mundo de siete pozos* (Tor, 1935) e *Mascarilla y trébol* (Imprenta Mercatali, 1938).

2 Publicado em 1926, esse livro conta uma história de amor a partir da perspectiva da subjetividade feminina. Livro ignorado pelo público, pela crítica e muito pouco estudado. Segundo Méndez (2004), nesse livro aparece o estilo impressionista da escritora.

A CONSTITUIÇÃO DA SUBJETIVIDADE FEMININA EM ALFONSINA STORNI   49

incluíam *Cimbelina em 1900 y pico* e *Polixena y la cenicienta*. Foi uma escritora mais (re)conhecida em sua geração por sua denominada "poesia de amor", contraditoriamente também é a mais apreciada e desprezada "poetisa dos tristes destinos" (Méndez, 2004, p.16).

No mundo hispânico, Alfonsina Storni é reconhecida mais como poeta mais do que como ensaísta ou prosista. Não obstante sua produção em jornais e revistas, com artigos e ensaios mais vinculados a uma postura feminista, seu teatro e a única prosa são mais numerosos do que o que produziu em forma de poema. A própria escritora fazia-se conhecer e ser reconhecida como poeta, pois, para ela, o gênero narrativo era considerado "objeto de trabalho", e os poemas, "razão de viver":

Así [3]
Hice el libro así:
Gimiendo, llorando, soñando, ay de mí. (Storni, 1999, t.1, p.109)

Este libro [4]
Me vienen estas cosas del fondo de la vida:
Acumulado estaba, yo me vuelvo reflejo...
Agua continuamente cambiada y removida;
Así como las cosas, es mutable el espejo.
[...]
Yo no estoy y estoy siempre en mis versos, viajero,
Pero puedes hallarme si por el libro avanzas [...]. (ibidem, p.163)

Bien pudiera ser... [5]
Pudiera ser que todo lo que en verso he sentido
No fuera más que aquello que nunca pudo ser,
No fuera más que algo vedado y reprimido
De familia en familia, de mujer en mujer. (ibidem, p.209)

---

3 Primeiro poema do livro *El dulce daño*.
4 Primeiro poema do livro *Irremediablemente*.
5 Poema do livro *Irremediablemente*.

50 NILDICÉIA APARECIDA ROCHA

No mesmo ano em que Storni chega a Buenos Aires, 1912, ela publica os primeiros relatos em prosa, "De la vida", na revista *Fray Mocho*. Em 1916, no mesmo ano em que publica seu primeiro livro de poesia, *La inquietud del rosal* (1916), colabora na revista *La Nota*. Roberto Giusti (1938, p.372-3), crítico literário, diretor de *Nosotros* e amigo de Alfonsina, recorda a chegada da escritora no círculo literário:

> Vimos aparecer Alfonsina Storni em nossos círculos literários em 1916 quando publicou *La inquietud del rosal*. Homenageávamos Manuel Gálvez pelo êxito de seu segundo romance, *El mal metafísico*. Três personagens desse romance-chave estavam presentes no jantar: José Ingenieros, Alberto Gerchunoff [...] e o livreiro Balder Moen. À mesa se sentava também Alfonsina Storni, que eu me lembre pela primeira vez. [...] A partir daquela noite de maio de 1916, essa professorinha cordial, que, mesmo depois de seu primeiro livro de aprendiz, era uma vaga promessa, uma esperança que nos fazia necessária em um tempo no qual as mulheres que escreviam versos – muito poucas – pertenciam geralmente à subliteratura, foi camarada honesta de nossas tertúlias e aos poucos, insensivelmente, cresceu a estima intelectual que tínhamos por ela, até descobrirmos um dia que estávamos diante de um autêntico poeta.

No jogo ambíguo de Roberto Giusti (1938), a imagem de Storni, "a professorinha cordial", mostra-se perturbadora. Observa-se aqui o preconceito do cânone literário, dito masculino, marcado pelo uso das palavras e a diferença que o autor faz entre "poeta" e "poetisa", instaurando discursivamente a inferioridade do segundo termo à superioridade do primeiro, sendo este atribuído à literatura realizada por homens. A distinção terminológica já registra o preconceito do cânone masculino, entendendo que somente o que este autoriza tem reconhecimento, e essa ideologia é reiterada durante a argumentação do crítico Giusti (1938), assim como o fazem Borges e Jordan (apud Giusti, 1938).

A CONSTITUIÇÃO DA SUBJETIVIDADE FEMININA EM ALFONSINA STORNI   51

Apesar de considerar seu primeiro livro como de aprendiz e de ressaltar, genericamente, a necessidade da presença da mulher como escritora, segundo Roberto Giusti (1938), essa "vaga promessa" se transforma em "camarada honesta", impulsionadora do meio intelectual, inclusive por esse crítico, reconhecida como "autêntico poeta", em oposição à "poetisa", expresso pejorativamente por Jorge Luis Borges na crítica que este faz sobre as primeiras produções de Storni. Esse preconceito é recorrente diante da produção literária realizada pelas mulheres de atitudes e com discurso mais feminista do século XIX e início do XX. Alfonsina Storni, Gabriela Mistral, Juana de Ibarbourou e tantas outras abordarão, em suas obras, essa ideia preconcebida.

É interessante refletir sobre as expressões contraditórias entre "autêntico poeta" e "subliteratura", com relação à produção poética feita pelas mulheres da época, pois esses termos são reveladores do preconceito do cânone masculino. Ao ser aceita na comunidade letrada, da qual, até então, as mulheres não participavam, Alfonsina, segundo Giusti (1938), "transporá" o estágio das "poetisas de amor", mas continuará dentro da "subalternidade" do gênero feminino, registrando, assim, a marca discursiva do preconceito hegemonicamente masculino, o qual denunciamos e questionamos ao longo deste estudo.

A produção em prosa de Alfonsina foi constante e heterogênea ao longo de sua vida: "colunas sobre temas femininos, diário de viagem, relatos breves, poemas em prosa, contos, cartas, diários íntimos, notas de opinião sobre literatura, peças de teatro, romances" (Diz, 2006, p.16). Uma poesia com forte tom sexual, atitudes públicas desafiadoras, irônica e imprevisível, Alfonsina Storni constrói uma imagem que gera polêmica no ambiente intelectual.

Em Buenos Aires, Storni também retoma sua vinculação com o movimento feminista, simpatizante desde Santa Fé, e participa de atos culturais e políticos organizados pelo Partido Socialista, em campanha a favor dos direitos civis e políticos das mulheres. Em 1918, é uma das líderes da Asociación Pro Derechos de las Mujeres, dirigida pela médica Elvira Rawson de Dellepiane, além de colaborar com publicações mensais em *Nuestra Casa*, periódico dirigido por Alicia Moreau de Justo. Ao receber o Prêmio Municipal de Poesia, em 1921, com o livro de poemas *Languidez*, Storni é homenageada pela Unión Feminista Nacional. Nesse mesmo ano, publica muitos artigos relacionados às demandas sociais, culturais e políticas dos movimentos feministas. Por exemplo, Alfonsina escreve o poema "A Carolina Muzzilli" (não publicado em livro na época) para sua amiga desde 1912, ano em que se instala em Buenos Aires:

> *[...]*
> *!Ay, amiga!, fiera,*
> *Te atrapó la vida...*
> *Cazadora fúnebre*
> *Te siguió en silencio*
> *Por selvas y villas;*
> *Te robó las carnes*
> *Te robó energías*
> *Te robó hasta el alma...*
> *Eras elegida,*
> *¡Ay, amiga triste,*
> *Eras elegida!*
> *Elegidos todos:*
> *Defended la vida.*
> *Cazadora fúnebre*
> *Gusta en sus partidas*
> *De presas selectas.*
> *[...]*
> *Hoy duermes... respiras,*
> *No obstante, del cosmos*
> *Sustancia infinita.*
> *Debe devolverte...*
> *Te aguardo, mi amiga...* (Storni, 1999, t.1, p.471)

De acordo com Gwen Kirkpatrick (apud Salomone, 2006, p.47), a produção da obra de Alfonsina, sua biografia e a história das

A CONSTITUIÇÃO DA SUBJETIVIDADE FEMININA EM ALFONSINA STORNI   53

mulheres de seu período se entrelaçam e revelam as experiências de outras mulheres que caminham em direção à profissionalização de escritora. Em geral, elas provêm da classe média ou média baixa, entram no âmbito público pela carreira do magistério, do jornalismo ou de outras profissões, como medicina e advocacia, ou ainda pelo trabalho nos serviços urbanos; a partir daí, surgem feministas, socialistas e escritoras. Segundo Salomone (2006, p.48), "o talento e a energia excepcionais de Alfonsina Storni, assim como o reconhecimento popular que conseguiu com seu trabalho de escrita, fazem dela uma figura pouco comum".

No mesmo ano em que se realizam os festejos do Centenário da Independência da Argentina, Alfonsina publica seu primeiro livro de poesia, *La inquietud del rosal*, o qual recebe o apoio e uma crítica de meia página na revista *Nosotros*, tornando-se, assim, conhecida no meio intelectual argentino e sendo a primeira mulher a participar dos banquetes dos intelectuais de sua época, momento ainda do governo de Hipólito Yrigoyen, primeiro presidente radical. Já nesse primeiro livro, Storni mostra o impulso de questionar a "dupla moral estabelecida e produzir uma ressignificação dos papéis sexo-genéricos e das relações estabelecidas entre os gêneros" (ibidem).

Nesse primeiro livro de Storni, considerado pela crítica um "livro muito frouxo, livro de principiante sem experiência e repleto de influências" (Nalé Roxlo, 1964, p.61), a escritora apresenta seu "grito" de mulher real, o qual tem mais de desafio do que de confissão; inclusive como etimologicamente sugere o nome Alfonsina: "a disposta a tudo".

La loba

Yo soy como la loba.
Quebré con el rebaño
y me fui a la montaña
fatigada del llano.

54 NILDICÉIA APARECIDA ROCHA

Yo tengo un hijo fruto del amor, amor sin ley.
Que yo no pude ser como las otras, casta de buey
Con yugo al cuello; libre se eleve mi cabeza!
Yo quiero con mis manos apartar la maleza.
[...]
Yo soy como la loba. Ando sola y me río
Del rebaño. El sustento me lo gano y es mío
Donde quiera que sea, que yo tengo una mano
Que sabe trabajar y un cerebro que es sano.

La que pueda seguirme que se venga conmigo.
Pero yo estoy de pie, de frente al enemigo,
La vida, y no temo su arrebato fatal
Porque tengo en la mano siempre pronto un puñal.

El hijo y después yo y después... ¡lo que sea!
Aquello que me llame más pronto a la pelea.
A veces la ilusión de un capullo de amor
Que yo sé malograr antes que se haga flor.

Yo soy como la loba.
Quebré con el rebaño
y me fui a la montaña
fatigada del llano. (Storni, 1999, t.1, p.87)

Como metáfora de um projeto literário, a proposta poética de Storni será tanto a de chamar as mulheres para a luta, um canto feminista, como também a de, ante as vicissitudes da "vida" (metáfora de obstáculos a serem superados), ter a consciência ou o presságio dos amores malogrados. Não obstante, a função biológica de cuidar do filho parece ser um valor também instituído no poema, de certo modo representando a ideologia chamada, anterior à década de 1970, de "biologista". As palavras de Nalé Roxlo (1964, p.61) evidenciam essa afirmação:

A CONSTITUIÇÃO DA SUBJETIVIDADE FEMININA EM ALFONSINA STORNI 55

Estas dez palavras (*"El hijo y después yo, y después...! lo que sea!"*) comportam todo o programa de sua vida: defender o filho com unhas e dentes; defender-se, em seguida, de si mesma, solitária, já que não encontrou a alma à qual pudesse dedicar sua ternura sempre defraudada; e, no desesperado grito final, a cega disposição do ânimo para enfrentar o destino.

A recepção crítica, quando da publicação desse primeiro livro, é ruim, poucos exemplares são vendidos, e o público a chama de escritora imoral, como a própria autora relata, por carta, a sua mãe, Paulina Martignoni, que morava em Rosário: "Muito pouco, mamãe! As mulheres o rejeitam. Que teremos que fazer! Não sei escrever de outro modo" (Storni apud Roxlo, 1964, p.61). Entretanto, a publicação permite que ela frequente os "cenáculos" dos escritores da época e participe deles. A primeira participação dela se dá no evento organizado para homenagear Manuel Gálvez pelo êxito de *El mal metafísico*, no qual faz um retrato da boemia portenha, em que seus amigos aparecem disfarçados em seres fictícios. Nessa ocasião, Alfonsina recita, com grande encanto, alguns de seus poemas e também outros de Arturo Capdevila (Delgado, 1990, p.54).

Nesses primeiros anos na capital argentina, Storni também enfrenta dificuldades financeiras. Inicialmente, trabalha como *"corresponsalía psicológica"*, depois como *"cajera"* em uma farmácia e também se dedica às obrigações cotidianas, apesar do escasso tempo. Consegue, ainda, organizar-se para aproximar-se e participar das reuniões dos círculos literários.

Logo, receberá o prêmio anual do Consejo Nacional de Mujeres por seu poema "Los niños" e será nomeada professora-diretora do Colégio Marcos Paz, um internato da Asociación Protectora de Hijos de Policías y Bomberos, ocupação que, se por um lado, deixa-a enferma pelo excesso de trabalho, por outro, ao organizar a biblioteca, dedica-se à leitura de escritores por ela desconhecidos. Storni também se afasta das tertúlias. Alfonsina (apud Roxlo, 1964, p.72) relata que "desse recolhimento nasceu meu segundo livro de versos: *El dulce daño*", frase de uma carta dirigida a Julio Cejador. Continua a autora:

> Tudo o que eu fiz até agora é muito mais obra do meu próprio instinto do que de minha cultura, pois não tive tempo nem calma para espraiar-me ao meu gosto. Entretanto, minha natureza sã, apesar de delicada, obriga-me a medir minhas tarefas e conter meus esforços. (Nalé Roxlo, 1964, p.72)

Em 18 de abril de 1918, na esquina das ruas Paraná e Corrientes, centro de Buenos Aires, no restaurante Genova, a reunião mensal do grupo *Nosotros* será para celebrar a publicação de *El dulce daño*. Os oradores são Roberto Giusti e José Ingenieros, médico de Storni. Mesmo em fase de recuperação médica, por causa da tensão nervosa, Storni deleita-se com a leitura de "Nocturno", realizada por Giusti, em tradução italiana de Folco Testena. Nessa ocasião, há duas outras mulheres presentes na reunião: Adélia Di Carlo, atriz italiana, e a esposa de Testena.

Por motivos de esgotamento nervoso, Alfonsina precisa se afastar de seu trabalho de professora-diretora no Colégio Marcos Paz, e, segundo Nalé Roxlo (1964), o último emprego de da escritora será o de zeladora na escola de crianças especiais do Parque Chacabuco. Essa experiência trará a Alfonsina certa quietude e apaziguamento aos nervos, graças à aprazível natureza que a rodeava.

Nessa época, o ganho é pouco e os lugares em que divulga sua poesia são modestos, geralmente bibliotecas de bairros, as quais, muito comuns em Buenos Aires, eram organizadas e sustentadas à época pelo Partido Socialista. É nessa fase também que Alfonsina Storni dá um recital para as Lavadeiras Unidas, experiência que será por ela relatada e inesquecivelmente marcante em sua vida e obra:

> O local – contaria anos depois a um grupo de amigos – ficava no final da Rua Pueyrredón, então muito mais perto do rio do que agora, e o público era quase exclusivamente de negras, pardas e mulatas lavadeiras, o que me fez duvidar, por um momento, da

época em que vivia. Vi-me transportada por arte de magia à Colônia e temi que meus poemas resultassem futuristas. Mas não foi assim: *entendemo-nos desde o primeiro momento. Além ou aquém da literatura, isso pouco importa. A nossa mútua essência feminina nos bastava*, o que os homens têm dificuldade para entender... se é que algum dia entenderão. (apud Nalé Roxlo, 1964, p.75, grifo nosso)

Do livro *El dulce daño*, o poema apresentado a seguir é um dos textos mais expressivos e conhecidos de Alfonsina. De acordo com Nalé Roxlo (1964, p.75), é "um de seus poemas de tom mais pessoal, que prefigura, por sua originalidade e valentia, grande parte de sua obra posterior de maior maturidade".

Tú me quieres blanca

Tú me quieres alba,
me quieres de espumas,
me quieres de nácar.
Que sea azucena
sobre todas, casta.
De perfume tenue.
Corola cerrada.

Ni un rayo de luna
filtrado me haya.
ni una margarita
Se diga mi hermana.
Tú me quieres nívea,
tú me quieres blanca,
tú me quieres alba.

Tú que hubiste todas
las copas a mano,
de frutos y mieles
los labios morados.

Tú que en el banquete
cubierto de pámpanos
dejaste las carnes
festejando a Baco.
Tú que en los jardines
negros del Engaño
vestido de rojo
corriste al Estrago.
Tú que el esqueleto
conservas intacto
no sé todavía
por cuáles milagros,
me pretendes blanca
(Dios te lo perdone)
me pretendes casta
(Dios te lo perdone)
¡me pretendes alba!

Huye hacia los bosques;
vete a la montaña;
límpiate la boca
vive en las cabañas;
toca con las manos
la tierra mojada;
alimenta el cuerpo
con raíz amarga;
bebe de las rocas;
duerme sobre escarcha;
renueva tejidos
con salitre y agua;
habla con los pájaros
y lévate al alba.
Y cuando las carnes
te sean tornadas,
y cuando hayas puesto

A CONSTITUIÇÃO DA SUBJETIVIDADE FEMININA EM ALFONSINA STORNI 59

en ellas el alma
que por las alcobas
se quedó enredada,
entonces, buen hombre,
preténdeme blanca,
preténdeme nívea,
preténdeme casta. (Storni, 1999, t.1, p.143-4)

Em "Tú me quieres blanca", a temática da reivindicação feminina de igualdade nas relações homem/mulher faz-se ecoar na enumeração de atributos que o homem deve realizar ("fuja", "vá", "limpa-te", "viva", "toca", "alimenta", "bebe", "dorme", "renova", "fala", "leva-te"), como formas de purificação junto à natureza harmônica, para, somente depois, poder estar com a mulher ou exigir dela pureza e castidade.

O poema "Tú me quieres blanca", escrito em redondilhas menores, marca ritmicamente facilidade de memorização. Trata-se de um poema muito conhecido e declamado pelos argentinos, além de ser estudado no ensino médio. A ironia perpassa todo o texto no jogo literário do desejo do "tu" querer uma "mulher" branca, pura e casta. No entanto, se teve todas (*"hubiste todas"*), como pode desejar apenas uma casta – *"dejaste las carnes / festejando a Baco, corriste al Estrago, tu que el esqueleto / conservas intacto / no sé todavía / por cuáles milagros"* –, ou seja, um "tu" que fez o que desejou, erótica e sexualmente, e que depois deseja que a mulher seja virgem e intocada. O eu-poético faz a seguinte proposta: para que "ela" aceite esse homem, ele deverá passar por um processo de purificação junto à natureza e, somente após pôr "alma" nas "carnes", poderá desejá-la branca, nívea e casta.

Esse poema apresenta um diálogo do "eu-poético" com o "tu" desejante, em uma conversa que marca a intimidade entre o "eu" e o "tu", que compartilham coisas e fatos. Essa relação de intimidade instaurada no diálogo permite que o "eu-poético" estabeleça as condições para desejá-la como ele pressupõe. Socialmente, o discurso registra a ideologia masculina da época, na qual tudo é permitido ao homem, inclusive desejar uma mulher pura, depois de haver pecado, dentro de um modelo católico-cristão. A voz enunciativa da mulher, escrito em primeira pessoa, ao enumerar os desejos do homem e os pecados dele, reivindica um lugar de não aceitação por parte da mulher desse *status quo* machista e, além disso, exige o que ele deve fazer para aceder ao poder/ter esse objeto valor, a mulher casta.

Esse tema, de protesto feminino, será recorrente em toda a obra de Alfonsina, tanto na poesia como na prosa, e é claramente poetizado em "Hombre pequeñito", do livro de poesia *Irremediablemente*, de 1919. É interessante notar como o jogo irônico, presente sutilmente no poema anterior, será fortemente marcado em "Hombre pequeñito":

> *Hombre pequeñito, hombre pequeñito,*
> *suelta a tu canario que quiere volar...*
> *Yo soy el canario, hombre pequeñito:*
> *déjame saltar.*
>
> *Estuve en tu jaula, hombre pequeñito,*
> *hombre pequeñito que jaula me das.*
> *Digo pequeñito porque no me entiendes,*
> *ni me entenderás.*
>
> *Tampoco te entiendo, pero mientras tanto*
> *ábreme la jaula que quiero escapar;*
> *hombre pequeñito, te amé media hora,*
> *no me pidas más.* (Storni, 1999, t.1, p.189)

Esse poema ironiza a postura do homem que quer conservar a mulher, aqui canário, presa(o) em sua jaula, para mantê-la em cativeiro como nos romances e poemas clássicos, geralmente dentro do cânone masculino. A voz feminina do eu-poético, imperativamente, ordena que ela seja solta, uma vez que já esteve em sua jaula, aqui metáfora do amor homem-mulher, entendendo ser tal amor uma prisão, portanto semanticamente negativo à mulher. E com forte ironia,

A CONSTITUIÇÃO DA SUBJETIVIDADE FEMININA EM ALFONSINA STORNI   61

explica por que esse homem é caracterizado como pequenininho, por ser destituído de entendimento ou de compreensão sobre as coisas do coração, por não saber amar, e, no presente do indicativo, *"no me entiendes"*, e no futuro certamente *"no me entenderás"*, registrando a falta de competência do homem no saber amar. A falta de compreensão do que é amar é característica também do eu-lírico, com a diferença de que, enquanto não se entendem ou não entendem o que é amar, o sujeito, eu-lírico do poema, com ironia próxima ao humor, diz-lhe que quer ser livre e anuncia sua competência em saber amar, pois o amou durante "meia hora" e que ele não lhe peça mais do que isso, marcando desse modo a fugacidade do sentimento amoroso na mulher e apresentando uma visão efêmera do amor, característica geralmente atribuída ao homem e não à mulher. Portanto, a figura que verbaliza haver amado por um tempo determinado, meia hora, é feminina e também anuncia que ele, o recebedor desse amor – homem, não lhe peça mais, introduzindo como atitude feminina a possibilidade de escolher os amantes e de ter amores passageiros. Marca assim outra ruptura com o cânone literário masculino, no qual as mulheres são eternas amantes cativas e os homens possuidores de amores passageiros, como era o que se representava na literatura de então. Essa voz feminina anuncia ironicamente um saber amar que se faz passageiro e um escolher amantes que se instaura livre.

Por ocasião da publicação do terceiro livro de poesia de Alfonsina Storni, *Irremediablemente* (1919), Luis María Jordán (1919, p.37) publica uma nota na revista *Nosotros*, na qual trata a autora ora como "este poeta", ora como "a poeta que se entretém em falar de si mesma", revelando também a visão patriarcal dos críticos contemporâneos a Storni. Inicialmente, Jordán (1919, p.38) trata a poeta como a *"señorita Storni"*, qualificativo presente em toda a crítica, e a apresenta como possuidora de uma linguagem sem eufemismo, pois, supostamente, sua escritura dá "exemplos de clareza no dizer, nas viris e harmoniosas estrofes de seu verso". Além disso, sua escritura não estaria dirigida às *jeune filles*, mas aos "homens apaixonados e violentos que têm mordido a vida, com a mesma ânsia com que se morde o coração de uma fruta madura" (ibídem, p.38, tradução nossa). Nota-se, no discurso do crítico, uma marcada preocupação em qualificar positivamente a produção literária dessa "espécie de serpente enorme e insaciável", quando esta se aproxima as características e atitudes poéticas de homens, sendo legitimada a partir de um discurso realizado por homens. Inclusive, em determinado momento, o crítico a compara com a "rude camaradagem de um marinheiro, que com o pescoço desnudo e o cachimbo na boca, nos entregamos sem recato no cordial aperto de mãos dos chegados, e afirma que de esse lugar será insuperável" (ibidem, tradução nossa).

Jordán (1919, p.39, tradução nossa) considera a senhorita Storni como "o mais valente de nossos poetas do amor", e vemos novamente a legitimação do discurso poético de Alfonsina vinculada à ideia de que ser poeta, para a mulher, está relacionado a falar de amor, dentro do cânone literário masculino, como dito anteriormente. Pode-se citar uma gama de críticos contemporâneos à poeta, alguns que consideram sua poesia um reflexo de sua vida, como autobiográfica, porque veem, em seus versos, que ela "nos dá, dia após dia, as emoções da aurora, contando-nos seus desfalecimentos, confessando-nos suas esperanças, dizendo-nos, sem disfarces nem meios-tons, tudo o que sofre e espera aquela desnuda alma selvagem" (ibidem, p.39, tradução nossa).

Na perspectiva de Jordán (1919), a poeta Storni que pode ser lida por homens se distancia da poetisa autorizada para mulheres. Aqui os termos poeta e poetisa são, de novo, usados pejorativamente para colocar a produção feita por mulheres em uma posição de subalternidade, de inferioridade àquelas realizadas por homens. A partir de releituras crítico-feministas e pós-feministas, a observação de Jordán (1919), assim como de seus contemporâneas e as de alguns críticos literários na atualidade, reflete a imagem preconceituosa instituída em relação à produção escritural das escritoras em geral, não apenas na América hispânica. Independentemente de fronteiras geográficas, essa perspectiva marca uma fronteira genérico-sexual, materializando discursivamente que o que as mulheres escrevem ou produzem artisticamente é inferior àquilo que os homens fazem. Pode-se estender essa fronteira em todos os níveis: social,

A CONSTITUIÇÃO DA SUBJETIVIDADE FEMININA EM ALFONSINA STORNI   63

econômico, político e cultural, além do artístico. A poeta Storni, naquele momento de afirmação da voz feminina no âmbito literário, tenta gritar sua expressividade literária, mas às vezes o que nos chega é apenas seu *"chillido"*,[6] como assim caracterizou Muschietti (1989).

> Sua voz, que às vezes é um grito, sai do mais íntimo e sensível das entranhas. Ama o sol, a luz, o ar, os homens fortes... e, sobretudo, ama sua liberdade selvagem de porta-lira. É a que é; voluntariosa e indomável, pequena pantera crescida no deserto, entre disputas de leopardos e jaguares. Sua Musa não sabe ajustar-se ao espartilho ou dissimular a olheira lívida com o artifício dos pós de arroz. Não tem outra elegância que a de compor seus versos em uma língua e um ritmo admiráveis. (Jordán, 1919, p.38)

Luis Maria Jordán (1919) também aproxima a produção poética de Storni da influência modernista, por ser ela "sacerdotisa do verso", como Rubén Darío, e aproveita para criticar negativamente as novas experiências vanguardistas vinculadas à lírica transcendental e às escolas filosóficas. Também nega qualquer vínculo na escrita de Alfonsina com as produções femininas de textos ligados à docência (literatura mais didática, realizada na época), aos falsos moralismos, que a escritora tanto criticava em sua produção jornalística. Segundo o crítico, a poeta realiza "a doce e imortal tarefa de se entregar ao pedaço de papel que a recolhe como se fosse uma urna de bronze" (ibidem, p.39).

A única ressalva que faz Jordán sobre a poesia de Storni é com relação à repetição de sons iguais no mesmo verso, pois assim estaria rompendo a longa e geral harmonia do período, mesmo que tenham ritmo, elegância, força e elasticidade. O crítico considera a poesia de *Irremediablemente* "um dizer sério e nobre, sem rebuscamentos, torturas nem malabarismos de retórica", validando esse livro e pondo Storni em um "posto de honra entre os trovadores da América" (ibidem, p.40).

---

6 Entendemos como "chiadeira, berro".

64 NILDICÉIA APARECIDA ROCHA

O crítico termina o artigo aconselhando a poeta a seguir escrevendo pelo mesmo caminho, "para nos dar de tempo em tempo a alegria de novas páginas admiráveis como estas" (ibidem, p.40), e desejando que a glória a toque e lhe seja justa. Vemos, claramente, a representação de mulher, mesmo que poeta, relacionada ao "entretenimento" de oferecer aos leitores prazer e deleite, como concernia à mulher daquela época, mas que não faz parte do plano de vida e de literatura de Storni. Desse modo, Alfonsina, em sua trajetória literária, vai galgando admiradores e denunciadores, ante a ambiguidade de ser uma mulher forte que aparentemente faz poesia para deleitar o público, e também faz poesia, crônica, ensaios, teatro e jornalismo para conscientizar-nos, sejamos mulheres ou homens, daquela ou desta época. O projeto de Alfonsina é outro e maior.

Com o terceiro livro de poemas, a popularidade de Alfonsina aumenta e ela mesma se sente quase satisfeita: "Escrevi meu terceiro livro de versos em dois meses. Assim saiu: seus versos são como os pães que se tiram de um forno inesperado. De vez em quando se salva um pãozinho que não está nem queimado... mas somente de vez em quando" (Storni apud Nalé Roxlo, 1964, p.82).

O ano de 1920 será de grande expressão para sua produção jornalística e também será o ano de reconhecimento e sucesso do quarto livro de poesia, *Languidez*, e da segunda edição de *El dulce daño*. Ela colabora então no jornal portenho *La Nación*, escrevendo com o pseudônimo de Tao Lao, e dá, nesse ano, uma conferência sobre as escritoras Delfina Bunge de Gálvez e Delmira Agustini, na capital vizinha, Montevidéu. Na relação com Delfina Bunge de Gálvez, Alfonsina será tradutora dos versos em francês daquela, e, com Delmira, há uma profunda admiração, por considerá-la a mais "alta" poeta da América e a precursora da poesia feminina. É nessa viagem também que conhece Juana de Ibarbourou, reconhecida poeta uruguaia que, anos mais tarde, relembrará o primeiro encontro com Storni:

Em 1920, veio Alfonsina pela primeira vez a Montevidéu. Era jovem e parecia alegre; pelo menos sua conversação era engenhosa,

A CONSTITUIÇÃO DA SUBJETIVIDADE FEMININA EM ALFONSINA STORNI   65

às vezes muito aguda, outras vezes também sarcástica. Levantou uma onda de admiração e simpatia [...]. Um núcleo dos mais ilustres da sociedade e das pessoas intelectuais a rodeou, seguindo-a por todos os lados [...]. Foi agraciada. Teve seus cortesãos. Ela ria, brincava, mas creio que também foi ferida no jogo [...]. Quando o barco partiu, levando-a, Alfonsina deixou atrás de si uma gama de simpatias profundas e algo mais; alguém, no cais, acendia pequenas luzes até que o barco não fosse mais visível; durante a noite, Alfonsina deve tê-las visto em forma de coração. (apud Nalé Roxlo, 1964, p.89)

Sobre esse mesmo episódio, a própria Alfonsina Storni contará a um amigo como foi sua primeira experiência em Montevidéu: "Conheci a apoteose e agora estou só, como desterrada, sentindo tanta falta que desejaria voltar em seguida; mas eu não sei se as pequenas luzes de ontem à noite voltarão a receber-me na manhã. Em todo caso, temo que pareçam, já, corações que se estão apagando" (apud Nalé Roxlo, 1964, p.89).

En *Languidez*, o texto "A un cementerio que mira al mar" sugere aquela viagem e aquela promessa de amor:

> Os estáis junto al mar que no se calla
> Muy quietecitos, con el muerto oído
> Oyendo cómo crece la marea,
> Y aquel mar que se mueve a vuestro lado,
> Es una promesa no cumplida de una
> Resurrección. (Storni, 1999, t.1, p.260)

Com relação à produção jornalística de Alfonsina Storni, ela escreve crônicas femininas inicialmente na revista La *Nota*, no período de 28 de março de 1919 a 5 de março de 1920. De 20 de abril a 31 de julho de 1921, escreve também no jornal *La Nación*, um dos jornais mais representativos da Argentina, criado no século XIX por Bartolomé Mitre. Os artigos publicados na revista La *Nota* destacam-se pelo "caráter feminino da enunciadora e a ironia que corrói essa posicionalidade de gênero" (Diz, 2006, p.103, tradução nossa). As crônicas de *La Nación*, assinadas por Tao Lao – pseudônimo de Storni –, apresentam um "enunciar claramente identificado com o sexo masculino e que tem um tom paternal com um dogmatismo apenas atenuado" (ibidem). O que ambos têm em comum é a construção de um lugar de enunciação, feminino e masculino, que marca as diferenças de gênero, com apelo às identidades hegemônicas.

Segundo Tania Diz (2006), Tao Lao é uma máscara, uma forma de "si", na qual Storni procura apontar a dicotomia de gênero presente nos artigos femininos da época. Além disso, esses textos compartilham "o que Foucault denominou como vontade de verdade, já que pretendiam educar, informar e ajudar às mulheres a constituir-se na Mulher" (ibidem, p.104). Portanto, como Tao Lao, um velho chinês que se dirige paternalmente às meninas, pode pôr em primeiro plano de enunciação a ficcionalização do enunciador, como uma subversão no seio da verdade: "o sujeito produtor de um discurso" (ibidem).

Semanticamente, Tao é parte do título de um livro da filosofia chinesa, *Tao-te King*, que concentra um conjunto de ideias sobre o mundo e o comportamento do homem; e Lao é o nome do autor do referido texto chinês. Portanto, Tao e Lao, como afirma Tania Diz (2006), juntos, evocam um livro da filosofia chinesa e apontam para terras longínquas e estranhas. Assim este estrangeiro, Tao Lao, vindo do Oriente, vem aconselhar as mulheres ocidentais e dizer-lhes como devem comportar-se dentro de um saber tradicional, apresentando-lhes a verdade de um discurso científico: "Justamente, a atitude de Tao Lao de Storni é deixar a polêmica de lado para camuflar-se em uma aparência masculina e, a partir daí, por meio da ironia, subverter aqueles enunciados considerados verdades e deixar que a razão se manifeste" (ibidem, p.106)

Com o texto "Las manicuras", exemplificamos o jogo irônico e a estratégia discursiva de hierarquizar o corpo feminino por partes débeis e pequenas, paralelo com o ofício de manicura, preferido pelas mulheres, tendo em vista a preguiça mental que sugere:

A CONSTITUIÇÃO DA SUBJETIVIDADE FEMININA EM ALFONSINA STORNI   67

Não me negarás que, a ser, oh, belas leitoras!, uma minúscula célula, quisesse encontrá-las formando parte dos olhos e das mãos, destinados às mais estranhas funções humanas. Recordam, se não, aquela frase do tosco Quiroga, quem apertando deliciosamente a mão de uma dama fez florescer sua brusquidão na galante sentença: "O amor, senhora, entra pelo tato". E isso que ignoro, se a bela mão provocadora de galantaria tinha sofrido o toque mágico de uma manicure, ofício grato à mulher, talvez por finalidade com as preguiças do sexo que escolhe como preferências tarefas que exigem pouco desgaste cerebral e de fácil execução. (Storni apud Diz, 2006, p.108, tradução nossa)

Nesse texto de Storni, assinado por Tao Lao, discursivamente dirigido a *"ustedes"* (vocês), marca um diálogo entre partes distantes, de não proximidade entre o enunciador e o leitor, no caso, entre o escritor chinês Tao Lao e as leitoras argentinas, línguas e culturas distantes. Semanticamente designa à "mão" o atributo de despertar uma relação amorosa, possibilitada pelo tato galante do aperto de mãos entre homem e mulher. Aqui, o tato amoroso, sinédoque dos corpos feminino/masculino, reflete autobiograficamente a relação amorosa que a escritora Alfonsina teve durante anos com o contista Horacio Quiroga, conhecida como uma relação "deliciosa", "brusca" e "galante", como parece relatar Tao Lao, mas como observador, "aquela frase do tosco Quiroga quem apertando deliciosamente a mão de uma dama". Associa então o tato delicioso de Quiroga ao "mágico" tato da manicure, talvez por supor que, na manicure, apesar de termos um resultado de beleza estética na mão, o fazer as unhas é algo doloroso, demorado e passageiro, assim como o amor ou os amores, pois, em poucos dias, temos que novamente fazer as unhas, talvez como metáfora dos amores passageiros permitidos aos homens, no caso a Quiroga (o qual teve duas esposas e algumas amantes). O narrador homem chinês, Tao Lao, relata ser o oficio de manicure grato às mulheres, por sua característica de pouco desgaste cerebral e braçal, verbalizando a ideologia masculina e machista vigente na época, porém, ao verbalizar essa visão de

68 NILDICÉIA APARECIDA ROCHA

mundo, a escritora Storni possibilita sua problematização, ou seja, perguntamos: "A mulher é de fato "preguiçosa", "pensa pouco" e "não faz nada" como sugere o escritor Tao Lao, ou justamente, ao verbalizar essas características, incita as leitoras a refletir sobre como a mulher tem sido anunciada e caracterizada com inferioridade?". Propomos como releitura desse texto de Storni a possibilidade de realizar uma reflexão sobre a ideologia sobre a mulher existente naquele tempo e, por que não dizer, nos dias de hoje ao atualizarmos esse texto. Portanto, com esse texto que instaura uma discursividade de pensar o preconceito por meio do qual a mulher era caracterizada e reconhecida, Storni possibilita a instauração de uma discursividade sobre a mulher de reflexão sobre o pré-construído feminino.

O texto apresentado anteriormente faz-nos recordar a importância da figura de Quiroga na vida de Storni, amigo e amante de Alfonsina, aqui presente em seu aspecto carrancudo ("*hosco*"), mas envolventemente amante e sedutor. Sobre essa relação não sabemos ao certo quanto durou, mas é notória a referência que Alfonsina Storni faz à relação amorosa que teve com Horacio. Por exemplo, em 1925, quando Quiroga vai para Misiones, província pouco explorada da Argentina, onde a mata ainda é virgem e à qual o escritor dedicou quase toda a sua obra, Alfonsina nega-se a acompanhá-lo, dando fim ao relacionamento. Algum tempo depois, no livro *Ocre* (1925), podemos ler:

> *Encuentro*
>
> *Lo encontré en una esquina de la calle Florida*
> *Más pálido que nunca, distraído como antes.*
> *Dos años largos hubo poseído mi vida...*
> *Lo miré sin sorpresa, jugando con mis guantes.*
>
> *Y una pregunta mía, estúpida, ligera,*
> *De un reproche tranquilo llenó sus transparentes*
> *Ojos, ya que le dije de liviana manera:*
> *¿Por qué tienes ahora amarillo los dientes?* (Storni, 1999, t.1, p.288)

A CONSTITUIÇÃO DA SUBJETIVIDADE FEMININA EM ALFONSINA STORNI   69

Em 1921, é criada uma cátedra especial no Teatro Infantil Labardén para Alfonsina Storni, por causa do seu estado espiritual e econômico. Nesse teatro, a escritora pode voltar a estabelecer sua relação com o teatro, durante anos interrompida, já que aos 15 anos havia participado de uma turnê teatral. Essa experiência, anos mais tarde, florescerá na produção artística de Alfonsina, e surgirão muitas obras de teatro com elenco infantil sob sua direção, com apresentações em praças e parques da cidade. Aliás, uma de suas alunas, Amélia Bence, irá representá-la no cinema, alguns anos mais tarde.

O acúmulo de muitas e variadas tarefas – escrever contos, artigos, ensaios, críticas e crônicas em jornais e revistas, e dar conferências e recitais – provocará um problema grave: Storni sente-se perseguida. Ela procurará ajuda e, por conselho de José Ingenieros, irá passar uma temporada em Los Cocos, na província de Córdoba, na Argentina, lugar nas serras cordoveses, indicado para o tratamento de pacientes com tuberculose. A partir de então, Alfonsina frequentará anualmente as serras de Córdoba.

No ano seguinte, como reconhecimento e admiração por seu talento, o ministro de Instrução Pública, Dr. Sagarna, cria para Alfonsina uma cátedra especial de leitura na Escola Normal de Línguas Vivas.

Inspirado pela serpente que caminha por todos os lados, ou seja, a serpente protagonista do livro *Anaconda*, de Horacio Quiroga, em 1923, no estúdio de Emilio Centurión, nasce o grupo Anaconda, cujo objetivo era reunir os integrantes para comer e festejar ou simplesmente para que pudessem estar juntos. O grupo era formado por: Emilio Centurión, Horacio Quiroga, Alfonsina Storni, Emilia e Cora Bertolé, Ana Weiss de Rossi, Vicente Rossi, Miguel Petrone, Alejandro Sírio, Arturo S. Mom, Guillermo Estrada, Samuel e Leonardo Glusberg, Alberto Gerchunoff e Luis Pardo (Luis García).

Em 1924, o sonho de publicar na Espanha é alcançado por Storni, pois a Editorial Cervantes de Barcelona lança a sua primeira antologia poética.

Passam-se cincos anos da publicação de *Languidez* até aparecer seu livro de poemas *Ocre*, considerado pela própria autora como "um pouco melhor, algo cerebral, mas se adverte que quem o fez governava com algumas propriedades seu instrumento. A este livro pode-se perdoar a vida" (apud Nalé Roxlo, 1964, p.105, tradução nossa).

Em 1925, quando ela já está consagrada entre seus pares e tem um público fiel, há a publicação de *Ocre*, livro que marca uma mudança decisiva em sua poesia, com novas experiências poéticas. Entretanto, 1925 também será um ano de tristeza, pois Quiroga vai para Misiones e Ingenieros morre. Nesse mesmo ano, Storni se muda para uma casa na Rua Cuba, terá sua própria cozinha. Em entrevistas, Alejandro Storni, filho da escrito, costuma lembrar-se dos cardápios semanais pendurados em uma das paredes, de maneira decorativa.

Não obstante, em carta ao amigo Julio Cejador, Alfonsina relata:

[...] sofro o vício de desconfiança sobre mim mesma. De repente a febre me possui e esqueço tudo: nesses momentos, produzo e publico. E o círculo desses feitos se prolonga sem variantes sobre a mesma espiral [...]. É que às mulheres nos custa tanto isso! Custa-nos tanto a vida! Nossa exagerada sensibilidade, o mundo complicado que nos envolve, a desconfiança sistematizada do ambiente, aquela terrível e permanente presença do sexo em toda coisa que a mulher faz para o público, tudo contribui para esmagar--nos. Se conseguirmos sustentar-nos em pé é graças a uma série de argumentos com os quais cortamos as más redes que procuram nos envolver; assim, pois, certeiramente nos mantemos em luta. "É cínica", dizem. "É uma histérica", diz outro. Alguma voz isolada diz ponderadamente: "É uma heroína". Enfim, tudo isso é o nosso século, chamado o século da mulher. (Nalé Roxlo apud Delgado, 1990, p.90)

Nesse mesmo ano, Alfonsina Storni realiza a primeira Festa da Poesia em Mar del Plata, cidade balneária da Argentina. Esse ato cultural desperta a curiosidade dos veraneantes. Na tarde do recital, o salão dourado Luis XV está lotado, tocam *Berceuse*, de

Jocelyn, e Pedro Miguel Obligado apresenta as poetas: Margarita Abella Caprile, Beatriz Eguía Muñoz, Mary Rega Molina e Alfonsina Storni. Segundo nos conta Nalé Roxlo (1964, p.108, tradução nossa), "O rumor do mar, que entrava pelas janelas abertas, prestava um fundo sugestivo às emocionadas vozes femininas". Alfonsina recita poemas de *Ocre* com tal primazia que o público, envolto com a revelação de um mundo novo da poeta e embriagado com sua voz envolvente e musical, a partir de então, passa a cumprimentá-la e a procurá-la para pedir autógrafos; além disso, seus livros desaparecem das livrarias de Mar del Plata.

Fermín Estrela Gutiérrez, amigo e espectador, assim relata a impressão que, no evento, tem da pequena poeta, vestida de negro, recitando seus poemas:

> Eu nunca tinha ouvido, nem nunca ouvi depois, um autor dizer seus versos como Alfonsina, aquela tarde. Lá longe, no pequeno cenário, a grácil e delicada figura da poetisa adquiriu, de repente, um vigor e uma vibração extraordinários e imprecisos [...]. Senti que a poesia não era uma postura literária em Alfonsina, mas poesia e autora eram uma mesma coisa, inseparável e única. (Delgado, 1990, p.106-7)

Essa primeira experiência vivencial e poética de Alfonsina em Mar del Plata, de certa maneira, marcará como índice a decisão, o encontro com o mar (suicídio), que ela tomará nessa cidade balneária e encantadora. E marcará muitas outras viagens de descanso que ela aí fará.

La palabra

Naturaleza: gracias por este don supremo
Del verso, que me diste;
Yo soy la mujer triste
A quien Caronte ya mostró su remo.

¿Qué fuera de mi vida sin la dulce palabra?
Como el óxido labra
Sus arabescos ocres,
Yo me grabé en los hombres, sublimes o mediocres.

Mientras vaciaba el pomo, caliente, de mi pecho,
No me sentía el acecho,
Torvo y feroz, de la sirena negra.

Me salí de mi carne, gocé el goce más alto:
Oponer una frase de basalto
Al genio oscuro que nos desintegra. (Storni, 1999, t.1, p.306-7)

Sobre o livro de poemas em prosa, *Poemas de amor*, publicado em 1926, Nalé Roxlo (1964, p.115) apresenta-o como um livro com os temas habituais em Storni, mas sem o seu "idioma natural", ou seja, sem a força do verso. Na época, foram publicadas três edições espanholas de *Poemas de amor*, objeto de estudo deste livro, além de uma tradução para o francês realizada por Max Daireaux (Nalé Roxlo, 1964, p.115).

Na época, Storni escreve e publica notas jornalísticas, reflexões sobre a vida e os costumes, além do referido livro de poemas em prosa. É identificada como contista, publica alguns relatos semiautobiográficos em revistas e jornais, participa também de eventos literários. Integra como *habitué*, a partir de maio de 1926, La Peña, reuniões que os artistas e intelectuais de então realizavam no sótão do Café Tortoni, cuja tradição literária e intelectual se estende até hoje em Buenos Aires. Dessas reuniões participam mais assiduamente: Benito Quinquela Martín, Juan de Dios Filiberto, Germán de Elizalde, Tomás Allende Irragorri, Pedro Herreros, Pascual de Rogatis, Rafael de Diego, Miguel H. Caminos, Alfonsina Storni, entre outros, além de receberem visitantes estrangeiros, como Pirandello, Gutiérrez Solano, Marinett, Juana de Ibarbourou, Lily Pons, Josefina Baker, entre outros.

É interessante lembrar que, quando, em algum momento das reuniões de La Peña, havia ameaça de distúrbio do instaurado

A CONSTITUIÇÃO DA SUBJETIVIDADE FEMININA EM ALFONSINA STORNI   73

equilíbrio, Germán de Elizalde ou Quinquela Martín faziam um sinal para que Alfonsina Storni, como que por iniciativa própria, subisse ao palco e, graças à sua figura querida e respeitada, impusesse silêncio; imediatamente, a escritora encantava todos os presentes com seus versos declamados (ibidem, p.129).

Alfonsina retoma sua vocação teatral em 1927, com a montagem de *El amo del mundo*, antes *Dos mujeres*, com estreia em 10 de março, no Teatro Cervantes. O texto é uma transposição teatral do poema "Tú me quieres blanca" (*El dulce daño*), e o público é formado por literatos e ilustres figuras oficiais, como o presidente Alvear, seu ministro, o general Justo, e o prefeito de Buenos Aires, Carlos M. Noel. Mas a peça não é um acerto e, em três dias, sai de cartaz. O jornal *Crítica* expressa: "Alfonsina Storni dará ao teatro nacional obras interessantes quando a cena lhe revela novos e importantes segredos" (Delgado, 1990, p.117-20, tradução nossa). Já o diretor do jornal *La Nación* permite que Storni se defenda. A poeta relata que a proposta é mostrar na peça que tanto homens como mulheres têm defeitos, quer mostrar as diferenças de atitudes e exigências sociais perante os erros cometidos; os homens costumam assumir uma postura cômoda de pedir perdão e perdoar-se, enquanto da mulher pode-se exigir uma mudança de comportamento, por ser considerada inferior. Decorrente desse fracasso, Storni passará um ano em Rosário, onde moravam seus familiares.

Iniciam-se anos de tristeza. Morre Roberto J. Payró e se suicida Francisco López Merino, amigo de Alfonsina, em 1928. Ela continua suas viagens de descanso a Córdoba e Mar del Plata. Mesmo assim, publica assiduamente seus poemas no jornal *La Nación*. Passa a dar entrevistas a revistas e jornais, é de fato uma poeta e escritora reconhecida em toda a América. O jornal *El Hogar* publica uma reportagem sobre Alfonsina, representando ironicamente a ideologia da época, segundo a qual um ser humano, para ser "reconhecido", "de cérebro equilibrado" e "pensamento forte", deve indubitavelmente ser "homem", já que, antes, a própria Alfonsina denunciava a questão sexo-genérica:

Quem é essa pessoa magra, de escassa estatura, com olhos rasgados e cabelo cinza? É um homem que... teve a desgraça de nascer... mulher...: é Alfonsina Storni [...]. A muitos lhes parecerá dura a frase porque, sem dúvida, não se detiveram em analisar a vida e o modo de ser da conhecida poetisa [...] de cérebro equilibrado, pensamento forte, nobre e franca até a aspereza, conseguiu vencer os preconceitos. (apud Delgado, 1990, p.129)

Delgado (1990) descreve Alfonsina Storni como ela fosse um homem, pois, como era notório, a poeta se mantinha apenas com o salário de professora e escritora, apesar dos muitos empregos. Além disso, era reconhecida como poeta em um mundo de homens, o qual não aceitava mulheres escritoras. Storni destoava pelo seu "cérebro equilibrado", pelo "forte pensamento", como vimos, com uma postura de franqueza áspera e forte ironia. E mais contundentemente, afirma Delgado (1990) o que aqui estamos estudando, Alfonsina Storni vence os preconceitos dos cânones literários masculino, isto é, afirma-se como escritora em um mundo que exclui ou apaga social e literariamente a voz feminina.

Em fins de 1928, funda-se a primeira comissão diretiva da Sociedade Argentina de Escritores, presidida por Leopoldo Lugones. Fazem parte dessa comissão Horacio Quiroga como vice-presidente, Samuel Glusberg como secretário, além de Borges, Gálvez, Barletta, Banchs, Cancela, Guisti, Leumann e outros, mas nenhuma mulher. Não obstante, a reunião seguinte acontece na casa de Alfonsina Storni.

Após novos esgotamentos nervosos, ela resolve fazer sua primeira viagem à Europa, em 1930, com sua amiga Blanca de la Vega. Nessa viagem, Alfonsina mostra-se alegre, sociável e entusiasmada. Volta à Sala Capriasca, na Suíça italiana, e conhece a casa onde nasceu. Ao voltar da Europa, publica um livro de peças de teatro intitulado *Dos farsas pirotécnicas*, no qual estão incluídas as peças *Cimbellina em 1900 y pico*, *Polixemia y la cocinerita* e *La debilidad de mister Mac Dougall*.

Em 1931, um fato inusitado acontece na vida de Alfonsina: é nomeada, pelo prefeito da cidade, a primeira mulher a participar de um júri popular. Sobre esse fato, Alfonsina publica uma nota no jornal *Crítica*, alegrando-se pelo reconhecimento, finalmente, das virtudes de uma mulher: "A civilização apaga cada vez mais as diferenças de sexo, porque eleva o homem e a mulher a seres pensantes [...]" (ibidem, p.139).

O ano de 1932 será momento das reuniões de Signo, no Hotel Castelar, onde literatos e artistas reúnem-se para conversar, discutir e bailar até o amanhecer. Todo o grupo artístico do momento, tanto argentino como estrangeiro, passa por Signo, como Norah Lange, Federico García Lorca, Ramón Gómez de la Serna, entre outros. Conta-nos Nalé Roxlo (1964, p.134, tradução nossa) que, muitas vezes, vê-se Alfonsina Storni como uma "borboleta no jardim" nas reuniões de Signo: "conversava, dançava, e muitas noites, quando o círculo se reduzia, cantava tangos junto ao piano que tocava Ruiz Díaz". Como ela já era reconhecida no mundo dos artistas e intelectuais, certa ocasião, no Hotel Castelar, quando o escritor italiano Massimo Bontempelli lhe pergunta sobre o que ela faz, por não reconhecê-la, Alfonsina acidamente responde: "Dirijo o tráfego na Via Láctea" (apud Nalé Roxlo, 1964, p.134, tradução nossa).

Nesse mesmo ano, Alfonsina fará sua segunda viagem à Europa, com o filho Alejandro, e lá descobrirá, com surpresa e agrado, que sua letra se parece com a de Teresa de Ávila; ela conhecerá, também, Federido García Lorca.

Em sua visita a Buenos Aires, no período de outubro de 1933 a fevereiro de 1934, Frederico García Lorca estreita sua relação e simpatia com Alfonsina. Como fruto dessa relação, em *Mundo de siete pozos* (1935), há o poema "Retrato de García Lorca", dedicado ao poeta espanhol.

Storni escreve seguidamente nos jornais *Crítica* e *La Nación*, mas permanecerá nove anos sem publicar poesia em formato de livro. Entretanto, visita Montevidéu para participar da Asociación de Arte y Cultura, na qual todos os escritores latino-americanos do momento têm passagem obrigatória. Em 12 de junho de 1934, é convidada a ler sua obra *Polixene y la cocinerita* na associação de em Montevidéu.

Em 1935, publica *Mundo de siete pozos*, livro de poesia que será exaltado pela crítica. Neste, ela abandona o acento subjetivista do modernismo já em decadência, além das formas tradicionais dos livros anteriores, e caminha em direção a uma soltura e maestria nos versos, que adotam uma forma mais livre, irregular e solta, sem rima, mas ao mesmo tempo com muito ritmo e musicalidade. Gabriela Mistral, ao ler o livro, escreve-lhe dizendo que poetas como ela nascem somente a cada cem anos (apud Delgado, 1990, p.146). O livro é dedicado ao filho, Alejandro Storni: "Tem minha vida, que vale bem um verso", retomando Enrique Banchs, autor de *La urna*.

Ao passar o verão no Uruguai, como fazia nos últimos tempos, um dia, ao submergir no mar, de súbito sente uma enorme dor no peito que a desvanece. Ao recuperar-se, percebe que há um nódulo no peito. Retorna a Buenos Aires e, por conselho das amigas Blanca de la Vega e Salvadora Medina Onrubia de Botana, vai ao médico, acompanhada de Benito Quinquela Martín. O médico José Arce será o cirurgião. Os amigos permanecem ao lado de Storni. Em 20 de maio de 1935, Alfonsina é operada no Sanatório Arenales de um câncer de mama, no peito esquerdo, com ramificações. Irá recuperar-se na casa dos amigos Botana, donos do jornal *Crítica*, "*Los Granados*", em Don Torcuato. Uma luxuosa mansão rodeada por um parque exuberante, com a coleção de faisões mais completa de toda a América, mas nada disso interessa a ela, nem mesmo a completíssima biblioteca dos Botana. Lá, será cuidada por Salvadora e Felisa Ramos Mozzi, uma ex-aluna. Depois de vinte dias, volta à sua casa na Rua Suipacha, nº 1.123, onde morará até 1937. Pouco a pouco, vai se tranquilizando e a doença lhe dá um longo descanso (Nalé Roxlo, 1964, p.142). Em contrapartida, seu caráter muda, ela se torna menos sociável, não quer mais a companhia dos amigos, sente-se mutilada e procura a solidão, afastando-se dos antigos amigos e fazendo novas amizades.

Em 23 de maio de 1936, na inauguração do Obelisco em Buenos Aires, como parte dos festejos do aniversário da fundação da cidade, Alfonsina pronuncia a conferência "Desovillando la raíz porteña". Nesse evento, adverte que a cidade ainda não tem um poeta, um

A CONSTITUIÇÃO DA SUBJETIVIDADE FEMININA EM ALFONSINA STORNI   77

romancista, nem um dramaturgo que a represente, mas tem os compassos diferenciados do "tango". Nessa ocasião, ironicamente morre Lola Mora, na mais absoluta pobreza, mulher escultora hoje internacionalmente reconhecida e que soube captar as necessidades estéticas de Buenos Aires, de acordo com sua interpretação pessoal (Delgado, 1990, p.154).

A morte de Horacio Quiroga é trágica; convalescente de câncer na vesícula, ele decide tomar veneno, terminando com um longo processo de sofrimento. Alfonsina fica muito impressionada, teme cada vez mais por seu futuro e decide passar uns dias em Bariloche, para descansar. Enquanto isso, Storni prepara seu novo livro de versos, e, justamente nessa conjuntura contextual e experiencial, surge uma nova maneira de pensar a poesia e de pensar o mundo (ibidem, p.158). No prólogo de *Mascarilla y trébol*, podemos ler: "No último par de anos, dirá, mudanças psíquicas fundamentais se operaram em mim: nelas há que procurar a chave dessa relativamente nova direção lírica e não em correntes externas que arrastaram minha personalidade verdadeira" (apud Delgado, 1990, p.158)

Alfonsina confirma sua verdadeira concepção da poesia como reflexo de sua interioridade, e não como resultado das modas literárias. Escrevendo como se estivesse em transe, sua nova poesia surge como um impulso inicial, como um movimento no meio de um sonho, solta e livre.

Un lápiz

Por diez centavos lo compré en la esquina
y vendiómelo un ángel desgarbado;
cuando a sacarle punta lo ponía
lo vi como un cañón pequeño y fuerte.

Saltó la mina que estallaba ideas
y otra vez despuntólo en ángel triste.
Salí con él y un rostro de alto bronce
lo arrió de mi memoria. Distraída

lo eché en el bolso entre pañuelos, cartas,
resecas flores, tubos colorantes,
billetes, papeletas y turrones.

Iba hacia no sé donde y con violencia
me alzó cualquier vehículo, y golpeando
iba mi bolso con su bomba adentro. (Storni, 1999, t.1, p.424)

Roberto Giusti, professor, crítico e amigo de Alfonsina, é o primeiro a ler o último livro de poemas da poeta, o qual lhe parece "carecer de alma". Para Giusti, há certa reminiscência de Góngora nos novos poemas, pela maneira inusitada das associações poéticas, com a ruptura da sintaxe e metáforas raras: *"Algo contarme quiere aquel hinojo / que me golpea la olvidada pierna / máquina de marchar que el viento empuja"* (Storni apud Delgado, 1990, p.163).

Na tarde de 27 de janeiro de 1938, no pátio do Instituto Vázquez Acevedo da Universidade de Montevidéu, acontece uma inesquecível homenagem às três grandes poetas da América, organizada pelo Ministério da Instrução Pública: Gabriela Mistral, Juana de Ibarbourou e Alfonsina Storni. O público é formado pelos uruguaios amantes da poesia e por muitos vindos de Buenos Aires. A conferência de Storni, "Entre un par de maletas a medio abrir y las manecillas del reloj", divide-se em duas partes. Na primeira, narra sua infância e suas primeiras lutas e critica sua obra anterior a *Mascarilla y trébol*. Na segunda parte, passa a "medula desta conversinha", lê cinco poemas escritos em terra uruguaia, pertencentes a seu último livro de poemas, e explica como são concebidos:

> Poesias breves, dispostas em forma de soneto; um quarteto inicial de exposição; a segunda, o nó; os tercetos, o desenlace. Mas de rima dissonante. *Antissonetos*, permiti-me chamá-los em uma colaboração que de outra série do mesmo gosto que publiquei faz pouco em *La Nación* de Buenos Aires. Pode-se questionar a denominação ou desconsiderá-la. (apud Nalé Roxlo, 1964, p.143)

A CONSTITUIÇÃO DA SUBJETIVIDADE FEMININA EM ALFONSINA STORNI   79

Para a crítica contemporânea, *Mascarilla y trébol* é considerado "culteranista, obscuro, hermético e muitos de seus poemas, francamente incompreensíveis" (Nalé Roxlo, 1964, p.152). Portanto, sua nova poesia nascerá tanto do sofrimento com a doença, em 1935, como da nova visão de mundo decorrente; ela vê o mundo como um espetáculo, e é desse modo que irá apreendê-lo e pintá-lo. Olhará a seu redor sem envolver sua alma, parecerá, segundo Nalé Roxlo (1964), que está extinta a fogueira ardente que tanto avivava sua poesia amorosa.

Por esses dias, viaja a Mar del Plata e, na estação de Constitución, em Buenos Aires, despede-se do filho dizendo: "vou-me contente [...] Escreve-me, Alejandro, vou necessitar" (ibidem, p.169, tradução nossa). O filho o fará nos dias 19 e 22 de outubro. Em resposta, Alfonsina lhe escreve duas cartas, na primeira parece apaziguada, mas, na segunda, do dia 24 de outubro, a despedida é certa: "Querido Alejando: faço-te escrever com minha mucama, pois a noite tive uma pequena crise... insisto em lhe dizer que te adoro, sonha comigo, necessito-lhe. Beijos longos, Alfonsina" (ibidem, p.170, tradução nossa).

Ainda em Colonia, no Uruguai, Alfonsina Storni volta a sentir as dores no peito, reavivando a preocupação com a sua doença incurável. Quando retorna a Buenos Aires, toma conhecimento do suicídio de Leopoldo Lugones, no Tigre, e de Égle, filha de Horacio Quiroga, com apenas 26 anos. Aos domingos, Alfonsina fará longos passeios no Tigre. Em março, vai a Mar del Plata, como de costume. As dores voltam e são intensas. Afasta-se dos amigos e novamente procura a solidão. Dedica-se exclusivamente ao trabalho e à escrita de *Mascarilla y trébol*. Em cartas e encontros com amigos, nota-se certo tom de despedida. Por exemplo, em 15 de outubro de 1938, decide apresentar seu último livro no Concurso de Poesia e pergunta a Juan José de Urquiza, diretor da Comisión Nacional de Cultura: "E se alguém morre, a quem lhe pagam o prêmio?" (apud Delgado, 1990, p.167, tradução nossa).

Por volta da uma hora de 25 de outubro, uma terça-feira, Alfonsina sai de seu quarto e encaminha-se possivelmente para o Club

Argentino de Mujeres, onde várias vezes declamou seus poemas, e se lança ao mar, segundo reconstituição de sua morte. Por volta das 8 horas do dia seguinte, seu corpo é encontrado por dois operários da Dirección de Hidráulica, na praia de La Perla, em Mar del Plata. A notícia surpreende a todos: "Morreu tragicamente Alfonsina Storni, grande poeta da América" (ibidem, p.170). O filho escuta pelo rádio o acontecido. Levam o corpo de Storni a Buenos Aires; o cortejo até Recoleta é longo e repleto de saudações das pessoas que apreciam sua poesia. Em 26 de outubro, rendem-lhe homenagem vários escritores, artistas e autoridades nacionais.

Com a morte da poeta e o grupo de La Peña fechado, o luxuoso piano Steinsway é vendido e se compra uma pedra, com a qual Perlotti faz um monumento em homenagem a Alfonsina. O monumento é colocado em frente à praia La Perla, em Mar del Plata, onde foi encontrado o corpo da poeta, em 25 de outubro 1938.

O último poema escrito por Alfonsina Storni, enviado poucas horas antes de sua morte ao jornal *La Nación*, ressoará poeticamente como uma brisa oceânica:

Voy a dormir

Dientes de flores, cofia de rocio,
manos de hierbas, tú, nodriza fina,
tenme prestas las sábanas terrosas
y el edredón de musgos encardados.

Voy a dormir, nodriza mía, acuéstame.
Ponme una lámpara a la cabecera;
una constelación; la que te guste;
todas son buenas; bájala un poquito.

Déjame sola; oyes romper los brotes...
te acuna un pie celeste desde arriba
y un pájaro te traza unos compases

para que olvides... Gracias. Ah, un encargo:
si él llama nuevamente por telefono
le dices que no insista, que he salido... (Storni, 1999, t.1, p.600)

Esse soneto, ou antissoneto, como o concebeu Storni, no primeiro quarteto em tom imperativo, *"tenme"*, convida ao *"edredón de musgos encardados"* a cobri-la como um manto de proteção; no segundo quarteto e no primeiro terceto, continua preparando seu "sono/sonho" (vale a redundância), ou em espanhol *"sueño"*, com tom romântico e nostálgico; porém, no último terceto, com tom irônico desconstrói a angústia e o romantismo antes instaurado, ao dizer que se for procurada por alguém, apenas deve-se avisar que *"he salido"*, metáfora irônica de "logo volto" a entrar em cena.

A produção literária de Alfonsina Storni e a recepção de sua obra

Segundo a crítica literária, a primeira produção de Alfonsina Storni, chamada modernista ou "tardorromântica" (Sarlo, 1988a e 1988b), ocorreu no período de 1916 a 1925; a partir de *Ocre*, ela marca uma ruptura, confirmada em seus últimos dois livros de poesia, *Mundo de siete pozos* e *Mascarilla y trébol*, com marcas de vanguardismo e novas experiências estéticas, como o antissoneto. Esse novo momento passa, inclusive, por nosso objeto de estudo, *Poemas de amor*, publicado em 1926, livro de poesia em prosa que, por um lado, marca um tardorromantismo no enfoque temático de relações afetivo-amorosas entre sujeitos mulher-homem, e, por outro lado, o lirismo e a crítica irônica presentes discursivamente nessas mesmas relações, pondo o amor como inalcançável, efêmero e fugaz, como motivação de vida e de morte, ou realização total e impossibilidade.

A poesia de Alfonsina Storni também será marco de referência de um corpo e uma voz femininos. Esse marco, além de conquistar massivamente um grande público, segundo Beatriz Sarlo (1988a, 1988b), e criar certas desconfianças por parte de seus pares literatos,

82 NILDICÉIA APARECIDA ROCHA

pode ser considerado, principalmente, como a afirmação de uma escritora feminina em um contexto histórico cultural, hispano-americano e internacional, no sentido de construir certa regularidade discursiva em sua variedade de produção literária.

Com relação à crítica literária feita sobre a obra de Alfonsina Storni por seus contemporâneos, temos três posturas de leitura:

- As aproximações críticas e biográficas, como as de Roberto Giusti, Luis Maria Jordán, Arturo Capdevilla, Manuel Gálvez, entre outros, ligados à emergente crítica literária da revista *Nosotros*, autorizam a voz feminina antes desqualificada e legitimam a presença da mulher no âmbito da escritura literária.

- As propostas de leituras dos críticos e poetas vinculados à vanguarda argentina, críticas em geral negativas, como as de Jorge Luis Borges, Córdoba Iturburu e Eduardo Gonzálvez Lanuza, apesar de não negarem a interpretação biográfica, põem ênfase nas diferenças estéticas, interpretando a escritura da poeta como um "epigonismo modernista" que eles rejeitam (Salomone, 2006, p.60). Além disso, segundo esses poetas e críticos, a poesia de Storni é de mau gosto (Sarlo, 1988a, 1988b), expressando, assim, certo preconceito de classe, etnia e gênero sexual (características de grande parcela da vanguarda argentina).

- Alguns textos críticos realizados por mulheres no meio acadêmico, como os de Graciela Peyró de Martínez Ferrer e de Maria Teresa Orozco, e na crítica pública circulam em jornais, revistas e publicações culturais, como as de María Luz Morales e Gabriela Mistral. Estas últimas iluminam certa leitura possível, não apresentada pelos outros críticos: enunciação de um sujeito outro nos textos de Alfonsina, outra instância para instaurar a relação entre a escritura e a biografia da poeta, e os modos de valorização estética que fundamentam essas críticas.

A CONSTITUIÇÃO DA SUBJETIVIDADE FEMININA EM ALFONSINA STORNI   83

De acordo com Salomone (2006, p.65, tradução nossa), a crítica realizada pela terceira tendência marca outro ponto de referência constitutiva da escritura de Alfonsina Storni. Mesmo que essas leituras não sejam consideradas um "contradiscurso", evidenciam "tensões e posicionamentos que se distanciam da crítica hegemônica, constituindo um antecedente genealógico de certas interpretações da crítica feminista atual".

María Luz Morales considera a dimensão modernista de sujeito na poesia de Alfonsina, a qual discursivamente se coloca como observadora da cidade e de suas dinâmicas: "Com ironia ou sem ela, Alfonsina Storni, mulher essencialmente moderna, sente a cidade, ama a cidade, canta a cidade" (ibidem, p.66). Por sua vez, a leitura de Gabriela Mistral apresenta a poeta a partir de uma série de características que destacam os jogos de sua inteligência, seu conhecimento de mundo, sua afetividade pouco sentimental, verbalizada em: "mulher de grande cidade que tem passado tocando tudo e incorporando-o" (ibidem, p.66).

Já Graciela Peyró de Martinez Ferrer e María Teresa Orozco destacam uma outra dimensão biográfica e sua relação com a escritura de Storni, desconstruindo a leitura melodramática da crítica consagrada. Por exemplo, na ocasião da morte da poeta, tanto Peyró como Orozco, em suas críticas, ou não mencionam o fato, não estabelecendo relações de causalidade com relação à escritura (Peyró), ou mencionam sobriamente o ocorrido, apontando para a racionalidade da decisão da poeta, por meio de testemunhos (Orozco). Com relação à obra de Alfonsina, Peyró resgata o percurso poético da escritora, que, se por um lado, apresenta o discurso de uma mulher com amplo conhecimento de mundo e consciente da condição de subordinação das mulheres, ou seja, mais ou menos estereotipado, por outro, será justamente ante essa condição que a poeta evocará seu discurso (ou contradiscurso). Desse modo, a escritura de Alfonsina põe em jogo uma "subjetividade feminina múltipla", com presença de "vivências transubjetivas", que conseguem "hacer-se palavra e gesto" (ibidem, p.67), dando voz a um discurso silenciado historicamente.

É importante resgatar as considerações que a crítica veiculada na revista *Nosotros* apresenta sobre a produção de mulheres escritoras. Inicialmente, a escritura de mulheres é vista como consequência de uma nova sociabilidade, advinda da modernidade, tratando essa produção como um produto, um trabalho de aprendizes, sem vínculo com as transformações sociais de que as sujeitos-mulheres ativamente participavam e discursivamente representavam em sua escritura.

A posteriori, há a configuração de uma *literatura feminina*, junto a uma crítica normativa, a qual considera essa escritura como produzida por um sujeito biológico mulher e que representa uma textualidade com certas características naturalizadas como próprias à mulher, como emocionalidade, sentimentalismo, ocultamento do próprio eu, alienação perante o mundo exterior, transparência entre a experiência e a escritura, carência de elaborações ideológicas e de criação de linguagens, dificuldade para articular um discurso propositivo e racional. Assim, de certa maneira, há uma patologização do discurso feminino realizado por mulheres, principalmente se a linguagem é opaca ou inapreensível, sendo relacionada com histeria, epilepsia, nervos, enfim, com um conjunto de sintomas psicofísicos associados à forma e fisiologia genital da mulher, de acordo com os ditames veiculados ideologicamente pela medicina da época.

Sabemos hoje, à luz da crítica feminista e das contribuições da análise de discurso, principalmente sobre os conceitos e as articulações entre linguagem e poder, que essa leitura ingênua sobre a produção feminina, constituída por textos de escritoras mulheres desde meados do século XIX, ou mesmo desde antes, é fruto de uma perspectiva ideológica tipicamente androcêntrica e patriarcal, para perpetuar no poder uma hegemonia formada por um discurso tido como masculino, o qual esvazia o discurso feminino/feminista. Assim, os estudos literários hoje veiculam esse tipo de crítica e de posicionamento, há muito iluminado pela crítica feminista.

A partir dos anos 1950 e 1660, a obra de Alfonsina despertará interesse fora da Argentina, especialmente nos Estados Unidos. Graças às críticas mais analíticas, que irão priorizar o estudo dos

A CONSTITUIÇÃO DA SUBJETIVIDADE FEMININA EM ALFONSINA STORNI   85

textos e abandonar a leitura biográfica, dentro de um enfoque estilístico e do *New Criticism*, novas críticas serão tecidas, com certa orientação fenomenológica.

Na trajetória sobre a recepção da obra literária de Alfonsina Storni, Jaime Martínez Tolentino (1997) apresenta uma resenha de alguns artigos sobre a obra de Alfonsina Storni, de 1945 até 1980. Dentre eles, podemos citar:

- Sidonia Carmen Rosenbaum (1945) revela o perfil urbano na obra de Storni, considerando-a como a poeta feminina argentina que resgatou a poesia escrita por mulheres da condição de subliteratura.

- Gabriele Munk Benton (1950) situa-a em uma perspectiva cosmopolita, modernista e universal, argumentando que o uso do "eu" em seus textos marca uma dimensão mais universalista. Benton considera que a poesia para Storni é a única possibilidade de tolerar a vida em um mundo hostil e frio.

- Edna Lue Furnes (1957) discute o binarismo feminino/ masculino apresentado pela poeta, ao lado de outras escritoras hispano-americanas, numa perspectiva feminista e existencialista. Furnes afirma que o segredo de Storni é a consciência sobre o materialismo e a desumanização do mundo contemporâneo.

- Helena Percas (1958) contextualiza a poeta dentro da discursividade feminina da "geração feminina de 1916", estudando histórica e socialmente o desenvolvimento da poesia de mulheres na América hispânica. Segundo Percas, Alfonsina funda com grande habilidade duas heranças aparentemente incompatíveis: a sensibilidade modernista, metafórica, e o espírito rebelde de uma mulher moderna e participativa em seu país.

- Janice Geasler Titiev (1976, 1980 e 1985), um dos primeiros estudos sistemáticos sobre a dimensão formal da poesia de Storni, expõe as relações intertextuais das inovações formais dos dois últimos livros de poemas. Com a experimentação linguística que a poeta havia iniciado em *Ocre* e com seu texto em prosa poética *Poemas de amor*, irá concluir Geasler Titiev que o que Storni muda é o lugar de posicionamento do "falante"/enunciador, que não é mais o de um sujeito que é observado pelo olhar do outro, mas, sim, o de uma mulher que se converte em observadora, como anos mais tarde afirmaria Gwen Kirkpatrick (2005).

O próprio Martínez Tolentino (1997, p.5-6) considera que o livro *Poemas de Amor* tem um tom reflexivo e terno, no qual a autora mostra-se como uma garotinha (*chiquilina*) que descobre o amor pela primeira vez ou como uma mulher convencional submetida aos gostos do amado:

> Escrito totalmente em prosa, empregando a linguagem mais simples possível, comparações comuns e correntes, e nenhuma técnica literária sofisticada, o livro, composto de poemas extremamente curtos, ternos e íntimos, foi concebido como uma espécie de reação contra a poesia complicada e uma tentativa de escrever para as massas, quem apreciaram tanto que em muito pouco tempo se esgotaram três edições.

Entretanto, o livro não é bem recebido pela crítica, mesmo tendo sido o predileto de Storni até 1931. E sua recepção posterior é também fria, inclusive ele chega a ser excluído das listas da sua obra, até a publicação de *Obras completas*, pela editora Losada, em 1999.

Segundo Salomone (2006, p.81), a partir da década de 1980, o olhar sobre a produção literária de escritoras latino-americanas terá outro enfoque, o que ela denomina "crítica atual: crítica feminista e modernidade cultural". Assim, escritoras como Gabriela Mistral, Delmira Agustini, Maria Luisa Bombal, Victoria Ocampo, Teresa de la Parra, Dulce María Loynaz e tantas outras receberão uma outra crítica, uma releitura sob a perspectiva crítica feminista em relação à literatura.

Nesse sentido, as análises sobre a obra de Storni "exploram como a figura e a obra de Storni se inserem em um contexto de modernidade cultural emergente que possibilita às mulheres instalar e legitimar discursos em um campo intelectual que, até então, lhes negava reconhecimento como sujeitos intelectuais autônomos" (ibidem).

Assim, Salomone (2006) resenha um conjunto de críticas realizadas, dentro desse enfoque, sobre o texto de Alfonsina Storni nos Estados Unidos:

- Gwen Kirkpatrick (1989, 1990 e 1995) centraliza sua análise nos últimos livros de poesia e na poesia inédita de Storni. No artigo de 1989, observa a independência do sujeito no seu discurso, ao se instalar com um olhar observador, lateral e lúcido. No segundo artigo, de 1990, faz uma releitura contextual dos textos de Storni, na qual vai integrar a análise dos textos da poeta com a recepção crítica de sua obra, com sua biografia e a história das mulheres na Argentina de início do século XX. Em 1995, no terceiro artigo, analisa as crônicas de Storni (Tao Lao), indagando as características enunciativas na construção de um *yo* (eu) formado pelo cruzamento de um *"ojo vagabundo"* e um *"yo confesional"*, próximo ao eu-lírico dos primeiros poemas. Kirkpatrick vincula, pela primeira vez, a escritura de Storni com os códigos da cultura de massas.

- Francine Masiello (1997) visualiza a escritura de Storni como uma reflexão sobre a construção da subjetividade feminina em sua relação com a linguagem; concebe, assim, a linguagem a partir da perspectiva feminista, revelando uma tensão entre o símbolo e a experiência, entre o texto e as interpretações, entre os signos das diferenças e da igualdade. Nesse sentido, o corpo para Storni é como um *tópos* em sua escritura, o qual possibilita à poeta reformular a relação entre palavras e referentes, como um receptáculo de palavras das vozes do outro por meio das mulheres.

- Martha Morello-Frosch (1987), com enfoque feminista, integra a psicanálise lacaniana e a desconstrução (ibidem, p.86).

Na Argentina, entretanto, o enfoque será sobre as relações, no processo de modernidade cultural, entre a sociedade argentina dos anos 1920 e 1930, e a produção literária de Alfonsina Storni, ainda dentro da perspectiva teórica e crítica feminista. Dentre as estudiosas argentinas, retomamos Beatriz Sarlo, Delfina Muschietti e Tamara Kamenzsain.

- Beatriz Sarlo (1988a, 1988b), em um estudo mais amplo sobre a modernidade periférica de Buenos Aires, resgata também Victoria Ocampo e Norah Lange; especificamente sobre Storni, centraliza-se nas rupturas ideológicas provocadas por sua poesia e a considera construtora de um lugar próprio na literatura, graças a seu tom sentimental e erótico, à relação de não submissão ou queixa ao homem, mas, sim, de reivindicação da diferença.
- Delfina Muschietti (1989, 1999) instala a poesia de Storni dentro das produções culturais de 1916 a 1930. Diferenciando-se de Sarlo, Muschietti analisa a produção jornalística e as relações entre a poesia e a prosa de Storni. De modo geral, afirma Muschietti que há, na escritura da poeta, uma confrontação discursiva entre um discurso rebelde, hegemônico, presente nos textos jornalísticos, e um discurso submisso, dominante na poesia de Storni; o contradiscurso presente na poesia de Storni justifica-se graças às estratégias de um discurso jornalístico instaurado; nesse sentido, a poesia da poeta é vista como um "discurso travesti": "como uma bivocalidade desconcertante, que traz a voz oficial, disciplinada, pode emergir uma palavra dissonante: o berro, como disse em seu momento Borges, ou a voz varonil, na versão de José María Jordán" (Salomone, 2006, p.92)
- Tamara Kamenszain (2000), em um enfoque intertextual, sugerido por Muschietti, retoma as relações entre a poesia

A CONSTITUIÇÃO DA SUBJETIVIDADE FEMININA EM ALFONSINA STORNI   89

e o jornalismo de Storni, e revisa as inovações poéticas de *Mascarilla y trébol*, último livro de poesia da poeta, no qual confluem poesia e prosa; além disso, cruza algumas crônicas de Storni com as de Girondo, ideia também sugerida anteriormente por Muschietti, e conclui que os dois escritores compartilham a mesma sensibilidade poética, ainda que provenientes de círculos literários antagônicos em sua época.

Incluímos nessa lista a análise de Samolone (2006), dedicada à obra de Storni, sob a perspectiva feminista, modernista e de cultura de massas.

• Alicia Salomone (2006), no contexto social da produção de uma modernidade cultural, analisa a produção literária de Alfonsina Storni como releitura de um sujeito feminino imbuída de uma visão crítica de seu contexto e um posicionamento particular sobre sexo-gênero; uma escritura, portanto, que, mesmo dentro do discurso amoroso, é heterogênea.

Nossa proposta, neste estudo, não difere da releitura das últimas estudiosas latino-americanas; ao contrário, retomamos a questão da constituição da subjetividade feminina, no sentido de uma construção identitária feminina e feminista por meio das estratégias discursivas presentes nos poemas em prosa de *Poemas de amor*. Esse livro, que até o momento foi renegado pela crítica literária, a nosso ver, juntamente com *Ocre*, marca o início e a ruptura de um pensar/ ver/poetizar o mundo a partir da perspectiva de um sujeito mulher que se vê "pensar" e "sentir" o mundo pela consciência de si e do mundo que a cerca. Ainda que essas características já estejam, de certa maneira, esboçadas desde os primeiros poemas, elas, nessas duas obras, serão enfatizadas e postas em relevo.

De *Inquietud del rosal* a *Mundo de siete pozos*: do modernismo às novas experiências poéticas

A poesia de Alfonsina Storni posterior a *Languidez* dará voz ao sujeito feminino em seu livro de poesia intitulado *Ocre*. Após cinco anos sem publicar, com esse novo volume, inicia-se o período vanguardista da poeta, considerado fonte de uma nova linguagem e construção de uma outra identidade. Discursivamente desvincula-se dos padrões modernistas, inicia seu percurso nas propostas vanguardistas e registra um *chillido* da voz feminina ativa, no sentido de marcar um posicionamento inicial de queixa, para, em seguida, realizar uma efetiva reivindicação de um espaço de sujeito para a mulher, no sentido foucaultiano de uma posição de sujeito no caso feminista, constituindo uma diversidade de posições de sujeito na obra de Storni. Ela abandonará o Eros (Masiello, 1997, p.253) e se entregará ao encontro apaixonado com a palavra; sua poesia agora estará marcada pelo fluir inexorável da criatividade poética. Mesmo que, nesse caso, a palavra apresente, veementemente, certa crise de identidade e do nome do indivíduo, como uma tensão entre a aparência e a essência, essa temática já está presente desde os primeiros textos de Storni.

Tanto a própria autora como a crítica literária manifestam certa preferência por *Ocre* em detrimento dos anteriores, certamente pela simplicidade no equilíbrio das formas e no jogo oscilatório entre a ironia (Veiravé, 1980-1986, p.328) e a maestria em apresentar em sua escritura a diversidade de posições de sujeito constitutiva dessa voz feminina/feminista.

A crítica literária contemporânea a Storni considera o livro *Ocre* fundamental na sua produção literária, mas Graciela Peyró de Martínes Ferrer (1938b, p.256) resgata as buscas formais da poesia anterior da escritora. Peyró (1938b) propõe que a evolução de Storni para a vanguarda está muito mais relacionada com um "chegar a ser" (*devenir*) lógico de novas expressividades em confluência com a poesia moderna, de Rubén Darío, de Mallarmé e da Geração de 27 na Espanha.

A CONSTITUIÇÃO DA SUBJETIVIDADE FEMININA EM ALFONSINA STORNI   91

Este novo livro de Alfonsina Storni (*Mascarilla y trébol*) é como um desafio contra ela mesma. A alma é o centro dos "círculos imantados", que são desafios, apóstrofes, lembranças impregnadas de tristeza e verdades. A autora escala as alturas. E tudo é expresso com uma festa de imagens que declaram sua habilidade na confecção de expressões modernas, belas, ajustadas e lógicas. (Martínes Ferrer, 1938b, p.256)

Quando se designa modernismo hispano-americano literário, vale ressaltar que ele se dá de modo divergente e temporalmente anterior ao modernismo brasileiro. Se, por um lado, o caso do modernismo no Brasil está diretamente relacionado à realização da Semana de Arte Moderna, realizada em 1922, na cidade de São Paulo, com apresentações de vários artistas, entre declamação de poesia, apresentação musical e exposição de pinturas, influenciadas estas pelas vanguardas europeias (cubismo, futurismo, dadaísmo, surrealismo e impressionismo), na América hispânica acontece temporalmente antes e a partir de outras inquietações.

A América hispânica, em fins do século XIX, é uma terra de contrastes: enquanto a Argentina celebra, em 1910, o centenário de sua independência (ocorrida em 1816), Cuba irá proclamar sua independência de Espanha em 1898, mas cairá sob o jugo dos Estados Unidos da América, e, justamente com forte sentimento anti-imperialista, poetas como José Martí e Rubén Darío irão realizar, tematicamente, uma literatura de denúncia da política expansionista norte-americana. Desse modo, o modernismo na América hispânica teve início com José Martí e Manuel Gutiérrez, entre 1882 e 1888, e chega à sua culminação em 1888 com o lançamento dos livros de poemas *Azul* e *Prosas profanas* (1896), de Rubén Darío, publicados em Buenos Aires, centro de congregação e difusão da cultura modernista de então. De modo geral, o modernismo hispano-americano teve duas etapas: uma *preciosista*, na qual predominam temas exóticos e símbolos da Antiguidade, a arte vista como evasão da realidade, como diria Beatriz Sarlo (1988a, 1988b), com características de um romantismo tardio, como em *Prosas profanas*; e uma etapa *mundonovista*, que valoriza as raízes da América hispânica americana e os interesses sociais e políticos da época, representada por *Odas seculares*, de Leopoldo Lugones, por exemplo.

Por um lado, o modernismo representa a inquietação de um momento histórico, no sentido de afirmação de uma reivindicar uma história, política, economia, cultura e arte próprias da América hispânica, de sua unidade hispânica, mesmo dentro da vasta diversidade da histórica de cada território nacional: Cuba, Argentina, Bolívia, Chile, Colômbia e Paraguai. E, no âmbito literário, o modernismo registra uma linguagem tipicamente expressiva da língua espanhola falada na América hispânica, em sua heterogeneidade constitutiva. Por outro lado, há a crítica de esta ser apenas uma imitação das características propostas pelos simbolistas na França. Portanto, o modernismo hispano-americano está diretamente relacionado ao simbolismo francês, com fortes influências de Mallarmé, Baudelaire e Verlaine. Não obstante, aparece também um resgate romântico no sentido de concretizar o sonho dos românticos em "desenhar" uma "linguagem espanhola americana".

As características gerais do modernismo são: ampla liberdade de criação, a arte como "torre de marfim", perfeição da forma, cosmopolitismo – poeta como cidadão do mundo, atitude aberta ao novo, correspondência das artes (simbolismo), gosto por temas da Antiguidade clássica, impressionismo descritivo, renovação de expressionismo: inclusão de musicalidade, sinestesias, simplificação da sintaxe, uso de imagens visuais com complexas combinações, entre outras (Bracaccini et al., 1994, p.164). Essa será a base de desenvolvimento da literatura hispano-americana do século XX.

Kirkpatrick (2005, p.29-31) assim resume esse momento literário:

> O mais surpreendente na produção desses poetas é sua violência, uma violência que se volta ao interior (contra a essência mesma da linguagem) e ao exterior (contra os signos convencionais de realização, plenitude e riqueza). Em geral, a plenitude é vista como um tesouro material, frequentemente como um tesouro roubado.

[...] Com muita frequência o modernismo foi visto como um movimento dependente da França – como fonte de inspiração. Muitos veem nesse movimento uma tendência apoiada na imitação, a mera tradução de uma língua a outra. [...] *Cualquier historia sobre el valor de la poesia modernista em Hipanoamérica constituiria por sí misma uma historia de lós valores sociales y estéticos de su época. [...] Tal vez la crítica más común del modernismo es el ataqu a su falta de compromiso social, com algunas excepciones notables, como el poeta y líder cubano José Martí [...] incluso las literaturas nacionales son objeto de continuas evaluaciones y reasimilaciones. Un ejemplo es el reciente resurgimiento de la figura de Rubén Darío como "poeta pátrio" de Nicaragua.*

Verificamos, desse modo, que o que se designa como modernismo na América hispânica não corresponde necessariamente ao modernismo brasileiro, mas sim a movimentos estéticos anteriores, como simbolismo/parnasianismo e pré-modernismo. Mais próximos do que, na literatura brasileira, denominamos modernismo estão caracteristicamente os movimentos de vanguarda ocorridos na literatura hispânica.

Em linhas gerais, na segunda década do século XX, os poetas hispânicos começam a rejeitar a busca formal própria dos modernistas, com o intuito de romper com o passado artístico imediato, e ainda, na procura de extrema originalidade, na forma e no conteúdo, as manifestações da época traçam um novo caminho. Agora, grande é a influência das vanguardas europeias, especificamente do cubismo (apresenta o texto como *collage*), expressionismo (reflete a percepção da realidade externa), dadaísmo (cultiva a burla sarcástica e o jogo), surrealismo (livre associação do pensamento e da escrita automática, revela as regiões ocultas da realidade pelo onírico) e ultraísmo (pretensão de sintetizar os "ismos" e desejo de renovar), esta última trazida da Europa por Borges e difundida na Argentina. Exemplos de influências das vanguardas europeias na literatura hispano--americana: o chileno Vicente Huidobro propõe o *creacionismo*, no livro *El espejo de água* (1916); o mexicano José Juan Tablada adapta as formas líricas japonesas, como *haiku* e *hai kai*; e Manuel Maples Arce cria o *estridentismo* (Bracaccini et al., 1994, p.218) e o peruano Alberto Hidalgo com o *simplismo*; os escritores publicam também em revistas suas manifestações literárias influenciadas pelas vanguardas europeias, tais como *Prisma* e *Proa*, na Argentina, dirigida por Borges, e principalmente *Martin Fierro*, como resgate da argentinidade antes apresentada pelo autor do livro homônimo, José Hernández, em 1872.

As características da poesia vanguardista são: hermetismo, ou seja, fechada em si mesma, como autossuficiente; feísmo, tenta impactar o leitor com o uso do desagradável; mordacidade e ironia, utilizadas de modo humorístico; poesia pura, a arte desprende-se da história e da anedota, o sentimento íntimo invade tudo; atitude expressionista-descritivo, o poeta se funde com o objeto descrito e o deforma de acordo com sua vontade ou necessidade; disposição tipográfica livre, poema como objeto tridimensional, composto por imagem acústica, uma imagem visual e uma imagem significativa, como o poema "Espantapájaros", de Oliverio Girondo (s.d.), defensor das vanguardas, e no qual verificamos o jogo com a disposição gráfica e a criação de outra significação, ou seja, o próprio poema figurativiza a imagem visual de um espantalho como geralmente se vê em zonas rurais. É interessante notar como o jogo verbal com o verbo "saber" dispara outra possibilidade de leitura do poema: a interpretação possível de que as novas experiências poéticas vanguardistas estão muito mais próximas da negação de um saber predefinido, preestabelecido ou determinado, e sim mais vinculado à procura do novo, tanto no verbal, paradoxalmente negando o sentido do verbo "saber" através da negação de seu sentido primeiro, como também no léxico "*desorientación*", e outros como "educação sem discussão". Assim, o poeta polemiza com a poesia modernista realizada até então, nos moldes da busca da perfeição formal, por exemplo, e propõe agora a meditação, a contemplação e a masturbação, ou seja, levada ao prazer próprio da palavra.

A CONSTITUIÇÃO DA SUBJETIVIDADE FEMININA EM ALFONSINA STORNI   95

Yo no sé nada
Tú no sabes nada
Ud. no sabe nada
Él no sabe nada
Ellos no saben nada
Ellas no saben nada
Uds no saben nada
Nosotros no sabemos nada

La desorientación de mi generación tiene su explicación en la
dirección de nuestra educación, cuya idealización de la acción,
era – ¡sin discusión! – una mistificación, en contradicción con
nuestra propensión a la meditación, a la
contemplación y a la masturbación.
(Gutural, lo más guturalmente
que se pueda.) Creo que creo
en lo que creo que no creo.
Y creo que no creo en
lo que creo que creo.

"Cantar de las ranas"

¡Y ¡Y ¿A	*¿A ¡Y¡Y*
su ba llí	*llá su ba*
bo jo es	*es bo jo*
las las tá?	*tá? las las*
es es ¡A	*¡A es es*
ca ca quí	*cá ca ca*
le le no	*no le le*
ras ras es	*es ras ras*
arri aba tá	*tá arri aba*
ba!... jo!... !...	*!... ba!... jo!...*

No final do poema de Girondo, notamos a presença da intertextualidade com o poema moderno de Manuel Bandeira "Os sapos",
o qual foi lido durante as apresentações artísticas na Semana de Arte

Moderna, em 1922, ambos nomeando aos poetas de antes como passadistas e imitadores de outros, metaforicamente.

Os sapos

Enfunando os papos,
Saem da penumbra,
Aos pulos, os sapos.
A luz os deslumbra.

Em ronco que aterra,
Berra o sapo-boi:
– "Meu pai foi à guerra!"
– "Não foi!" – "Foi!" – "Não foi!".

O sapo-tanoeiro,
Parnasiano aguado,
Diz: – "Meu cancioneiro
É bem martelado.

Vede como primo
Em comer os hiatos!
Que arte! E nunca rimo
Os termos cognatos.
[...]

Outros, sapos-pipas
(Um mal em si cabe),
Falam pelas tripas,
– "Sei!" – "Não sabe!" – "Sabe!".

Longe dessa grita,
Lá onde mais densa
A noite infinita
Veste a sombra imensa;

A CONSTITUIÇÃO DA SUBJETIVIDADE FEMININA EM ALFONSINA STORNI   97

Lá, fugido ao mundo,
Sem glória, sem fé,
No perau profundo
E solitário, é

Que soluças tu,
Transido de frio,
Sapo-cururu
Da beira do rio...

Dentro desse novo contexto artístico-poético, a nova poesia de Alfonsina Storni será marcada, segundo Helena Percas (1958), com o livro *Ocre*, considerado sua obra de maturidade, no qual se observa que o cérebro triunfa sobre o coração, como em "El ruego":

Señor, Señor, hace ya tiempo, un día
Soñé un amor como jamás pudiera
Soñarlo nadie, algún amor que fuera
La vida toda, toda la poesía.

Y pasaba el invierno y no venía,
Y pasaba también la primavera,
Y el verano de nuevo persistía,
Y el otoño me hallaba con mi espera.

Señor, señor: mi espalda está desnuda:
¡Haz restallar allí, con mano ruda,
El látigo que sangra a los perversos!

Que está la tarde ya sobre mi vida,
Y esta pasión ardiente y desmedida
La he perdido, Señor, haciendo versos! (Storni, 1999, t.1, p.246)

Tematizando o amor, considerado poesia, ou seja, amor sonhado e desejado como motivo para fazer poesia, a voz feminina, sugerido

98   NILDICÉIA APARECIDA ROCHA

por *"mi espalda está desnuda"*, espera pelo ser amado durante longo tempo: *"inverno"*, *"primavera"*, *"verano"* e *"otoño"*, como se os anos fossem passando, expresso em pretérito imperfeito – ação que se realizava ao longo de um período no passado, porém o eu-lírico pede a Deus o flagelo de seu corpo, metonímia de espalda, por ter vivido em ardor desmedido sua paixão. Nota-se no poema, especificamente no soneto simetricamente escrito, uma intertextualidade com os sonetos românticos, no qual, em geral, o eu-lírico esperava pelo(a) amado(a) eternamente, mas aqui a ruptura instaura-se na perversidade do sujeito do texto, já ancião, *"que está la tarde ya sobre mi vida"*, em ter vivido sua *"ardência"* e desmesura amorosa escrevendo versos. Fazer versos é visto como paixão ardente e desmedida de viver a vida, metapoeticamente, e, consequentemente, roga ao Senhor o perdão.

Em concordância, Percas (1958) nota que os temas desenvolvidos na poesia de Storni serão: *o amor*, que a partir de *Ocre* passa a ser mais racional, como visto anteriormente; *a natureza*, vista em *Mundo de siete pozos*, como enganosa, pois a faz inferior ao homem: *"Un engañoso canto de sirena me cantas / !naturaleza astuta!... / Engaño por engaño: mi belleza se esquiva / ... algún amor estéril y de paso, disfruta"* (apud Percas, 1958, p.316); *a cidade*, lugar de solidão, monotonia e isolamento espiritual, típico de toda cidade grande: *"Que entre tus calles rectas, untadas de su río / apagado, brumoso, desolante y sombrío / cuando vague por ellas, ya estaba yo enterrada"* (apud Percas, 1958, p.317).

Com relação ao estilo escritural de Storni, Percas (1958) afirma que há muito em comum com a obra de Fernández Moreno, Evaristo Carriego, Arturo Capdevilla, como também com Rubén Darío, em *La inquietud del rosal* e em algumas figuras de *Ocre*, como *"dianas fugitivas"*, *"cisnes encarnados"* e *"señoriales"*; entretanto, segundo a autora, há muito mais de Amado Nervo e Delmira Agustini que dos anteriores, tanto pela afinidade em relação à confidência e à simplicidade de Nervo, mesmo diferindo no tom amargo e pessimista, quanto pela novidade de um simbolismo paradoxal e de expressões metafóricas vindas de Agustini (ibidem, p.319-20). Percas (1958, 321) afirma que o êxito de Alfonsina se dá pelo hábil emprego da

A CONSTITUIÇÃO DA SUBJETIVIDADE FEMININA EM ALFONSINA STORNI   **99**

ironia, aspecto enfocado nos estudos críticos de Salomone (2006), e por sua concepção dramática do poema.

Finalmente, conclui Percas (1958, p.324, tradução nossa), é justamente em *Ocre* que a "técnica, romântica, seja dito entre parênteses, produz os máximos resultados", mas esses poemas, mesmo que em forma de sonetos, parecem deixar-nos um relato. De modo geral, a poesia de Storni, sempre vinculada à sua época e ao momento histórico, representa uma essência humana que pertence a todos os tempos e que pode ser percebido no poema apresentado a seguir:

> *Las grandes mujeres*
>
> *En las grandes mujeres reposó el universo.*
> *Las consumió el amor, como el fuego al estaño,*
> *a unas; reinas, otras, sangraron su rebaño.*
> *Beatriz y Lady Macbeth tienen genio diverso.*
>
> *De algunas, en el mármol, queda el seno perverso.*
> *Brillan las grandes madres de los grandes de antaño*
> *y es la carne perfecta, dadivosa del daño.*
> *Y son las exaltadas que entretejen el verso.*
>
> *De los libros las tomo como de un escenario*
> *Fastuoso – ¿Las envidias, corazón mercenario?*
> *Son gloriosas y grandes, y eres nada, te arguyo.*
>
> *– Ay, rastreando en sus almas, como en selva las lobas,*
> *A mirarlas de cerca me bajé a sus alcobas*
> *Yo oí un bostezo enorme que se parece al tuyo.* (Storni, 1999, t.1, p.282)

No soneto "Las grandes mujeres", o título sugere uma evocação ou visibilidade ou ainda parece dar voz, não silenciamento, às mulheres escritoras ou escritas ao longo da historiografia literária e também das mulheres em sociedade. Metapoeticamente, nos dois primeiros quartetos, narrando uma história de antanho, o atributo de escrever versos é característico às mulheres *"exaltadas"* e amantes que *"entretejen"*, sugerindo tecer entre espaços de tempo como o faziam as mulheres protagonistas dos romances e épicos canônicos, portanto apresenta uma visão romântica sobre a mulher e a ideologia do cânone literário masculino. Entretanto, a voz feminina do texto, ao destoar dessa visão, apresenta-se sem comprometimento discursivo, uma vez que apenas no primeiro terceto irá posicionar--se em primeira pessoa, *"de los libros las tomo como de un escencario / fastuoso [...]"*. Percebe-se também que no último vocábulo, *"fastuoso"* (luxuoso, ostentoso), instaura-se a crítica do sujeito do texto com relação ao fato de ser invejável o que se encontra nesses livros. E no primeiro terceto, no segundo verso, o eu-lírico dialoga com o coração, que pode ser o alter-ego da escritora, perguntando-lhe se ele inveja as "gloriosas"; antiteticamente se considera "nada", em tom irônico, pois, quando o livro *Ocre* é publicado, a receptividade é muito positiva junto aos críticos e ao público leitor, já apreciadores da escritura de Storni. No último terceto, procurando como uma loba na selva, intratextual ao poema "La loba", as almas das autoras daqueles livros encontrarão somente o som de um esboço enorme de algo que se parece ao *"tú"*, sujeito enunciatário do texto, ou seja, talvez o ser amado, talvez o poema sonhado, talvez a vida interrompida. Portanto, a expressividade estética se dá no jogo entre resquícios do modernismo, com traços românticos já ultrapassados, e a apresentação de uma voz feminina de uma escritora que assume, mesmo rastreando nas almas e nas alcovas, a missão de ser poeta-loba, a qual parece ouvir um bocejo de algum som; como diria Valéry (1991), a música de todo poema ou a voz da Musa.

Segundo Veiravé (1980-1986, p.328, tradução nossa), os trinta sonetos hendecassílabos que compõem a primeira parte de *Ocre* lhe conferem "uma solidez que reflete o paciente lavrado de uma arquiteta carente das exaltações e vibrações de toda a sua obra anterior". Reitera Veiravé (1980-1986) a presença do coro feminino anteriormente esboçado; nesse novo livro de poemas, as vozes femininas são da *"casta y honda amiga"*, das mulheres mentais, da

A CONSTITUIÇÃO DA SUBJETIVIDADE FEMININA EM ALFONSINA STORNI   101

mulher que parece ter superado as disputas entre homem e mulher, da mulher que passa perfeita e radiante; de modo geral, trata-se de representações de muitas mulheres modernas de início do século XX, com seus debates e suas reivindicações. Portanto, essa mudança no tom amoroso e enunciador de um "eu" que dá voz às mulheres vai marcando o afastamento definitivo de "uma poesia onde já começam a cessar os ecos da dura batalha do amor" (ibidem, p.329-30). De acordo com Veiravé (1980-1986):

> Uma natureza que agora "filosofa" junto aos rosais e que, pelo caminho da nova metáfora, substitui as claras *evidências* dos momentos apaixonados, com a busca de outros temas de conteúdo cósmico: *"Blanco polen de mundos, dulce leche del cielo"* (*La via Láctea*), encaminhando-se para o conceptismo que, depois de *Poemas de amor* (1926), definirá, quase dez anos depois, em termos de objetividade reflexiva, a poesia de *Mundo de siete pozos* e de *Mascarilla y trébol*.

Com relação a esse resgate crítico sobre *Ocre*, que estamos traçando sob a perspectiva de um enfoque feminista, também a estudiosa Salomone (2006) considera que o sujeito feminino é dominantemente crítico a partir desse livro de poemas. Haverá uma construção genealógica da falante feminina, projetada em uma "reflexão sexo-genérica que recupera do passado toda uma história de mulheres onde vê refletida a incompreensão e marginalização que ela padece no contexto de uma sociedade discriminadora do feminino" (ibidem, p.146-7, tradução nossa), como no poema "Las grandes mujeres". É um sujeito feminino urbano, seja em Buenos Aires, Mar del Plata ou Córdoba. E o corpo, reflexo de uma herança cultural, aparecerá fisicamente observado e revelado, tanto em movimentos como em suas características. Nessa obra, o que antes é sugerido, ou seja, o desejo da escritura pelo questionamento da linguagem, por meio da necessidade de explorar novas formas, será como "uma pulsão que tensiona a falante" (ibidem, p.149). Esse desejo também estará presente em *Poemas de amor, Mundo de siete pozos* e *Mascarilla y trébol*, nos quais Storni marcará a experiência com a prosa poética, com o verso livre e outras estruturas métricas, culminando com a criação do "antissoneto" – soneto clássico que se libera da rima e do final conclusivo, com liberdade expressiva e indeterminada.

Afirma Salomone (2006, p.150) que, justamente nesse processo inovador, estrategicamente, a escritura de Storni irá se encaminhando do domínio da ironia para a recuperação da analogia.

O questionamento sobre a escritura também está presente na obra de Delmira Agustini, pois ambas perseguem o intuito de fundar uma identidade literária. Entretanto, elas se afastam no sentido de que, se, por um lado, Delmira afirma-se pelo desejo e corporalidade, por outro, Alfonsina assevera-se cada vez mais na consciência da escritura e no trabalho com a "palavra", seja na poesia, na prosa ou na dramaturgia. Percebemos essas diferenças desde o poema "Humildad", expressando uma autocrítica poética e uma nova consciência estética:

> *Yo he sido aquella que paseó orgullosa*
> *El oro falso de unas cuantas rimas*
> *Sobre su espalda, y se creyó gloriosa,*
> *De cosechas opimas.*
>
> *Ten paciencia, mujer que eres oscura:*
> *Algún día, la Forma Destructora*
> *Que todo lo devora,*
> *Borrará mi figura.*
>
> *Se bajará a mis libros, ya amarillos,*
> *Y alzándola en sus dedos, los carrillos*
> *Ligeramente inflados, con un modo*
>
> *De gran señor a quien lo aburre todo,*
> *De un cansado soplido*
> *Me aventará al olvido.* (Storni, 1999, t.1, p.277)

A CONSTITUIÇÃO DA SUBJETIVIDADE FEMININA EM ALFONSINA STORNI 103

Ao lermos o poema "Humildad", a partir do título preparamos certa recepção do texto como de submissão a algo. Inicialmente em primeira pessoa, *"Yo he sido"*, o poema apresenta a sua vinculação com a estética anterior, modernismo, pela qual passeou *"orgullosa"*, procurando no falso ouro e nas tantas rimas ser gloriosa e fértil, *"de cosechas opimas"*, entretanto, no segundo quarteto, chamando a voz da *"Forma Destructora"*, metáfora da (re)criação feminina em contato com as novas ideias modernizantes e as experiências artísticas das vanguardas, o que antes é glória agora se vê devorada e apagada. Com a mudança enunciativa da primeira pessoa para a focalização da terceira pessoa do discurso, portanto saindo da centralização do poema lírico e encaminhando-se para a "obra", o texto em si, nos tercetos, a *"Forma Destructora"* olhará para seus "livros" envelhecidos, *"amarillos"*, e os tomará como um senhor que se cansa de tudo, atribuindo o ato de pensar à figura do homem, no léxico *"señor"*, portanto vai tomar/ler os seus livros para lançá-la ao esquecimento, ou melhor, para *"aventarla al olvido"*, ao possível apagamento, no qual se encontram "adormecidas" e silenciadas muitas escritoras mulheres. Aqui obra e autor ganham a mesma identidade como criação. Desse modo, a nova consciência estética em Storni vai se dar no entrecruzamento entre o reconhecimento da influência modernista que recebeu e a implacável renovação pela qual está passando no contato com as vanguardas europeias e hispano-americanas. Estruturalmente, nota-se como o soneto tradicional, em "Humildad", é remodelado, com transformações métricas e rítmicas. Por exemplo, os últimos versos de cada quarteto são de sete sílabas, e, com um *enjambement*, a autora enlaça o primeiro terceto ao último, entrelaçando conteúdo e forma, no esquecimento ao qual serão "aventados" seus livros, sua obra e talvez ela mesma, e, humildemente, canta seu poema de reconhecimento e transformação.

No paradigma crítico-literário sobre o livro *Ocre*, especificamente sobre o poema "La palabra" (citado anteriormente), as estudiosas Salomone (2006), Masiello (1997) e Diz (2006) concordam que esse poema será a representação da apropriação do discurso do sujeito mulher ante a inevitável morte e o esquecimento autoral. Há a descentralização do tema erótico tradicional, em virtude do encontro apaixonado com a "palavra", que estará marcada por uma nascente interior de criatividade; além disso, a enunciadora não está mais definida por um dizer masculino, mas por um "corpo-para eles" (Salomone, 2006, p.151, tradução nossa). Portanto, o maior desejo será a escritura, que a afasta desse "Tânatos" acossador.

Ocre registra, portanto, também um outro posicionamento poético na escritura de Storni, uma ruptura com a estética modernista hispano-americana. De certa maneira, os tons "ocre" nesse livro de poemas se opõem aos "azuis" de Rubén Darío. Dialogando intertextualmete com Darío, no poema "Humildad", Storni retoma o mestre de *Cantos de vida y esperanza*, dos versos *"Yo soy aquel que ayer nomás decía"*, e se afasta daquele poeta "tranquilo e forte" (*"La virtud está en ser tranqüilo y fuerte; / con el fuego interior todo se abrasa; / se triunfa del rencor y de la muerte..."*) (apud Salomone, 2006, p.153). Ela aparece como um sujeito questionador de si e de sua poética vinculada ao modernismo: *"Yo he sido aquella que paseó orgullosa / el oro falso de unas cuantas rimas / sobre su espalda, y se creyó gloriosa, / de cosechas opimas"* (ibidem, p.153). Ela também se distancia de Darío no tom informativo, crítico e irônico de alguns poemas; por exemplo, em "Palabras a Rubén Darío", anuncia uma outra escritura, com outros sentimentos (raiva, paixões e conflitos) e outras estéticas (*"estilos fieros"*, *"dientes"*, *"acidez"*, *"tempestades"*) (ibidem, p.155). Claro está, ainda, que ela não renega de todo o legado de Rubén Darío, discursivamente instaurado no próprio ato de dedicar-lhe dois poemas.

Palabras a Rubén Darío

Bajo sus lomos, en la oscura caoba,
Tus libros duermen. Sigo los últimos autores:
Otras formas me atraen, otros nuevos colores
Y a tus Fiestas paganas la corriente me roba.

A CONSTITUIÇÃO DA SUBJETIVIDADE FEMININA EM ALFONSINA STORNI   105

Goza de estilos fieros – anchos dientes de loba.
De otros sobrios, prolijos – ciprestes veladores.
De otros blancos y finos – columnas bajo flores
De otros ácidos y ocres – tempestades de alcoba.

Ya te había olvidado y al azar te retomo,
Y a los primeros versos se levanta del tomo
Tu fresco y fino aliento de mieles olorosas.

Amante al que se vuelve como la vez primera:
Eres la boca que allá, en la primavera,
Nos licuara en las venas todo un bosque de rosas. (Storni, 1999,
t.1, p.289)

Como relatado anteriormente, *Mundo de siete pozos* é muito
bem recebido pela crítica contemporânea a Alfonsina Storni, como
afirma Alfredo Veiravé (1980-1986), e, retomando sua análise sobre
a obra de Storni, este reitera que a ruptura iniciada em *Ocre* em 1935
está marcadamente poetizada em uma nova concepção de mundo.
Mundo destruído que irá se recompor por meio do pensamento e de
uma nova lírica do objeto cósmico. Assim como Nalé Roxlo (1964),
Veiravé (1980-1986, p.330) também resgata a relação com Góngora,
comum aos vanguardismos da década de 1920, no que se refere a
uma poesia metafórica e alegoricamente repleta de proporções gigan-
tescas e anormais: "Alfonsina Storni começa descrevendo seu mundo
de sete poços utilizando comparações ou metáforas de segundo grau
(a cabeça) para ser explicado por substituição (janelas ou poços), que
escurecem com parcialidades desmesuradas o mundo imediato".

E, como indicaram Diz (2006), Salomone (2006) e Masiello
(1997), o desejo da palavra é enfatizado, por exemplo, no poema
"Palabras degolladas":

Palabras degolladas,
caídas de mis lábios
sin nacer;

estranguladas vírgenes
sin sol posible;
pesadas de deseos,
henchidas...

Deformadoras de mi boca
en el impulso de asomar
y el pozo del vacío
al caer...
Desnatadoras de mi miel celeste,
apretada en vosotras
en coronas floridas.

Desangrada en vosotras
– no nacidas –
redes del más aquí y el más allá,
medialunas,
peces descarnados,
pájaros sin alas,
serpientes desvertebradas...
No perdones,
corazón. (Storni, 1999, t.1, p.327)

Como metáfora de seu novo projeto de poesia, as palavras "degoladas", "estranguladas", "deformadoras" e "desnatadoras", carregadas de desejo, aparecem desprovidas da referencialidade primeira; portanto, a palavra não deve sugerir, indicar ou representar a significação de algo, mas, sim, "caídas" e sem nascer, virgens sem sol possível (nota-se a sonoridade na repetição das vogais "e", "o" e da consoante "s", sugerindo a secura, portanto "virgem seca"), "dessangrada", "redes do além", "peixes sem carne", "pássaros sem asas", "serpentes sem vértebras", devem ser livres e leves, sem forma predeterminada ou preestabelecida, mesmo que imperativamente "o coração não perdoe", ou seja, a poeta é consciente do quão implacáveis são os sentimentos.

A CONSTITUIÇÃO DA SUBJETIVIDADE FEMININA EM ALFONSINA STORNI   107

As mudanças desse livro de poemas correspondem a um progressivo abandono da primeira pessoa, dando lugar à terceira pessoa, mais reflexiva e crítica; elas instalam novas imagens dos corpos femininos, os quais circulam livremente pelo interior da casa e fora dela, ou seja, movimentam-se livremente tanto no privado como no âmbito público, além de sugerirem novas paisagens corporais, de desconstrução e reelaboração. Ou seja: "Como diz Janice Geasler Titiev, ao longo da obra de Storni observa-se uma flutuação entre o desejo de uma maior liberdade formal e as limitações impostas por determinadas estruturas, uma oscilação que também se evidencia em *Mundo de siete pozos*" (Salomone, 2006, p.168).

Por causa dos problemas de saúde, do desgaste nervoso e do excesso de trabalho, Storni publicará *Mascarilla y trébol*, recebendo uma crítica severa por parte de alguns literatos de sua época. Alguns críticos indicam que o sofrimento vivido em vida estará representado na poética, agora, ácida, fragmentária e racional.

De acordo com Nalé Roxlo (apud Veiravé, 1980-1986, p.334), nos versos desse último livro, está presente um hermetismo resultante da síntese, da originalidade das comparações, da associação das ideias aparentemente sem relação, que evidenciam um mundo mágico.

Roberto Guisti (1938, p.386-7), em um artigo publicado na revista *Nosotros*, logo após a morte da poeta Alfonsina Storni, considera *Mascarilla y trébol* um livro

[...] escuro e cerebral [...] feito circularmente, em curta edição, pouco antes de morrer, não é um salto no vazio, senão o final de uma evolução natural, e a continuação de *El mundo de siete pozos* [...]. Um livro mais de poesia se por isso se entende dizer "criação", mas não uma obra lírica, palpitante, humana [...]. Sempre foi aficionada por símbolos: agora essa linguagem cifrada será a única que irá empregar.

Em meados dos anos 1970, Carlos Alberto Andreola (1976, p.210), considerado por Alejandro Storni (filho de Alfonsina) o melhor biografista da poeta, dirá sobre esse último livro de Storni que ele está carregado de metáfora e metafísica, mais vinculado aos detalhes e aos novos temas, com expressões "fantasmagóricas do pensamento e se funde na ardente desesperação de seu ritmo sentencioso, admonitivo, grave". Andreola (1976) concorda com Guisti (1938) sobre o uso cerebral de ordenar e sintetizar os mistérios da vida nessa nova poesia de Storni.

Por sua vez, Julieta Gómez Paz (1992) relata que, na poesia aparentemente objetiva de *Mascarilla y trébol*, é evidenciada a trajetória de uma alma interiorizada no mistério e fora da própria vida. Nesse sentido, nos antissonetos, como ondas que avançam e se retraem, nada seria estrito, hermético, mas tudo seria possível (ibidem, p.48-9). Os poemas escritos como se a poeta estivesse em estado de transe estão "sobrecarregadas de augúrios e presságios muito mais iminentes em seus últimos anos".

Mar de pantalla

Se viene el mar y vence las paredes
y en la pantalla suelta sus oleajes
y avanza hacia tu asiento y el milagro
de acero y luna toca tus sentidos;

Respiran sal tus fauces despertadas
y pelea tu cuerpo contra el viento,
y están casi tus plantas en el agua
y el goce de gritar ya ensaya voces.

Las máquinas lunares en el lienzo
giran cristales de ilusión tan vivos
que el salto das ahora a zambullirte;

Se escapa el mar que el celuloide arrolla
y en los dedos te queda, fulgurante,
una mística flor, técnica y fría. (Storni, 1999, t.1, p.421)

A CONSTITUIÇÃO DA SUBJETIVIDADE FEMININA EM ALFONSINA STORNI 109

Nesse poema, observamos, após a morte de Alfonsina, certos indícios de sua decisão final, de sua entrega ao mar. Antecipando de certo modo a sua "metamorfose" com o mar, em "Mar de pantalla", o anúncio de sua morte no mar é hermeticamente corporificado, por isso seu corpo metamorfoseia-se em partes do mar, como se incorporando no *"goce de gritar"* que *"ya ensaya voces"*, o mar visto como lugar possível para o grito, ou para o berro, *"chillido"*. Nesse soneto, tradicional em sua estrutura, apresenta em figuras simbólicas sua nova experiência poética, agora *"las máquinas lunares en el lienzo / giran cristales de ilusión tan vivos"*, que a leva a mergulhar/ entregar-se ao mar, metáfora talvez do Eterno Retorno à origem mesma da vida, onde tudo é possível de novo e em nova forma. Apenas resta ou escapa, *"que el celuloide arrolla"* (característica vanguardista), o próprio mar, e dirigido, desde o primeiro quarteto, a um tu próximo ao eu-poético, restará no "tu" apenas uma flor mística, técnica e fria, como negatividade da vida vivida por esse "tu", pelas possibilidades em flor que não foram realizadas, mas frustradas ou mortas.

Em concordância com Masiello (1997, p.247), a partir da publicação dos dois últimos livros de poesia de Alfonsina Storni, *Mundo de siete pozos* e *Mascarilla y trébol*, há a presença de uma "gramática fragmentada", de *"objetos distorsionados"*, de vidas *"desmembradas de hombres y mujeres"*, que povoam a linguagem poética em uma cidade moderna, marcada pela acumulação grotesca de *"tristes lápidas"*, de *"artistas plebeyos"*, de *"dolores de muelas"* e de *"insectos que escabullen sobre los cuerpos de mujeres indefensas"*.

Nesses dois livros de poesia de Alfonsina, a paisagem da cidade será caracterizada fortemente pela sua "severidade" e "alienação". Há como um lamento dos trabalhadores perante sua situação nas fábricas, dos imigrantes que perambulam pela cidade e uma "macabra dança da morte que invade as favelas de Buenos Aires" (Masiello, 1997, p.247, tradução nossa). O grotesco ganha sentido e vida na cidade moderna, poetizada por Storni e vivenciada pelos habitantes pestilentos e medrosos. Por exemplo:

Selvas de ciudad

En semicírculo
se abre
la selva de casas:
unas al lado de otras,
unas detrás de otras,
unas encima de otras,
unas delante de otras,
todas lejos de todas.
Moles grises que caminan
hasta que los brazos
se le secan
en el aire frio del sur.
Moles grises que se multiplican
hasta que la bocanada
de horno del norte
les afloja las articulaciones.
Siempre haciendo el signo
de La cruz.
Reproduciéndose por ángulos.
Con las mismas ventanas
de juguetería.
Las mismas azoteas rojizas.
Las mismas cúpulas pardas.
Los mismos frentes desteñidos.
Las mismas rejas sombrías.
Los mismos buzones rojos.
Las mismas columnas negras.
Los mismos focos amarillo.
Debajo de los techos,
otra selva,
una selva humana,
debe moverse
pero no en línea recta.
Troncos extraños,
de luminosas copas,

se agitan indudablemente
movidos por el viento
que no silba.
Pero no alcanzo sus actitudes,
ni oigo sus palabras,
ni veo el resplandor
de sus ojos.
Son muy anchas las paredes;
muy espesos los techos. (Storni, 1999, t.1, p.375-6)

Em "Selvas de ciudad", a cidade que deveria ser um conjunto ou um todo vai ser dividida em partes como um enorme corpo fragmentado. A poeta, ao utilizar o paralelismo poético em *"unas al lado de otras, / unas detrás de otras, / unas encima de otras, / unas delante de otras"*, localiza poeticamente essas casas distantes umas das outras, o que ocorre também com *"moles grises"* que caminham e se multiplicam sempre fazendo o sinal da cruz, possivelmente articulando a fé dessas pessoas que habitam tal selva de cidade. A descrição da cidade é também figurativizada na repetição de *"las mismas"* partes ou *"los mismos"* que compõem talvez um quadro de uma loja de brinquedos, de *juguetería*; aqui, a descrição das partes da cidade está semanticamente caracterizada com valor negativo, pois *"desteñidas"*, *"sombrías"*, *"amarillos"*, e com forte teor avermelhado sugerindo certo sofrimento, *"rojizas"*, *"pardas"*, *"rojos"*. A repetição de *"las mismas"* e *"los mismos"* sugere também certo tédio no cotidiano da cidade de selva, como se tudo fosse igual todos os dias.

A cidade vista como selva fragmentária, negativa e devoradora vai se reproduzindo por ângulos, de modo calculado e não de outro modo. E nas casas a mesma selva se observa, e o eu-poético como observador não participante dessa cidade-selva vê a selva humana mover-se como árvores de uma selva, as quais são movidas pelo vento, e não espontaneamente. Nos últimos versos, a partir da conjunção adversativa *"pero"* (mas), o eu-poético posiciona-se distante dessa selva humana, verifica que não a entende em suas atitudes, não ouve suas palavras, não vê o esplendor em seus olhos, pois as paredes

e os techos são muito espessos, metafórica e intertextualmente, diz-
-nos Fernando Pessoa (1969, p.418-9) em "Poema em linha reta":
"Eu verifico que não tenho par nisto tudo neste mundo".

O poema "Torre" apresenta, nessa nova consciência estética de
Alfonsina Storni, a relação entre casa e corpo. Numa articulação
vanguardista, o corpo será a torre material de possibilidades de
"contradiscurso" social:

Torre

Suspendida el aire,
mi casa respira,
por sus anchas ventanas,
la energía
solar.
Encerrándola
en su anillo enloquecedor
el cielo circula por ella
de un extremo a otro
en largos y anchos
ríos de luz.
En el centro,
isla triste y solitaria,
mi cuerpo,
quieto contra la corriente,
absorbe. (Storni, 1999, t.1, p.381)

Masiello (1997, p.248) sintetiza a poesia de Alfonsina Storni
como uma "longa reflexão sobre as falácias da linguagem, cuja crise
costuma expressar-se com frequência nas metáforas de união do eu
com o amado ou pela luta em representar um corpo material nos
registros do verso".[7]

---

7 "larga reflexión sobre las falacias del lenguaje, cuya crisis suele expresarse con
  frecuencia en las metáforas de unión del yo y el amado o a través de la lucha por
  representar un cuerpo material en los registros del verso."

A CONSTITUIÇÃO DA SUBJETIVIDADE FEMININA EM ALFONSINA STORNI   113

Além disso, no discurso poético de Alfonsina Storni, há a identificação de uma fonte de criatividade nos corpos femininos (de mulheres). Fragmentários e isolados nos retratos de influência vanguardista, *"las lágrimas"*, *"los dientes"*, *"las orejas"* participam da representação e do significado na correlação entre o corpo e o texto. Por exemplo, no prólogo de seu último livro de poesia, *Mascarilla y trébol*, a poeta realça o corpo feminino como parte de uma "inquisitorial vanguardista" (ibidem).

Seria necessário insinuar que poesias como "Uma lágrima", "Uma orelha", "Um dente", que contemplam o detalhe como se fosse um organismo independente que se torna pessoa por conta própria, poderiam equiparar-se aleatoriamente a esses romances que se desenvolvem em umas quantas horas na imaginação do protagonista? (Storni apud Masiello, 1997, p.248-9)

Storni (1999, t.1, p.348-50) realça o corpo feminino, por exemplo, no poema "Ecuación", do último livro da poeta:

Ecuación

Mis brazos:
saltan de mis hombros;
mis brazos: alas.
No de plumas: acuosos:...
Planean sobre las azoteas,
más arriba... entoldan,
Se vierten en lluvias;
aguas de mar,
lágrimas,
sal humana...

Mi lengua:
madura...
Ríos floridos
bajan de sus pétalos.

Mi corazón:
me abandona.
Circula
por invisibles círculos
elípticos.
Mesa redonda, pesada,
ígnea…
Roza los valles,
quema los picos,
seca los pantanos…
Sol sumado a otros soles…
(Tierras nuevas
danzan a su alrededor.)

Mis piernas:
crecen tierra adentro,
se hunden, se fijan;
curvan tentáculos
de prensadas fibras.
Robles al viento,
ahora:
balancean mi cuerpo
herido…

Mi cabeza: relampaguea
Los ojos, no me olvides
se beben el cielo,
tragan cometas perdidos,
estrellas rotas,
almácigos…

Mi cuerpo: estalla.
Cadenas de corazones
le ciñen la cintura.
La serpiente inmortal
se le enrosca al cuello…

A CONSTITUIÇÃO DA SUBJETIVIDADE FEMININA EM ALFONSINA STORNI   115

Em *"Ecuación"*, as partes do corpo se transformam: "meus braços" tornam-se asas aquosas que se convertem em chuvas, mar e lágrimas; "minha língua" amadurecida, em rios floridos; "meu coração" circula invisivelmente por vales e terras; "minhas pernas" ganham raízes nos *"robles"* que balançam feridos; "minha cabeça" relampagueia fugazmente nos olhos, *"no me olvides"* que armazenam *"cielo"*, "cometas perdidos", *"estrellas rotas"* e *"almácigos"*; enfim, "meu corpo" estilhaçado em partes paradoxalmente complementares, como uma cadeia de corações que rodeiam a cintura, sinedoquicamente todo o corpo torna-se *"serpiente"* imortal que se prende ao pescoço, sugestivamente apertando e/ou matando ao ser possuidor desse organismo corporal.

Finalmente, o corpo feminino, feito escritura no discurso poético dessa escritora-poeta, representa o núcleo de um "jogo paradoxal entre margens e centro, docilidade e oposição, silêncio e expressão" (Masiello, 1997, p.249). O corpo feminino já está discursivizado poeticamente desde o poema "Vida", segundo poema do primeiro livro da poeta, no qual o eu-lírico, na dramática procura de entender a vida, sente-se, segundo os parâmetros do modernismo da época, "feiticeira", envolta na luz e no encanto da primavera:

Vida

Mis nervios están locos, en las venas
La sangre hierve, líquido de fuego
Salta mis labios donde finge luego
La alegría de todas las verbenas.

Tengo deseos de reír, las penas,
Que de domar a voluntad no alego,
Hoy conmigo no juegan y yo juego
Con la tristeza azul de que están llenas.

El mundo late, toda su armonía
La siento tan vibrante que hago mía
Cuanto escancio en su trova de hechicera.

¡Es que abrí la ventana hace un momento
Y en las alas finísimas del viento
Me ha traído su sol la Primavera! (Storni, 1999, t.1, p.45)

O poema "*Vida*", inicialmente recebido como autobiográfico, se, por um lado, marca alguma relação com as experiências vividas por Alfonsina Storni, como em "*Mis nervios están locos*", remetendo-nos aos diversos esgotamentos nervosos pelos quais passou a escritora, por outro lado, o poema como tal registra a influência modernista em sua primeira produção poética, "*Me ha traído su sol la Primavera!*". Não obstante, sua trova, seu cantar não será a de um poeta ingênuo, mas sim de uma feiticeira, dando voz à escrita realizada por mulheres, que "*Hoy conmigo no juegan y yo juego / Con la tristeza azul de que están llenas*". Nota-se também que, na primeira produção poética de Storni, há positividade semântica, no sentido de crer na poesia e na vida, "*Me ha traído su sol la Primavera!*", aspecto que será visto com o negativo na última produção da autora, na qual a vida é escura e impossível, como nos poemas "*Torre*" e "*Mar de pantalla*".

Vale ressaltar ainda que a liberdade formal na poesia de Storni é processual, inicia-se com a experimentação dos poemas em prosa de *Poemas de amor*, caminhando para o verso livre em *Mundo de siete pozos*, e alcançará seu ponto máximo nos antissonetos de *Mascarilla y trébol*. Quanto à recepção dessa nova fase, afirma Salomone (2006) que, se, por um lado, a variedade métrica de *Mundo de siete pozos* força o leitor a prestar maior atenção na forma, por outro, em *Mascarilla y trébol*, a estrutura do antissoneto, por ser de conhecimento apreensível, exige menos esforço por parte do leitor.

Salomone (2006, p.190) apresenta esse último livro de Storni como pertencente a uma perspectiva de emancipação, no sentido de superar o modernismo presente em seus livros anteriores e discursivamente construir outras realidades que, por vezes, serão utópicas, mas com uma visão pessimista e descrente da possibilidade de transformações do mundo e do homem.

De modo geral, observamos, no processo escritural de Alfonsina Storni, três momentos discursivo-poéticos:

A CONSTITUIÇÃO DA SUBJETIVIDADE FEMININA EM ALFONSINA STORNI   117

- Poesia mais vinculada ao modernismo de Darío e Lugones, já ultrapassado na Argentina da década de 1920, mas que possibilitou sua afirmação no meio literário, apreço e admiração do grande público, formado especialmente por mulheres, as quais se identificam sexo-genericamente com a poesia e a pessoa de Storni.

- Poesia de ruptura ou de experimentação, tanto prosaica como poeticamente, na qual se observa uma mudança temática, porque inicialmente é mais lírico-amorosa, vinculada ao papel "tradicional e submisso" da mulher nas relações afetivo-amorosas, e passa a apresentar uma perspectiva mais crítica, irônica e reivindicatória, tanto sexo-genérica quanto discursiva, observando o projeto de Storni no nível do questionamento de seu ato escritural, presente nos livros *Ocre* e *Poemas de amor*.

- Poesia de vinculação à poesia vanguardista dos anos 1930 e 1940 e, ao mesmo tempo, também de liberdade em relação a essas mesmas formas e buscas, apresentando uma poesia mais expressivamente questionadora da existência humana, com a afirmação da diferença sexo-genérica em um mundo novo, fragmentário, dissoluto, enfim, modernizante e "caótico"; uma poesia detalhista que unirá "máscara" e "*trébol*" – metáfora simbólica da Santíssima Trindade Cristã (ibidem, p.193) –, ao projeto maior de uma vida dedicada às letras e interrompida pelo Fado.

Escribo...

Escribo a los treinta años este libro diverso
con sangre de mis venas, según la frase vieja.
¿Para qué? No investigo. Mi mano se aconseja,
Acaso, de un deseo destructor y perverso:

El de hundir cada instante, en el pomo-universo
de mi alma y carne, la espuela de la abeja,

118 NILDICÉIA APARECIDA ROCHA

para urgirla a que suelte, briosamente, su queja,
y ceñirla en el aro goloso de mi verso.

Ved mi bella persona distendida en la tabla.
Cuando exhausta, agotada, ni se mueve, ni habla,
pues cedió ya mi pecho cuanto zumo tenía;

con amor, que es encono, brutalmente la animo,
la acicato, la hiero, la violento, la exprimo,
para que dé, el ronquido final de la agonía. (Storni, 1999, t.1, p.523)

A poesia, metaforicamente, *"el ronquido final de la agonía"*, em "Escribo..." é tema e justificativa de toda uma existência, de toda uma vida que será interrompida por uma enfermidade e uma decisão implacáveis: a morte. Inicialmente, afirmando escrever com o próprio sangue, com o sofrimento de si e de outros, o eu-lírico pregunta-se por que escreve e responde negando a resposta. Mas, ao realizar o poema, responde-nos a essa inquietação constante em poetas de ontem e de hoje, e diz Storni: *"Mi mano se aconseja / Acaso, de un deseo destructor y perverso"*; para nós, analistas do discurso, somente existe linguagem como "desejo de algo", que por essência é falho, é faltante, é desejante, ou seja, *"destructor y perverso"*, mas faz-se na (re) construção de possibilitar dar voz a um silenciamento, no nosso caso, de destruir o silenciamento ao qual esteve submetida a voz feminina ao longo da história da teoria e da crítica literária hegemônica.

Dentro do processo de modernização emergente na Argentina, especificamente em Buenos Aires, e do processo de profissionalização do escritor, os jornais e as revistas nas primeiras décadas do século XX ganham significativa expressividade na oportunidade de oferecer um espaço de produção para escritores renomados ou desconhecidos e também como instrumento de veiculação de informações e de desenvolvimento cultural da sociedade burguesa latino-americana.

Nesse contexto, os textos em poesia e em prosa de Alfonsina foram veiculados e difundidos em jornais e revistas, ao longo de

A CONSTITUIÇÃO DA SUBJETIVIDADE FEMININA EM ALFONSINA STORNI   119

sua produção literária. Com relação à sua obra em prosa, Storni publicou colunas sobre temas femininos, diários de viagens, relatos breves, poemas em prosa, contos, cartas, diários íntimos, notas de opinião sobre literatura, obras de teatro e romances (Diz, 2006, p.16). Segundo Diz (2006), Storni constrói uma autoimagem controvertida no meio intelectual de sua época, tanto pelo tom sexual em sua poesia e pela ironia na prosa, quanto por suas atitudes públicas imprevisíveis. Além disso, a escritora produz uma vasta obra como prosista, jornalista e dramaturga, maior que em poesia.

Relata o crítico Veiravé (1980-1986, p.334) que a obra poética de Storni deixa à sombra toda a sua produção em teatro, jornalística, narrativa, de ensaios e conferências. Ele comenta, ainda, a frustração que foi *El amo del mundo*, levada ao teatro em 1927, no Teatro Cervantes, e seu *Teatro infantil*, composto por sete peças para crianças, "em que os bonecos e os palhaços expressam em verso toda a imaginação de Pierrot e Colombina, danças infantis e rodas de pássaros, e onde oculta às vezes na lenda alguns temas de sua iniciação poética" (ibidem, p.335).

Em uma perspectiva mais feminista, Muschietti (1999), professora, crítica e curadora da obra de Storni, considera a obra prosaica desta como um "gênero discursivo" que lhe possibilita posicionar-se a partir de um "sujeito diferente"; concordamos com Muschietti. Na prosa, a voz já não está mais "*doblegada*" (persuadida) pelos estereótipos hegemônicos da obra poética de sua primeira poesia, até 1920. Tanto nos artigos publicados em *La Nación*, nas seções "Feminidades", "Vida femenina" e "Bocetos femeninos" quanto nas colaborações em jornais locais, como *Fray Mocho, Atlântida, Caras y Caretas*, entre outros, a voz da "falante" é "frontal e audaz na luta pelos direitos da mulher (ter patrimônio, direito ao divórcio e ao voto)"; é também sarcástica e zombadora ao denunciar as hipocrisias, não se submete às duplicidades; características que emergem em sua poesia posterior (ibidem, p.23).

Correremos desde hoy mismo hacia las tiendas, pediremos muchos metros de tela para hacernos vestidos especiales, usaremos pesado velo

120   NILDICÉIA APARECIDA ROCHA

*en la cara, nos pondremos guantes de dos centímetros de espesor en las
manos* [...] *iremos al teatro llevando en las manos cuentos de Blanca
Nieve, Barba Azul y la Cenicienta, para leerlos mientras representan.*
[...] *Caminaremos por la calle sin alzar los ojos, no miraremos a ningún
lado cuando vayamos por las aceras e inmoladas en ese púdico sacrificio
caeremos víctimas de un auto veloz.*

¡Oh romántica y pura muerte de una niña del siglo veinte!

*Todo eso nos lo ha sugerido una disposición municipal prohibiendo
a los bailarines que aparezcan en el tablado con las piernas sin mallas,
y segundo una liga de señoras contra la moda, para evitar los excesos
del descubierto.* (Storni apud Muschietti, 1999, p.24)

O trabalho político desses artigos feministas, com firme e lúcida
argumentação e denúncia da manipulação ideológica a que está
submetida a mulher na trama social, cultural e econômica em nossa
sociedade patriarcal, é visto por Muschietti (1999, p.24) como um
fio condutor seguido pela escritora María Moreno, da década de
1970, a qual será continuadora dessa discursividade política apresentada por Storni. Na década de 1980, Moreno dirige a revista
Alfonsina, como homenagem e reconhecimento.

Muschietti (1999) coloca a obra jornalística de Alfonsina Storni
como precursora das produções literárias de Virginia Woolf. Pode-se
ler um "mesmo humor irônico", por exemplo, em "Diario de una
niña inútil", que tematiza o *"decálogo de toda caza-novios"*, ou, nas
análises das condições materiais presentes no imaginário feminino,
em "Un cuarto propio", um ensaio de Woolf, escrito em 1928 (ibidem, p.24-5). Além disso, nos diversos textos em prosa de Storni,
por seu posicionamento profissional, há certa presença do estilo das
aguafuertes[8] de Roberto Arlt ou "instantâneas" do dispositivo foto-
gráfico, presentes nos poemas em prosa de *Kodak*. Sua tensão com
o moderno, a velocidade e o duplo olhar irônico aproxima a poeta
também de Oliverio Girondo, ou seja, "mostram-na em permanente

---

8 *Aguafuertes*: estampa ou desenho que se obtém com a chapa de gravura
preparada com ácido nítrico (*Dicionário de espanhol-português*, s. d., p.51).

A CONSTITUIÇÃO DA SUBJETIVIDADE FEMININA EM ALFONSINA STORNI   121

relação de incômodo com seu próprio lugar, gênero e escrita; lá reside a experiência singular desta voz precursora" (ibidem, p.25, tradução nossa).

Nesse mesmo paradigma analítico, a dramaturgia de Storni, em *El amo del mundo*, assemelha-se a *El juguete rabioso*, de Arlt (1926), obras escritas no mesmo ano, com relação ao tratamento linguístico, bem como ao tema e ao desnudamento das relações sociais segundo sua classe e gênero.

Diz (2006), em um estudo detalhado sobre a produção jornalística realizada no início do século XX, sob a perspectiva da crítica feminista, analisa os denominados "artigos femininos", considerando inclusive os assinados por pseudônimos femininos e que referenciam a mulher como leitora. Em sua análise dos textos publicados em *El Hogar*, *Caras y Caretas* e *Nosotros*, Diz (2006) vislumbra dois eixos diferentes e complementares sobre a constituição da mulher:

- Textos que consideram o corpo sob a perspectiva da saúde, da moda e da vida social; o corpo feminino, sob o poder do "dispositivo da sexualidade" (ibidem, p.31), aparecerá em três modos discursivos: *"cuerpo sano"* (corpo sadio), nas vozes de médicos em suas preocupações com relação à saúde da mulher e da criança; *"cuerpo acicalado"* (adornado, enfeitado), vinculado à aparência física, indicando uso de cosméticos e vestimentas adequadas, já que, em ambos, o dispositivo da sexualidade implica o controle dos corpos femininos; e *"cuerpo social"*, no qual há uma descrição da vida social, como idas ao teatro, ao cinema etc., portanto descrevem a vida social ou alguma anedota divertida e desviam-se do dispositivo da sexualidade.

- Textos que consideram os tipos femininos, descrevem e avaliam a subjetividade feminina (ibidem, p.31-2), com uma linguagem mais coloquial, próxima aos gêneros íntimos (como diários íntimos), o que possibilita uma relação identitária com o público leitor feminino.

De modo general, segundo Diz (2006, p.73, tradução nossa), a produção jornalística de Storni está centrada tanto em relatos "hegemônicos das identidades de gênero [...] crítica deste modelo que davam conta da vigência do debate".

Assim como outras mulheres, como Herminia Brumana, Storni também apresenta em seu jornalismo um forte compromisso com o feminismo, por meio de uma efetiva e ativa participação nos movimentos feministas da época, além de uma criticidade atenta às questões de gênero. Desse modo, sua inovação jornalística é resultado de uma postura crítica e do uso discursivamente estratégico dos recursos literários, tecidos na trama de sua prosa jornalística.

A linguagem veiculada nos artigos femininos "estava composta por uma série de enunciados que funcionavam como verdade absolutas e constituíam o ser feminino subordinado" (ibidem, p.77, tradução nossa). Não obstante, Storni traça um discurso de confrontação; uma vez obrigada a usar uma linguagem do "ideal", da "mulher doméstica", irá "resistir" com a paródia, a ironia e a ficcionalização, objetivando anular o "discurso dogmático".

Nas crônicas stornianas, quem escreve – o sujeito da enunciação – é similar a Micheline ou a Ivonne, já que está submetido às normas do gênero mulher e do gênero discursivo em si. No entanto, nelas se filtra um tom inquietante [...] similar ao que Rosi Braidotti chama prática discursiva do "como si" ou da paródia e que pode ser politicamente potenciadora enquanto for sustentada por uma consciência crítica. Nesse sentido, pode-se pensar que Storni retoma o modo de escritura das colunas femininas e escreve como se o sujeito fosse feminino para instalar certas tonalidades discordantes. Essa tensão, efeito do uso de estratégias disruptivas, provoca um vazio de poder, já que resulta de uma produção discursiva que tende à negação de um discurso hegemônico sobre as identidades de gênero. (Diz, 2006, p.77)

Sempre consciente de seu construto escritural e das mudanças histórico-sociais a que pertencem sua vida e sua literatura,

A CONSTITUIÇÃO DA SUBJETIVIDADE FEMININA EM ALFONSINA STORNI 123

Alfonsina, em 1919, publica um artigo na revista *El mundo,* em que evidencia a emancipação da mulher, vinculada a uma necessidade histórico-política e social, determinada pela Primeira Guerra Mundial. Descreve o aumento de mulheres trabalhadoras, evidencia o otimismo dos imigrantes, principalmente as mulheres como lutadoras pelos direitos, e conclui ensinando o que é ser feminista:

> Mas, intimamente, levantando a leve capa da superficialidade elegante com que certa norma social a encadeia, acaso se adverte nela (a mulher) uma profunda feminista, se como feminista se entende criar na alma feminina sua própria vida, seu verdadeiro ser, sua consciência individual de todas as coisas e aplicar este conceito pessoal a libertá-la de travas ancestrais, já deteriorado, frente às novas correntes morais e ideológicas que passam pelo mundo. (Storni apud Diz, 2006, p.79, tradução nossa)

PARTE II

3

A POESIA EM PROSA DE *POEMAS DE AMOR*

> "Nada más ironista que la Creación; nos ha
> dado un cuerpo limitado y un alma ilimitada; y
> le ha dicho la cuerpo; procura según el alma y le
> ha dicho al alma; entretente en fatigar al cuerpo. Y
> en este juego de escamoteo se ha reído en grande
> de nosotros."
>
> (Storni, 1999, t.1, p.644)

Neste capítulo, focalizaremos a poesia escrita em prosa de Alfonsina Storni, especificamente o livro *Poemas de amor*,[1] publicado em 1926. Esses textos, como a própria autora relata no prólogo, "são frases de estado de amor escritos em poucos dias já faz algum

---

1 O livro *Poemas de amor* foi publicado e reeditado em 1926, com tradução em francês. Em 1945, com desenhos de Stella Genovese-Oeyen, imprime-se novamente. Somente em 1988 se publica uma edição bilíngue, castelhano-italiano, no cantão suíço de Ticino, incluindo o prólogo de Beatriz Sarlo, mas sem que esta tenha nomeado o texto que introduz. Apenas em 1999, em castelhano, foi reeditado por Hiperión em Madri, e no mesmo ano em Buenos Aires é incluído nas *Obras completas*, pela Editora Losada. Estranhamente esse texto nunca fez parte das antologias de Alfonsina Storni, nem mesmo na de 1938 que a própria autora supervisionou, pelo que o torna um texto pouco conhecido e quase não se registra história crítica (cf. Salomone, 2006, p.164).

128 NILDICÉIA APARECIDA ROCHA

tempo"; o livro não é considerado obra literária pela autora, senão "uma lágrima das tantas lágrimas dos olhos humanos" (Storni, 1999, t.1, p.605). Trata-se de textos repletos de exacerbado sentimento amoroso, saídos possivelmente da voluptuosidade da paixão. Nos 67 poemas discursivamente narrados, em sua maioria, no presente do indicativo, encontram-se relatos fragmentários do sentimento amoroso, com forte tom erótico-sensual, que intencionalmente rompem a ordem literária do momento histórico:

Poema XV

Pongo las manos sobre mi corazón y siento que late desesperado.
– ¿Qué quieres tú? – Y me contesta –: Romper tu pecho, echar
alas, agujerear las paredes, atravesar las casas, volar, loco, a
través de la ciudad, encontrarle, ahuecar su pecho y juntarme al
suyo. (Storni, 1999, t.1, p.611)

Se, por um lado, Alfonsina Storni desconsidera o livro *Poemas de amor* como obra literária, vale considerar o que se entende como "obra". Na perspectiva foucaultiana, no livro *O que é um autor?*, Foucault (2006) propõe-se a "dar estatuto a grandes unidades discursivas", ou seja, ele se pergunta quais os métodos e instrumentos com os quais se podem localizar, escandir, analisar e descrever tais unidades discursivas. Para tal, reconhece como primeira unidade a noção de autor e de obra, e é justamente sobre essas noções que irá debruçar-se nessa conferência realizada em 1969. Retomando a relação texto/autor, Foucault (2006, p.267-8) recupera a Beckett: "Que importa quem fala, alguém disse que importa quem fala". Nesse sentido, a escrita é vista como prática e não como resultado, portanto a escrita libertou-se da expressão, basta por si mesma e não está "obrigada à forma da interioridade; ela se identifica com sua própria exterioridade desdobrada", isto é, "ela é um jogo de signos" comandado pela "própria natureza do significante", e a regularidade da escrita é "experimentada no sentido de seus limites", portanto prestes a "transgredir e a inverter a regularidade que ela aceita e

A CONSTITUIÇÃO DA SUBJETIVIDADE FEMININA EM ALFONSINA STORNI   129

com a qual se movimenta", a escrita se "desenrola como um jogo" para além de suas regras e "passa assim para fora" (ibidem, p.268). Em um segundo tema sobre a questão do autor e da obra, Foucault (2006, p.268-9) considera "o parentesco da escrita com a morte", ou mais precisamente, passando pela metamorfose, hoje a escrita está "ligada ao sacrifício, ao sacrifício da vida; apagamento voluntário que não é para ser representado nos livros, pois ele é consumado na própria existência do escritor".

Aqui se instaura nossa possibilidade de articulação teórica: "A obra que tinha o dever de trazer a imortalidade recebeu agora o direito de matar, de ser assassina do seu autor" (ibidem, p.268-9). Foucault (2006) cita como exemplo Flaubert, Proust e Kafka; citaremos Alfonsina Storni no que se refere mais especificamente a *Poemas de amor*, na negação que a autora faz de sua "obra" ao desconsiderá--la "obra literária" e não publicá-la posteriormente. De acordo com Foucault (2006, p.269):

> [...] essa relação da escrita com a morte também se manifesta no desaparecimento das características individuais do sujeito que escreve; através de todas as chicanas que ele estabelece entre ele e o que ele escreve, o sujeito que escreve despista todos os signos de sua individualidade particular; a marca do escritor não é mais do que a singularidade de sua ausência; é preciso que ele faça o papel do morto no jogo da escrita. [...] esse desaparecimento ou morte do autor.

Sobre a negação desse texto como parte de sua obra, percebe-se a noção de obra vinculada à ideia de estrutura a ser analisada "em sua arquitetura, em sua forma intrínseca e no jogo de suas relações internas" (ibidem), noção articulada pela crítica na época. Entretanto, perguntamo-nos, conjuntamente com Foucault, o que é uma obra, qual sua unidade, como se compõe, seria aquilo que é escrito por um autor? Assim entra em jogo a noção do autor e de sua possível morte. Segundo Foucault (2006), pensar a obra sem pensar o autor é insuficiente, da mesma maneira que é problemático pensar a individualidade do autor também o é pensar na unidade de palavra "obra".

130   NILDICÉIA APARECIDA ROCHA

Outra questão a ser considerada é a noção de escrita, para Foucault (2006, p.270), veiculada à certeza da desaparição do autor, uma vez que a noção de escrita deveria dispensar o autor e "dar estatuto à sua nova ausência". Entretanto, a noção de escrita dá-se na "condição geral de qualquer texto, a condição ao mesmo tempo do espaço em que ele se dispersa e do tempo em que ele se desenvolve" (ibidem). O livro de poemas em prosa de Alfonsina deu-se historicamente como afirmação de uma corrente literária em descenso, modernismo, e na regularidade dessa perspectiva, no referente à temática amorosa, mas em contradição com as novas tendências vanguardistas, e aí sim os poemas de amor vinculam-se estruturalmente, apresentando um gênero híbrido, poema em prosa, como instauração de uma nova forma e uma experimentação estético-discursiva.

Segundo Salomone (2006, p.164), em *Poemas de amor*, a discursividade que se baseia no tema amoroso vai reconfigurando-o com um efeito de sentido de loucura ou de alucinação, ou seja, parece que, nesse *"poemario"*, Alfonsina Storni alcança certo limite "no jogo com o transbordar". Com relação à busca de novas linguagens, Salomone (2006) afirma que, nesse texto, o que se insinuava de modo conflitivo desde *Ocre* concretiza-se com a liberdade formal do verso, com uma sintaxe fragmentária e um léxico próximo ao da prosa (Muschietti, 1999, p.22-7); assim, *Poemas de amor* mostrará o trânsito em direção a uma estética que predominará em seus textos posteriores. Há que ressaltar que, depois da publicação desse livro, passam-se nove anos até ela publicar *Mundo de siete pozos* (1935) e, quatro anos mais tarde, *Mascarilla y trébol* (1938). Nesse ínterim, Alfonsina seguirá escrevendo textos em prosa poética e dramaturgia, os quais não foram compilados até 1999.

A interrogante sobre a busca de novas formas estéticas na escrita de Alfonsina Storni ressoa intrigante, e, em concordância, nota-se que "a inquietação espiritual e estética, descobre em muitos escritores da época (César Vallejo, Pablo Neruda) é semelhante à que experimenta a poeta" (Férnandez apud Salomone, 2006, p.161-2), resguardando as diferenças genérico-sexuais. Além disso, se, no plano da expressão, o gesto de ruptura de Alfonsina passa

A CONSTITUIÇÃO DA SUBJETIVIDADE FEMININA EM ALFONSINA STORNI 131

inadvertido em seu contexto social e literário, no plano do conteúdo, "observa-se uma certa posta em cena do desejo na relação com a linguagem que, ao extremar-se o discurso da submissão feminina, extorsiona-o até se tornar desencaixado e por momentos delirante" (ibidem, p.162), como neste poema:

XIX

Amo y siento deseos de hacer algo extraordinario.
No sé lo que es.
Pero es un deseo incontenible de hacer algo extraordinario.
¿Para qué amo, me pregunto, si no es para hacer algo grande, nuevo, desconocido? (Storni, 1999, t.1, p.612)

Por sua vez, Masiello (1997, p.256), ao analisar a produção literária das mulheres de fins do século XIX e começo do XX, afirma que não houve, na produção feminina dessa época, apenas uma ruptura ou "ressemantização" entre a esfera do público e a do privado, mas, justamente por causa do choque entre as relações da "sensibilidade de dentro" e da "resposta de fora", ocorre uma violenta ruptura dos princípios de subjetividade e experiências femininas. Portanto, além da evolução da representação do "eu feminino", as escritoras daquela época propõem também a ruptura da leitura, observada na fragmentação dos textos literários e na desestabilização dos lugares na narração. A utilização do poema em prosa, a mistura do testemunho com a ficção e a quebra das convenções literárias generalizadas vão desestabilizar qualquer outro projeto discursivo de linearidade.

Nesse paradigma, a preocupação com o trabalho refinado da palavra é recorrente no livro *Poemas de amor*. A palavra será considerada como poderosa e uma forma de liberdade em vida, associada ao constante falar da morte como algo imprescindível.

XVII

¿Oyes tú la vehemencia de mis palabras?
Esto es cuando estoy lejos de él, un poco libertada.
Pero a su lado ni hablo, ni me muevo, ni pienso, ni acaricio.
No hago más que morir. (Storni, 1999, t.1, p.611)

Na análise de Salomone (2006, p.163), o discurso que emerge desse livro, instalado em um registro outro, desvincula-se do pensamento patriarcal, ou seja, de uma visão que idealiza a imagem do feminino, e vai projetar-se em direção aos seus extremos, roçando os "desbordamento da prudência e a insensatez": "Situada no terreno do imaginário, ou seja, do inconsciente, a falante satura e desarma a visão falogocêntrica, abrindo lugar a um discurso descentralizado, que no seu desdobramento instala-se no campo das representações não miméticas" (ibidem, p.163).

Além disso, Salomone (2006, p.163) assevera que o espaço configurado no texto apresenta paisagens oníricas, sentimentos desorbitados, sujeitos fragmentados – sujeitos monstruosos e sujeitos insetos –, divididos em quatro seções, às quais chama: "El ensueño", "Plenitud", "Agonía" e "Noche". Como momentos ou estações do amar humano, segundo seus ritmos e pulsadas no fluir da consciência da falante, marcam, assim, os limites entre a vigília e o sonho, o real e o onírico, a cordura e o delírio.

A prosa poética de Alfonsina Storni também será registrada em outras ocasiões: "Poemas breves" e "Poemas" (publicados em *La nota*, 1919 e 1920), "Algunas palabras" (1920), "Tu nombre" (1920), "Kodak" (1929), "Diario de viaje" (1930), "Diario de un ignorante" (de 1925, 1926, 1931 e 1933), "Diario de navegación" (de dezembro de 1929 a fevereiro de 1930), "Carnet de ventanilla" (1937) e "Kodak pampeano" (1938), publicados geralmente em periódicos, não compilados em formato de livro, motivo pelo qual são praticamente desconhecidos até a edição de *Obras completas* (Storni, 1999, v.I).

Uma vez abandonada a prosa poética em formato de livro, Storni vai se dedicar ao verso em sua forma mais livre e experimental.

A CONSTITUIÇÃO DA SUBJETIVIDADE FEMININA EM ALFONSINA STORNI   133

Portanto, depois da experiência de *Poemas de amor*, a indagação formal será uma constante na sua escrita, também ela não focalizará tão contundentemente o tema amoroso como transbordamento e delírio. Tem-se a impressão de que, com esse livro, a discursividade feminina patriarcal que hiperbolizava o descontrole das emoções alcança seu limite e já não lhe interessa mais transpassá-lo. Parece haver como um esgotamento do tema, em lugar do qual virão outros, mais vinculados à consciência racional e estética.

Observa-se, no conjunto dos poemas em prosa de *Poemas de amor*, uma unidade na sequência narrativa com fortes momentos amorosos desde sua descoberta até o término, compostos de características formais de narrativa e efeitos poéticos. Segundo essa unidade, podem-se verificar, desde o primeiro texto, o momento do encontro e o despertar do amor/paixão: *"mirad mi pecho: mi corazón está rojo, jugoso, maravillado"* (Storni, 1999, t.1, p.607). Sua realização, como amor total, depois os desencontros e, finalmente, o término com a descrença no amor. Essa unidade narrativa constrói uma narratividade poético-literária como uma longa história de amor, nos moldes do amor romântico. Esses fortes momentos narrativos vão compondo um critério de classificação da leitura analítica, cujas características formais são:

- *Poeticidade: a poesia subjacente nos poemas em prosa*: a presença de uma poesia subjacente aos textos, construídos com certa narratividade discursiva; se, por um lado, esses textos marcam uma narração com matrizes de possíveis relatos, captando o essencial de um vínculo amoroso ou fraternal, ou seja, narratividade que dispara uma história de amor, são, por outro lado, poemas em forma de prosa.
- *Marcas dialógicas: eu/tu, eu/vós, eu/nós, eu/eu*: linguisticamente, os poemas em prosa compõem uma suposta narrativa, e, no processo receptivo, o leitor se vê interpelado, ou seja, o texto vai orientando a leitura. Nesse jogo enunciativo, os poemas em prosa articulam uma voz que fala a um tu (amado), a um *"vosotros"* (público/leitor/interlocutor, geralmente

com tom irônico), a um *"nosotros"* (*eu/tu*, união do amor) e mesmo um *"yo"* (para si mesmo, subjetivamente); as marcas dialógicas orientam gestos possíveis de leitura.

- *Subjetividade feminina/feminista nos poemas em prosa*: construção de uma subjetividade feminina e feminista nos poemas em prosa, articulando-a com poemas que marcam tal representação, e, com base na teoria pós-feminista foucaultiana de Teresa de Lauretis (1992, 1994), Judith Butler (1999, 2001, 2002), Joan Scott (1999), entre outras, no sentido de que a autora, "a falante", verifica a presença de uma voz feminina, de um "sujeito com gênero" constitutivo de uma identidade múltipla e contraditória, construindo uma diversidade de posições-sujeito.

A poeticidade nos poemas em prosa

> "Tudo se transfigura, tudo desliza, dança ou voa, movido por alguns acentos. O verso espanhol tem esporas nas velhas botinas, mas também asas. E é tal o poder expressivo do ritmo que às vezes bastam os puros elementos sonoros para que a iluminação poética se produza, como no obcecante e tão citado *un no sé qué que quedan balbuciendo*." (Paz, 1972, p.29)

Inicialmente, perguntar o que é literatura ou o que caracteriza um texto, um discurso, como literário tem sido preocupação central, não apenas de teóricos da literatura e críticos literários, mas também de muito filósofos, linguistas e dos próprios escritores.

No percurso histórico sobre essa questão, Foucault (apud Machado, 2000, p.139), na conferência proferida nas Facultés Universitaires Saint-Louis, em Bruxelas, nos dias 18 e 19 de março de 1964, prioriza a célebre questão sobre "O que é a literatura?". Ele a caracteriza como "a figura negativa da transgressão e o interdito,

A CONSTITUIÇÃO DA SUBJETIVIDADE FEMININA EM ALFONSINA STORNI 135

simbolizada por Sade, a figura da repetição contínua, a imagem do homem que desce ao túmulo com o crucifixo na mão, desse homem que só escreveu do 'além-túmulo', a figura do simulacro" (apud Machado, 2000, p.147).

Poeticamente, as palavras de Fernando Pessoa (1969, p.163), poeta maior da língua portuguesa, ressoam ao infinito, diria Foucault (2006), a figura do poeta/escritor, a recepção do leitor/ interlocutor, e identitariamente o construto poético e a figura do simulacro:

Autopsicografia

O poeta é um fingidor.
Finge tão completamente
Que chega a fingir que é dor
A dor que deveras sente.

E os que leem o que escreve,
Na dor lida sentem bem,
Não as duas que ele teve,
Mas só a que eles não têm.

E assim nas calhas de roda
Gira, a entreter a razão.
Esse comboio de corda
Que se chama coração.

Entre a definição de literatura e o poema "Autopsicografia", intertextualmente, no poema o poeta assume o papel de um "fingidor", que vem do verbo fingir (latim *fingere* que significa "pintar, desenhar, construir"), indicando o inventar, fabular, imaginar, fantasiar, dar a aparência de e, nesse sentido, "simular", e relacionamos a Foucault, entendendo a literatura como um simulacro, que aponta para a transgressão, para o interdito ou para a morte de algo que parece ser, para algo que deveria ser. É interessante notar como a figura do outro entra em cena nesse poema como parte ativa da relação dialógica, segundo Bakhtin (2003), que participa do discurso a partir da fala do eu-lírico, mas com a sua parcela de subjetividade, tanto no pensar como no sentir: "a entreter a razão"; movidos pela figura vanguardista "comboio" dos sentimentos, "coração". Portanto, a dor que o poeta finge sentir ou que canta no seu construto poético, dialogando com o tu participativo, tece uma rede de relações na elaboração do poema, rede que possibilita a transgressão e o simulacro.

Foucault (apud Machado, 2000, p.156) reitera essa ideia de literatura como transgressão e interdito no fechamento da fala do primeiro dia da conferência e conclui que a literatura "é uma linguagem transgressiva, morta, repetitiva, reduplicada: a linguagem do próprio livro", no sentido de que transgressão se relaciona com o interdito, com o limite e o enclausuramento do escritor, ao mesmo tempo em que a repetição se dá pelo acúmulo contínuo da biblioteca.

Machado (2000, p.20) relata que, na Conferência "Linguagem e literatura", Foucault "define a linguagem literária como ausência, assassinato, desdobramento, simulacro, ressalta essa característica constitutiva da historicidade da literatura [...]. A essência da literatura jamais é dada, deve sempre ser reencontrada ou reinventada".

Em Foucault, a análise arqueológica da loucura e a reflexão sobre a loucura e a literatura estão ordenadas de acordo com as noções de limite e transgressão de George Bataille e Maurice Blanchot. Ele parte da ideia de que toda cultura institui limites ou que excluir e proibir é uma estrutura fundamental de toda e qualquer cultura: "é no domínio da linguagem literária que o jogo do limite e da transgressão, que se dá na experiência da loucura, aparece com mais vivacidade como possibilidade de contestação da cultura" (Foucault apud Machado, 2000, p.14).

A ideia de que a linguagem se desdobra indefinidamente no vazio pela ausência dos deuses será explicitada no texto "A linguagem ao infinito", de 1963 (Foucault, 2006, p.47-59), o qual se assemelha a uma arqueologia da literatura, pelo seu enfoque histórico e por sua atenção à ruptura, à descontinuidade, partindo da frase de Maurice Blanchot: "escrever para não morrer".

A CONSTITUIÇÃO DA SUBJETIVIDADE FEMININA EM ALFONSINA STORNI   137

Na terceira pesquisa arqueológica de Foucault (2002b), *As palavras e as coisas*, ele pretende focalizar a constituição histórica dos saberes sobre o homem na modernidade, saberes empíricos sobre a vida, o trabalho e a linguagem, os quais tematizam o homem como objeto, coisa, apreendido de fora, no que ele é por natureza; e focalizar também os pensamentos filosóficos que consideram o homem fundamento, condição de possibilidade, princípio transcendental. A tese de Foucault é a de que:

> [...] a literatura, fenômeno essencialmente moderno, é uma contestação da filosofia e sua concepção da linguagem como objeto, como estrutura e funcionamento gramatical, objeto que remete a um sujeito que fala, que se enraíza na atividade do sujeito. Na modernidade, a literatura é o que compensa, e não o que confirma a forma significante, o funcionamento significativo da linguagem. (apud Machado, 2000, p.22)

A questão "O que é literatura?" é a própria essência da literatura, o próprio exercício da linguagem, o próprio ato de escrever. Por isso, a linguagem literária é reduplicação, repetição indefinida, linguagem ao infinito: "Na modernidade, a repetição diz respeito à própria linguagem, cujo ser é autoimplicação, autorreferência, reduplicação. Linguagem ao infinito no sentido de que não pode repetir a palavra ao infinito, à palavra primeira, a literatura é uma linguagem que retoma e consume a própria linguagem" (Machado, 2000, p.24).

Por sua vez, o questionamento sobre o que é literatura, segundo Williams (1979 apud Bonicci; Zolin, 2005, p.19), pressupõe uma associação entre o conceito e a descrição do que seria literatura; "esse é um sistema de abstração poderoso, e por vezes proibitivo, no qual o conceito de 'literatura' é ativamente ideológico", no sentido de que pode apagar ou encobrir para todos o fato "de que o conceito de literatura construiu-se e constrói-se através de um processo que é social e histórico ao mesmo tempo".

Assim sendo, entra em cena a história, o percurso histórico da constituição conceitual de "literatura". Inicialmente, utiliza-se o

138   NILDICÉIA APARECIDA ROCHA

termo literatura em referência às "obras impressas que forneciam a seus leitores um atributo de possuidores de literatura" (Bonicci; Zolin, 2005, p.20), implicando o "gosto" e a "sensibilidade"; posteriormente, passa-se a atribuí-la a textos "imaginativos" e "criativos".

Já na segunda metade do século XIX e início do XX, na mesma busca pela definição, a literatura será vista "enquanto dado objetivo, concreto e observável", e "como conjunto de textos portadores de características (estruturais ou textuais peculiares) que corresponderiam à sua *literariedade*" (Bonicci; Zolin, 2005, p.21-2). Essa definição possibilita distinguir um texto literário de outro não literário.

Nas primeiras décadas do século XX, a ideia de tratar o texto literário com métodos e processos específicos e objetivos está presente nos estudos do formalismo russo e próxima do *New Criticism* e da estilística. Essas chamadas correntes *textualistas* consideram como marcas textuais de literariedade:

- oposição entre a linguagem comum e a linguagem literária, caracterizada pela ênfase na *função poética* (postulada por Roman Jakobson apud Bonicci; Zolin, 2005, p.22), que prioriza a própria linguagem;
- "integração da linguagem como organização especial de palavras e estruturas que estabelecem relações específicas entre si" (Bonicci; Zolin, 2005, p.22);
- distinção entre o caráter referencial de textos não literários e o caráter ficcional próprio dos textos literários, que, mesmo não sendo reais, deveriam "parecer ser" reais;
- finalidade em si mesma dos textos literários, operada pelo caráter estético, e que ocasiona o prazer no leitor/interlocutor (ibidem).

As reações a essa visão objetiva e essencialista de literatura dão--se por meio do questionamento da valorização das "propriedades internas" dos textos literários. Surge um deslocamento dessa caracterização da literatura e passa-se a focalizar a "esfera do leitor" e as

A CONSTITUIÇÃO DA SUBJETIVIDADE FEMININA EM ALFONSINA STORNI   139

"formas de circulação dos textos" na década de 1960; na França, por exemplo, aparecem os estudos sociológicos da literatura.

Surge, também, uma nova conceitualização do termo literatura e de como tratar os textos concebidos como literários. Nessa perspectiva, Antonio Candido (apud ibidem, p.23-4), ao relacionar a literatura com a sociedade, entende a literatura como sendo coletiva quando há "comunhão dos meios expressivos". Desse modo, "a literatura é como comunhão e se erige entre os espaços que unem autor-obra-público [...]".

Entretanto, o termo literatura, como toda palavra, é estabelecido como "verdade", na medida em que é constituído de um poder com o conhecimento específico e reconhecido por esse atributo no meio intelectual, no caso, acadêmico. Retomando Foucault e, principalmente, depois dele, é imponderável qualquer afirmação que desconsidere as relações de poder, as redes históricas de poder que constituem todo discurso, quer se trate de discurso literário ou de texto sobre esse discurso. De fato, o que institucionaliza uma disciplina é o fato de ela "estar inserida no verdadeiro":

> Foucault (1996) afirma que uma proposição deve preencher requisitos pesados para estar inserida no agrupamento de uma disciplina. Diferentemente de ser falsa ou verdadeira, a proposição deve estar "inserida no verdadeiro" de uma disciplina. Para que um texto seja ou não literário, portanto não é necessário simplesmente que seus elementos constitutivos sejam literários, mas que aqueles elementos que farão dele um texto literário estejam dentro dos padrões "considerados literários" pelas disciplinas envolvidas. Em outras palavras, será literatura, em um determinado momento histórico, aquilo que a teoria e a crítica literárias, além do mercado editorial, decidirem como literatura. (Bonicci; Zolin, 2005, p.27).

Portanto, as disciplinas tanto legitimam como restringem os discursos. Por exemplo, os estudos culturais e os estudos feministas, antes considerados fora da verdade, tiveram que ser validados pela academia para saírem da categoria de "marginais".

Assim também propor uma única definição de literatura seria um posicionamento parcial, uma vez que ela seria válida apenas num dado momento histórico, e não em outro qualquer. Cabe, assim, neste estudo, verificar a contribuição de Bakhtin (2003) sobre os gêneros do discurso e, em especial, sobre o discurso literário para, posteriormente, caracterizar a poesia, a prosa e as possibilidades de produção do poema em prosa nas primeiras décadas do século XX.

Bakhtin (2003) distingue dois tipos de gênero do discurso:

- *Primário*: também denominado tipo elementar, presente nas produções espontâneas e cotidianas dos locutores. Trata-se de formas estáveis que se reconfiguram e combinam com os gêneros secundários.
- *Secundário*: presente nas produções construídas pelos locutores, os textos escritos – literários; estes se apoiam nos gêneros primários (Paveau; Sarfati, 2006, p.197).

O discurso literário, portanto, instaura-se no gênero secundário, carregado de ideologia, e, apoiando-se no gênero primário, apresenta sua especificidade na linguagem literária. A língua literária foi considerada, anteriormente, pelo grupo de Praga como aquilo que "exprime a vida da cultura e da civilização" (ibidem, p.122), diferentemente da chamada língua popular.

Bakhtin (2003, p.268) considera que a evolução da linguagem literária recebe o "tom" de acordo com o gênero do discurso, não apenas o secundário, constitutivo do literário, mas também do jogo que se estabelece com o gênero primário:

> Toda ampliação da linguagem literária à custa das diversas camadas extraliterárias da língua nacional está intimamente ligada à penetração da linguagem literária em todos os gêneros (literários, científicos, publicísticos, de conversação etc.) em maior ou menor grau, também dos novos procedimentos de gênero de construção de todo discurso, do seu acabamento, da inclusão do ouvinte ou parceiro etc., o que acarreta uma reconstrução e uma renovação mais ou

A CONSTITUIÇÃO DA SUBJETIVIDADE FEMININA EM ALFONSINA STORNI   **141**

menos substancial dos gêneros do discurso. [...] Trata-se, na maioria dos casos, de diferentes tipos de gêneros de conversação e diálogo; daí a dialogização mais ou menos brusca dos gêneros secundários, o enfraquecimento de sua composição monológica, a nova sensação do ouvinte como parceiro-interlocutor, as novas formas de conclusão do todo etc. [...] A passagem do estilo de um gênero para outro não só modifica o som do estilo nas condições do gênero que não lhe é próprio como destrói ou renova tal gênero.

De fato, a literatura ou o discurso literário forma-se tanto pelos aspectos intrínsecos como pelo trabalho realizado pelo autor, o qual evidencia a sociedade e a cultura de seu momento, do passado ou do futuro. Além disso, o discurso literário é constituído histórica e socialmente, dentro de suas especificidades que o diferenciam do discurso histórico, filosófico, jornalístico etc., mesmo que, por vezes, teça relações com tais discursos.

A linguagem poética, própria do discurso literário, na visão dos formalistas russos, é caracterizada pelo desvio da linguagem, ou seja, na desautomatização da percepção da linguagem cotidiana por meio de um efeito de estranhamento.

Em consonância com os formalistas russos, porém em sua singularidade, Paul Valéry (1991, p.218) considera a linguagem poética (poesia) como a arte que

[...] coordena o máximo de partes ou de fatores independentes: o som, o sentido, o real e o imaginário, a lógica, a sintaxe e a dupla invenção do conteúdo e da forma [...] e tudo isso por intermédio desse meio essencialmente prático, perpetuamente alterado, profanado, desempenhando todos os ofícios, a *linguagem comum*, da qual devemos tirar uma Voz pura, ideal, capaz de comunicar sem fraquezas, sem aparente esforço, sem atentado ao ouvido e sem romper a esfera instantânea do universo poético, uma ideia de algum *eu* maravilhosamente superior a Mim.

Valéry (1991, p.205), ao refletir sobre o que se denomina poético, considera-o a "arte da Linguagem", formada por certas "combinações de palavras" que produzem uma "emoção" que outras não, emoção esta muito próxima ao sonho:

[...] as coisas e esses seres conhecidos – ou melhor, as ideias que os representam – transformam-se em algum tipo de valor. Eles se chamam entre si, associam-se de forma completamente diferente da dos meios normais; acham-se [...] *musicalizados*, tendo se tornado ressonantes um pelo outro e como que harmonicamente correspondentes. O universo poético assim definido apresenta grandes analogias com o que podemos supor do universo do sonho.

Essa "linguagem dentro da linguagem" (ibidem, p.208) ganha concretude na prosa e na poesia, as quais, mesmo utilizando-se das "mesmas palavras, da mesma sintaxe, das mesmas formas e dos mesmos sons ou timbres", são diferentes; ambas apresentam diferentes "ligações e associações"; a prosa implica o raciocinar, a poesia não. A prosa pressupõe ser compreendida em sua atualização (ato da leitura), a prosa "desvanece-se assim que chega". A poesia não, renasce das cinzas e vem a ser o que acabou de ser, enquanto a poesia "tende a se fazer reproduzir em sua forma, ela nos excita a reconstituí-la identicamente" (ibidem, p.212-3). Ao concluir, Valéry (1991, p.213) afirma que o que difere a poesia da prosa é o princípio essencial da poética, a "troca harmoniosa entre a expressão e a impressão".

Na afirmação do que é poesia, a distinção com a prosa é apresentada tanto por Valéry como por Eliot, quando este lembra "que a variedade poética permite tudo, exceto o que ele chama de ritmo da prosa" (ibidem, p.213). Assim também se posiciona Octavio Paz (apud Tezza, 2003, p.74-5) ao referir-se à "restrição do conceito de ritmo", considerando o ritmo da poesia distinto do da prosa. Portanto, geralmente se define poesia como "não prosa".

Segundo Tezza (2003, p.81), nas definições que os poetas apresentam sobre poesia, alguns a relacionam com "elementos puramente técnicos (metro, verso, ritmo)", outros com a função social da

A CONSTITUIÇÃO DA SUBJETIVIDADE FEMININA EM ALFONSINA STORNI   143

poesia, e há aqueles que dão opiniões sem fundamentação teórica. De modo geral, apresentam categorias "díspares, pertencentes a diferentes campos do conhecimento [...] com intenções bastante distintas, em momentos históricos diferentes".

Bakhtin (1993, p.92-3), no texto "O discurso na poesia e o discurso no romance", considera que a característica que diferencia tais discursos é que a prosa é constituída pelo caráter dialógico e a poesia é entendida como monológica:

> Na maioria dos gêneros poéticos (no sentido restrito do termo), conforme já afirmamos, a dialogicidade interna do discurso não é utilizada de maneira literária, ela não entra no "objeto estético" da obra e se exaure convencionalmente no discurso poético. No romance, ao contrário, a dialogicidade interna torna-se um dos aspectos essenciais do estilo prosaico e presta-se a uma elaboração literária e específica.

Nesse sentido o dialogicidade interna, própria da prosa, em especial do romance, é fecunda pelo plurilinguismo social, sempre quando o diálogo das várias e diversas vozes do discurso nasça de modo espontâneo no social das línguas, dando lugar às vozes de outrem(s) que podem ressoar socialmente em uma mesma língua.

Ao caracterizar a prosa e a poesia, Bakhtin (1993, p.87) apresenta-nos suas especificidades:

• A imagem artisticamente prosaica é o romance, por seu caráter polêmico e imagem dialogizante; para o prosador, o objeto revela uma "multiformidade social plurilíngue dos seus nomes, definições e avaliações", abrindo-se um multidiscurso social, "a dialética do objeto entrelaça-se com o diálogo social circunstante" (ibidem, p.88).

• A imagem da poesia (como "imagem tropo") "desencadeia-se entre o discurso e o objeto", a palavra inesgotável por sua riqueza surge em função do contraditório do objeto em sua multiformidade, de natureza ativa e indizível, portanto a palavra "não propõe nada além dos limites de seu contexto [...]" (ibidem).

- Na obra literária, especificamente no romance, a dialogicidade "penetra na própria concepção do objeto do discurso e na sua expressão, transformando sua semântica e sua estrutura sintática" (ibidem, p.92).
- Na obra poética, não há o uso literário da dialogização natural, o discurso basta por si mesmo, não admitindo assim "enunciações de outrem fora de seus limites" (ibidem, p.93).
- A língua do poeta é sua própria linguagem. O poeta "vê, compreende e imagina com os olhos da sua linguagem nas suas formas internas, e não há nada que faça sua enunciação sentir a necessidade de utilizar uma linguagem alheia, de outrem" (ibidem, p.94), portanto o mundo da poesia é interpretado por um "discurso único e incontestável", o poeta se responsabiliza pela linguagem de toda a obra como *sua própria linguagem*. Desse modo, Bakhtin atribui ao poeta a intencionalidade subjetiva que caracteriza a obra poética, portanto sua estabilidade monologicamente fechada.
- A língua do prosador "acolhe em sua obra as diferentes falas e as diferentes linguagens da língua literária e extraliterária, sem que esta venha a ser enfraquecida" (ibidem, p.104), e contribui para que se torne mais profunda; "o prosador não purifica seus discursos das intenções e tons de outrem, não destrói os germes do plurilinguismo social [...]" (ibidem); a "linguagem do prosador dispõe-se em graus mais ou menos próximos ao autor e à sua instância semântica decisiva [...]" (ibidem, p.105). Desse modo, as intenções do prosador "*refratam-se* e o fazem *sob diversos ângulos*, segundo o caráter socioideológico de outrem, segundo o reforçamento e a objetivação das linguagens que refratam o plurilinguismo" (ibidem).

Portanto, segundo Bakhtin (1993), a estilística da prosa é sociológica por natureza e comportamento, no entanto o discurso poético

A CONSTITUIÇÃO DA SUBJETIVIDADE FEMININA EM ALFONSINA STORNI   145

de natureza também social reflete processos sociais mais duráveis, ou seja, "tendências seculares" da vida social. O discurso da prosa, em especial romanesco, reage sensivelmente ao "menor deslocamento e flutuação da atmosfera social ou, como foi dito, reage por completo em todos os seus momentos" (ibidem, p.106).

Especificamente na análise dos poemas em prosa de Alfonsina Storni, e em defesa da prosa, Bakhtin (1993, p.98) nos esclarece:

> A poesia despersonaliza os dias na sua linguagem, já a prosa, como veremos, desarticula-os frequente e propositadamente, dá-lhes representantes em carne e osso e confronta-os dialogicamente em diálogos romanescos irreversíveis. Deste modo, em cada momento de sua existência histórica, a linguagem é grandemente pluridiscursiva. Deve-se isso à coexistência de contradições socioideológicas entre presente e passado, entre diferentes épocas do passado, entre diversos grupos socioideológicos, entre correntes, escolas, círculos etc. etc. Esses "falares" do plurilinguismo entrecruzam-se de maneira multiforme, formando novos "falares" socialmente típicos.

Desse modo, os poemas em prosa de Alfonsina Storni possibilitam dar voz às vozes femininas apagadas, ou seja, ao produzir esse gênero híbrido (Paz, 1972), a poeta instaura na forma outra maneira de dar visibilidade à voz feminina. A prosa, por ser mais rica e pluridiscursiva que a poesia, possibilita abarcar a multiplicidade de vozes sociais, especialmente das mulheres silenciadas. No nível de conteúdo, os poemas em prosa tematizam um amor ao estilo romântico, no qual a voz feminina aos poucos sai do papel de submissão para enunciativamente "dialogar" o que antes não se podia, dando socialmente "falar" plurilíngue à mulher.

Em contrapartida, Paz (1972) argumenta ser o "ritmo" o elemento constitutivamente própria da poesia, o qual é a condição primeira e essencial do poema, em detrimento da prosa. Assim sendo, articulamos a contribuição de Paz no referente às especificidades da poesia e da prosa. Inicialmente, Paz (1972) faz a seguinte distinção:

Poesia	Prosa
• em todas as épocas	• não inerente à sociedade
• ignora progresso e evolução	• exige lenta maturação
• ordem fechada	• construção aberta e linear
• figura geométrica: círculo ou esfera	• figura geométrica: linha (reta, sinuosa...)
• Valéry: poesia = dança	• Valéry: prosa = marcha
• universo autossuficiente	• discurso e relato, especulação e história
• repetição e recriação: "ritmo" ao fluir do idioma	• caráter artificial: prosador se abandona

De acordo com Paz (1972), o ritmo é o núcleo do poema, mas não está entendendo ritmo como um conjunto de metros. Ritmo e metros são diferentes entre si, enquanto o metro é "medida abstrata e independente de imagem"; por sua vez, o ritmo "é inseparável da frase; não é composto só de palavras soltas, nem é só medida ou quantidade silábica, acentos e pausas: é imagem e sentido" (ibidem, p.13). Desse modo, simultaneamente se apresentam o ritmo, a imagem e o significado na frase poética, ou seja, no verso: unidade indivisível e compacta; em palavras de Paz (1972, p.13-4), "todo ritmo verbal contém já em si mesmo a imagem e constitui, real ou potencialmente, uma frase poética completa". A fronteira entre o ritmo e o metro é confusa, mas "o metro nasce do ritmo e a ele retorna. [...] O metro é medida que tende a separar-se da linguagem; o ritmo jamais se separa da fala porque é a própria fala. O metro é procedimento, maneira, o ritmo é temporalidade concreta" (ibidem).

Entendendo o ritmo como a própria fala e inseparável da linguagem, Paz (1972) considera que os acentos e as pausas constituem a parte mais antiga e mais rítmica do metro, podendo estar próxima da pancada de um tambor, de uma cerimônia ou dos passos dos dançarinos. As linguagens, continua Paz (1972), oscilam entre a prosa e o poema, o ritmo e o discurso. De fato, ao longo da formação das literaturas nacionais (entendendo aqui como nacional a que se produz em uma determinada língua nacional), ocorre por vezes, em sua constituição literária, oscilações entre expressar-se mais pendendo

A CONSTITUIÇÃO DA SUBJETIVIDADE FEMININA EM ALFONSINA STORNI   147

à prosa ou à poesia. Nesse sentido, a influência dos poetas franceses simbolistas é determinante no resgate da característica primeira do poema, ou seja, de recuperar o ritmo do poema:

A irrupção de expressões prosaicas no verso – que se inicia com Victor Hugo e Baudelaire – e a adoção do verso livre e do poema em prosa foram recursos contra a versificação silábica e contra a poesia concebida como discurso rimado. Contra o metro, contra a linguagem analítica: tentativa para voltar ao ritmo, chave da analogia ou correspondência universal. (Paz, 1972, p.18)

O primeiro que aceita elementos prosaicos é Hugo; depois com maior lucidez e sentido Baudelaire. Não se trata de uma reforma rítmica mas da inserção de um corpo estranho – humor, ironia, pausa reflexiva – destinado a interromper o trote das sílabas. O aparecimento do prosaísmo é um Alto! Uma cesura mental; suspensão do ânimo, *sua função é provocar uma irregularidade. Estética da paixão, filosofia da exceção.* (ibidem, p.25)

Na recuperação da história da literatura em língua espanhola, Paz (1972, p.29) constata que a poesia espanhola é formada de uma dualidade própria do jogo dinâmico do claro-escuro do barroquismo, ou seja, o "realismo dos místicos e o misticismo dos pícaros". Desse modo, "o verso espanhol tem esporas nas velhas botinas, mas também asas". A prosa, por sua vez, "sofre mais do que o verso desta contínua tensão" (ibidem, p.30). Para os modernistas, a associação poética se dá justamente no "ouvir o ritmo da criação – mas também vê-lo e palpá-lo – para continuar uma ponte entre o mundo, os sentidos e a alma: missão do poeta" (ibidem, p.32). O modernismo será responsável também pela inserção de "interpenetração entre prosa e verso", colocando a linguagem falada e urbana do povo no poema, incluindo "o humor, o monólogo, a conversação, a *collage* verbal" (ibidem, p.34). O mestre será Leopoldo Lugones.

De fato, no modernismo hispano-americano já influenciado pelas vanguardas europeias, nas primeiras décadas do século XX, é

148   NILDICÉIA APARECIDA ROCHA

produzido um tipo de texto que articula a poesia e a prosa. Os poemas em prosa são cultivados, por exemplo, por Oliverio Girondo e Alfonsina Storni. Portanto, estabelecer uma fronteira estanque entre o que se define como poesia e prosa não é significativo, mas é relevante, em certos momentos da história da produção literária, perceber como essa produção "híbrida" possibilita a expressividade de um lugar esquecido, uma vez que a "mescla" dessas formas instaura outro texto, com especificidade e funcionalidade sócio-histórica e literária diferentes, ou seja, aqui a recuperação do núcleo da poesia: do ritmo. No caso dos poemas em prosa de Alfonsina, como anunciado pela crítica literária de sua obra, os textos em prosa, por um lado, instauram uma ruptura com a influência modernista de suas primeiras produções e com as últimas, mais relacionadas ao vanguardismo hispano-americano. E, por outro lado, rompem com a "tradição literária" feminina de fazer literatura, vinculada à "poesia de amor".

Com relação à tradição literária de fazer poemas com voz feminina ou dando voz à mulher, há, desde o início da literatura portuguesa, registros dessa expressividade estética, nas cantigas de amigo, no período literário denominado trovadorismo. De forte influência francesa, do norte da França, na região da Provença, entre os séculos XII e XIV, os trovadores (*trouver* = achar) "deviam ser capazes de compor, achar sua canção, cantiga ou cantar, e o poema assim se denominava por implicar o canto e o acompanhamento musical" (Moisés, 1994, p.20). A poesia trovadoresca apresenta-se em lírico-amorosa, compondo cantigas de amigo e de amor, e a satírica, com as cantigas de escárnio e de maldizer. Especificamente, a cantiga de amigo por sua focalização enunciativa é a que se aproxima aos poemas de amor de Alfonsina Storni.

Segundo Moisés (1994, p.22), a cantiga de amigo apresenta o sofrimento amoroso da mulher, revelando o outro lado da relação amorosa, até então sendo apenas enunciado pela voz masculina nas cantigas de amor:

A CONSTITUIÇÃO DA SUBJETIVIDADE FEMININA EM ALFONSINA STORNI 149

O trovador, amado incondicionalmente pela moça humilde e ingênua do campo ou da zona ribeirinha, projeta-se no íntimo e desvenda-lhe o desengano de amar e ser abandonada, em razão da guerra ou de outra mulher. O drama é o da mulher, mas quem ainda compõe a cantiga é o trovador: 1) pode ser ele precisamente o homem com quem a moça vive sua história; o sofrimento dela, o trovador é que o conhece, melhor do que ninguém; 2) por ser a jovem analfabeta, como acontecia mesmo às fidalgas.

Desse modo o trovador, nessa dualidade amorosa, pode expressar, em primeira pessoa, dois tipos de experiência passional: "agente amoroso que padece a incorrespondência" e "como se falasse pela mulher que por ele desgraçadamente se apaixona" (ibidem, p.22).

Captar essa experiência ambígua de "projetar-se na interlocutora" e registrar o seu sentimento é uma expressão literária nova que se dá pela primeira vez no trovadorismo. Nele a voz feminina levanta-se do silenciamento:

[...] quem ergue a voz é a própria mulher, dirigindo-se em confissão à mãe, às amigas, aos pássaros, aos arvoredos, às fontes, aos riachos. O conteúdo da confissão é sempre formado duma paixão intransitiva ou incompreendida, mas a que ela se entrega de corpo e alma. Ao passo que a cantiga de amor é idealista, a de amigo é realista. Traduzindo um sentimento espontâneo, natural e primitivo por parte da mulher, e um sentimento donjuanesco e egoísta por parte do homem. (Moisés, 1994, p.22)

De fato, observamos, no conjunto dos 67 poemas em prosa de Alfonsina Storni, uma semelhança intertextual, no sentido de recuperar a mesma focalização feminina de uma confissão de uma paixão frustrada e o fato de narrar esse acontecido às mulheres ou a cidade onde vive. Claro que as diferenças são notáveis. Em Alfonsina, o lócus é a cidade, com sua implacável frieza, e os outros do diálogo estabelecido entre enunciador e enunciatário nos poemas de amor assumem vários papéis, tanto os "*enemigos*", as mulheres amigas ou

150 NILDICÉIA APARECIDA ROCHA

não, as "*hermanas*", o amado ora em conjunção ora em disjunção no diálogo estabelecido, e o próprio eu-lírico que, dentro de uma diversidade de posições-sujeito, aparece em união consigo mesmo ou em distanciamento.

As cantigas de amigo, ao narrarem sua história, vão tecendo uma trama narrativa com "momentos de namoro, desde as primeiras horas da corte até as dores do abandono, ou da ausência, pelo fato de o bem-amado estar no "*fossado*" ou no "*bafordo*", isto é, no serviço militar ou no exercício das armas" (ibidem, p.22). Intertextualmente, nos poemas em prosa de *Poemas de amor*, a história apesar de ter sua sequência narrativa muito semelhante às cantigas de amigo, a relação amorosa não tem continuidade justamente por nada ser eterno, pelo caráter efêmero da vida ou das relações humanas, pensamento característico de uma reflexão modernizante e vanguardista.

O abandono do verso e o recurso à sintaxe, com um léxico próximo da prosa, anunciam estratégias discursivas que serão recorrentes em textos de poetas mulheres de meados do século XX, na Argentina, como nos textos de Juana Bignozzi e de Alejandra Pizarnik, ou mesmo no Uruguai, nos textos de Marosa Di Giorgio. Em Alfonsina Storni, a forma poema em prosa surge pela primeira vez em "Poemas breves (de un libro en preparación)", de 1919.

O livro *Poemas de amor* marca uma "nova experimentação da escrita de Alfonsina, que uma vez mais seus leitores relegaram à margem" (Muschietti, 1999, p.26). Muschietti (1999) considera essa produção de Storni a fundação de uma genealogia: por um lado, marca certa desvinculação com a poesia "modernista" ou "tardorromântica", dos primeiros livros de poema; por outro, anuncia a assunção de outra produção literária, mais próxima do vanguardismo de então; mas também se afasta desse movimento, no sentido de que instaura outra "experimentação", que pretende ser um "*chillido*" ou um "berro ou quase grito (berro) da voz feminina" da mulher. Storni, na nota explicativa da publicação de seu penúltimo livro de poesia, esclarece, com relação aos "*cambios psíquicos*" que geram a sua nova poesia, que não se trata de seguir uma moda

A CONSTITUIÇÃO DA SUBJETIVIDADE FEMININA EM ALFONSINA STORNI   151

literária, mas sim do esforço subjetivo em adotar uma "personalidade nova" (Kamenszain, 2000, p.31).

Vale salientar que esse livro será retirado, pela própria autora, somente das publicações posteriores de suas obras completas, e isso ocorre porque, no momento de sua publicação primeira, ele não foi bem recebido pelo público nem pela crítica.

Na produção literária de Alfonsina, a forma do poema em prosa volta a aparecer no jornal *La Nación*, no período de 1929 a 1938. Surgem como as últimas "encarnações sob seu posicionamento da cena de amor, antes do silêncio que cai sobre sua obra até 1935, ano no qual se publica *Mundo de siete pozos*", o qual marca a última transformação escritural de Storni (Muschietti, 1999, p.27).

A afirmação de que os livros *Poemas de amor* e *Ocre* registram um outro caminho na produção literária de Alfonsina, especificamente na experimentação dos poemas em prosa do livro de 1926, é corroborada pelas palavras de Kamenszain (2000, p.31): "A obra de Alfonsina Storni termina acampando em um cruzamento, onde, como paralelas que não se tocam, querem confluir prosa e poesia. A parada em semelhante descampado devolve à poetisa a sua condição de poeta ao mesmo tempo em que a exime de escrever romances".

Ao analisar o livro *Mascarilla y trébol*, último livro de poesia de Storni, Kamenszain (2000, p.32-3) esclarece que a poeta, ao se afastar da métrica e da rima, faz com que sua poesia vá se aproximando da prosa e se contaminando por ela. Por vezes, parece tratar-se de uma novela narrada em primeira pessoa, mas, em outras vezes, quebra-se a sequência narrativa típica de uma história de amor. Esse processo, que irá culminar no antissoneto, inicia-se com *Poemas de amor*.

Segundo Muschietti (1999 apud Salomone, 2006, p.91), a obra de Storni instaura-se na confrontação discursiva entre "um discurso rebelde, hegemônico em seus textos jornalísticos, e um discurso submisso, que seria dominante em sua poesia". Posicionamento do qual divergimos, porque, em nossa releitura, entendemos que, nos poemas de amor, assim como nos poemas de sua última fase, dos dois últimos livros, e também em alguns poemas de livros anteriores,

152 NILDICÉIA APARECIDA ROCHA

já se observa a enunciação de um sujeito mulher que, inicialmente sugestiva, ao poucos vai, num crescente, ao anúncio do *"chillido"* (grito) da voz feminina, ou seja, da possibilidade enunciativa da voz feminina. Constrói conjuntamente com o leitor, quase sempre feminino, uma subjetividade feminina e feminista, feminina na afirmação de ser mulher, e feminista na reivindicação de seu espaço social, seu reconhecimento em uma sociedade "produtiva".

Anos antes da publicação de *Poemas de amor*, outro poeta, pertencente ao grupo de Florida e, portanto, ideologicamente patriarcal e "vanguardista", Oliverio Girondo, escreve o poema em prosa "Exvoto" (1920). Neste, observam-se as mocinhas de Flores (bairro de Buenos Aires) à espreita do movimento da rua e do mundo, observando-os presas a um *corsé*, como metáfora dos padrões e modelos sociais impostos à mulher, e que por vezes é assumido por Alfonsina Storni, em sua diversidade de posições-sujeito. Talvez contraditoriamente intertextual[2] em relação aos poemas de amor de Storni, mas, discursivamente, também jogando com o erótico e com o corpo/escritura.

Exvoto (A las chicas de Flores)

Las chicas de Flores, tienen los ojos dulces, como las almendras azucaradas de la Confitería del Molino, y usan moños de seda que les liban las nalgas en un aleteo de mariposa.
Las chicas de Flores, se pasean tomadas de los brazos, para transmitirse sus estremecimientos, y si alguien las mira en las pupilas, aprietan las piernas, de miedo de que el sexo se les caiga en la vereda.
Al atardecer, todas ellas cuelgan sus pechos sin madurar del ramaje de hierro de los balcones, para que sus vestidos se empurpuren al sentirlas desnudas, y de noche, a remolque de sus mamás – empavesadas como fragatas – van a pasearse por la plaza, para que los hombres les

---

2 A intertextualidade estabelecida entre a poesia de Storni, produzida a partir de *Ocre* e *Poemas de amor*, e a obra de Oliverio Girondo, sob a perspectiva vanguardista, é verificada por Muschietti (1999) e por Kamenszain (2000).

A CONSTITUIÇÃO DA SUBJETIVIDADE FEMININA EM ALFONSINA STORNI   153

eyaculen palabras al oído, y sus pezones fosforescentes, se enciendan y se
apaguen como luciérnagas.
Las chicas de Flores, viven en la angustia de que las nalgas se les
pudran, como manzanas que se han dejado pasar, y el deseo de los
hombres las sofoca tanto, que a veces quisieran desembarazarse de
él como de un corsé, ya que no tienen el coraje de cortarse el cuerpo
a pedacitos y arrojárselo, a todos los que pasan por la vereda.
(Girondo,1920)

Nos poemas em prosa de Alfonsina, a posição-sujeito mulher enuncia, por um lado, o *encierro de la voz femenina*, e, por outro, a mesma voz fissura o enclausuramento por meio do ritmo poético e da musicalidade instaurados, por meio do jogo dialógico estabelecido e do resgate da figura feminina na sociedade hispano-americana do início do século XX, antecipando e anunciando, assim, as vozes de futuras mulheres:

LVII

Me confié a ti. Quería mostrarte cuán perversa era, para obligarte a
amarme perversa.
Exageré mis defectos, mis debilidades, mis actos oscuros, para temblar
de alegría por el perdón a que te obligaba.
Pero por el noble perdón tuyo, oye, yo hubiera padecido la enferme-
dad más tremenda que padecieras, la vergüenza más grave que te
afrentara, el destierro más largo que te impusieran. (Storni, 1999, t.1, p.622)

Não obstante a missão ou predestinação de ser poeta, presente, por exemplo, no poema XXIV, nota-se o eu-lírico, metapoetica-mente, mais vinculado a um "escrever" como *dictamem* misterioso do que necessariamente vinculado ao pensar os "pensamentos", aqui os "pensamentos" são revelados, e o eu-lírico medroso da possibilidade da revelação apenas "escreve". Poder-se-ia dizer que, nesse texto, o fazer literário está mais próximo do não fazer literário,

154   NILDICÉIA APARECIDA ROCHA

como contradizendo sua proposta poética, no sentido de aqui estar sob a influência de seres misteriosos, negando em algum sentido o trabalho com a palavra proposto em outros textos.

XXIV

Escribo estas líneas como un médium, bajo el dictado de seres misterio-
sos que me revelaran los pensamientos.
No tengo tiempo de razonarlos.
Se atropellan y bajan a mi mano a grandes saltos.
Tiemblo y tengo miedo. (Storni, 1999, t.1)

Poesia e prosa: poemas de amor em Alfonsina Storni

Em geral, os críticos literários destacam o caráter autobiográfico da poesia, da prosa e do teatro de Alfonsina Storni, ressaltando a relação com sua vida de mãe solteira, origem humilde, vida como professora, uma obra ilustrada nas figuras de mulheres atormentadas ou frustradas no amor. De fato, o discurso literário de Storni não apenas resgata o discurso sobre o amor e a família da época em que vive e escreve, mas é principalmente uma inestimável avaliação sobre a linguagem, a comunidade e a nação argentina em sua formação identitária nas primeiras décadas do século XX, tanto com relação à constituição poético-literária hispano-americana quanto no que se refere à formação da subjetividade feminina/feminista das mulheres da América Latina.

Por meio das diversas estratégias discursivas que a escritora põe em cena em *Poemas de amor*, com uma linguagem fragmentária e coloquial, narra aparentemente uma história de amor, ora com um lirismo relacionado à poesia, ora próximo da narração e, por vezes, com forte tom argumentativo:

A CONSTITUIÇÃO DA SUBJETIVIDADE FEMININA EM ALFONSINA STORNI   155

XLIV

Estaba en mi hamaca.
Alguien me acunaba con mano adormeciente.
Perseguía sueños incorpóreos; pero faltabas tú.
Hubieras debido sentarte a mi lado y contarme una dulce historia de amor.
Hay una que entona así:
"Eran tres hermanas.
"Una era muy bella, otra era muy buena...!La otra era mía!" (Storni,
1999, t.1, p.618)

No poema XLIV, que narra uma história de amor, metalinguisti-
camente uma história narra outra, o desejo frustrado da chegada do
amado leva a falante a imaginar para si outra história de amor, talvez
uma de amor possível, dentro da impossibilidade de realização do
amor vivido ou um amor "utópico", idealizado. Em tom pretérito
imperfeito, lá em um passado longínquo, como metáfora do amor
maternal, "Alguien me acunaba", no qual o "tú" receptor e responsável pela relação frustrada "hubieras debido sentarte a mi lado", como
lhe correspondesse, conta para ela uma "dulce historia de amor",
mas está ausente corporalmente; o "tú" faz com que o eu-poético
feminino sonhe/entoe uma história de mulheres – "Eran tres hermanas [...]". Assim, a voz feminina do eu-lírico brinda-se com a
possibilidade de voz ativa no texto e, ademais, põe outras mulheres
como sujeito de seu poema-narrativa, "tres hermanas", resgatando
as vozes que até então estariam silenciadas.

Intertextualmente o texto remete a textos de histórias infantis, por
meio da introdução do verbo "ser" no pretérito imperfeito ("eran"),
expressando uma história que se passa lá, além da imaginação, como
nos contos de fadas. Essa também será uma estratégia recorrente em
textos de outras escritoras contemporâneas a Alfonsina Storni.

Por exemplo, a escritora Renata Donghi Halperín, professora de
Letras e colaboradora em La Nación, La Prensa, Sur e Nosotros – jornais e revistas da época –, no conto "La aventura", que é publicado
no livro Relatos de la vida gris, e o qual a própria autora desqualificou,

156   NILDICÉIA APARECIDA ROCHA

por mostrar aspectos reprimidos da mulher. Nele, o início marca a caracterização de uma mulher sonhadora, *"era una mujer"*, desejosa da aventura amorosa, mas reprimida no nível das ações:

> *Era una mujer a quien la juventud le hablaba con la voz afectuosa y apesadumbrada de los seres que nos abandonan pronto pero a contragusto.*
> *Ni hermosa ni fea; una mujer común y en el alma, como en todas las almas, un gran deseo de vivir, que si obraba sobre su vida imaginativa no llegaba, sin embargo, a convertirse en acción. [...]*
> *Así vivía, dejándose llevar dulcemente por el tiempo. [...]*
> *La aventura, que en todo momento la había tentado, al volverse posible la asustaba. [...]*
> *Así siempre. Reía de sí misma y se compadecía. Amaba, sin embargo, su ensueño y éste, más que los hechos de todos los días eran su vida entera. La belleza de toda su existencia.* (Gorriti et al., 1980, p.162-4)

Em outros textos, há um distanciamento em relação a alguns tipos de mulheres. Por exemplo, no texto XLII, narrado coloquialmente como uma fala entre amigas, as mulheres, mesmo que *"mis hermanas"*, aparecem ironicamente como enunciadoras de uma pergunta sem resposta, ante a inquietação da procura e do encontro com o ser amado:

XLII

> *Oh mujeres: ¿cómo habréis podido pasar a su lado sin descubrirlo?*
> *¿Cómo no me habéis tomado las manos y dicho: – Ese que va allí es él.*
> *Vosotras que sois mis hermanas porque alguna vez el mismo aire os confundió el aliento, ¿cómo no me dijisteis nada de que existía?* (Storni, 1999, t.1, p.618)

Nesse caso, a pergunta é também resposta, no sentido de que *"mis hermanas"* nunca disseram nada sobre a existência do amor ou do amado, o qual confunde a mulher, se esquiva ou se esconde, foge e escapa. Ao mesmo tempo, a pergunta funcionaria como

A CONSTITUIÇÃO DA SUBJETIVIDADE FEMININA EM ALFONSINA STORNI   157

una denúncia, ironicamente expressada, da falta de *"hermandad femenina"* entre as mulheres, que deveriam proteger-se desse tipo de amor fugidio. A ironia é construída por meio do paralelismo linguístico *"¿cómo habréis...?"*, *"¿Cómo no me habéis...?"* e *"¿cómo no me dijisteis...?"*, assim como pelo vocativo *"Oh mujeres..."*.

As histórias narradas são como relatos, que vão apresentando o começo da relação, a sedução e as conquistas, os encontros e os desencontros, a paixão tornada realidade etc., porque, como todo enamoramento tem um encanto, uma realização com alegrias e tristezas, a ele também corresponde um inexorável fim. Desde o primeiro texto, observa-se essa narratividade:

I

Acababa noviembre cuando te encontré. El cielo estaba azul y los árboles muy verdes. Yo había dormitado largamente, cansada de esperarte, creyendo que no llegarías jamás.

Decía a todos: mirad mi pecho, ¿veis?, mi corazón está lívido, muerto, rígido. Y hoy, digo, mirad mi pecho: mi corazón está rojo, jugoso, maravillado. (Storni, 1999, t.1, p.607)

Esse amor, que aparece no texto I como anúncio de um reencontro com a vida mesma, chega a um ponto de expressão total, amor total, no poema XLVI, estrategicamente narrando a possibilidade do que haveria de ser "se" (*"Como si"*). Nota-se como esse relato do amor total, se realizado, deseja e ordena imperativamente: cresça, aumente, floresça e dê frutos. A posição do eu-lírico encontra-se *obstinada*, talvez a (re)nascer para a vida:

XLVI

Como si tu amor me lo diera todo me obstinaba en el milagro: clavando mis ojos en una planta pequeña, raquítica, muriente, le ordenaba: ¡Crece, ensancha tus vasos, levántate en el aire, florece, enfruta! (Storni, 1999, t.1, p.619)

158 NILDICÉIA APARECIDA ROCHA

Observa-se, no poema anterior, que se, por um lado, o relato do amor possível faz-se como renascimento, o ritmo do texto, por outro, marca sua poeticidade: na repetição da consoante /p/ em *"planta, pequeña"*, e na repetição do com /s/ seguido de /e/ em *"Crece, ensancha"*, finalizando com a vogal aberta /a/, sugerindo o fincamento da planta ao fundo da terra e ordenando depois o levantamento de algo adormecido, respectivamente.

O tema amoroso, como bem o assinala Salomone (2006), é apresentado dentro de seu transbordamento e *nonsense*, seja um sonho, delírio, loucura, desejo, dor, solidão, tristeza, despertar ou mesmo união total com o universo. Linguisticamente é expresso por meio do presente do indicativo, quando ressignificado positivamente, mas, quase sempre, como algo efêmero e instável como ocorrem nos textos XXIX e XLVI:

XXIX

¡Amo! ¡Amo!...
Quiero correr sobre la tierra y de una sola carrera dar vuelta
alrededor de ella y volver al punto de partida.
No estoy loca, pero lo parezco.
Mi locura es divina y contagia.
Apártate. (Storni, 1999, t.1, p.614-5)

XLIX

Pienso si lo que estoy viviendo no es un sueño.
Pienso si no me despertaré dentro de un instante.
Pienso si no seré arrojada a la vida como antes de quererte. (ibidem, p.619)

O paralelismo retórico marca poeticamente um amor *"sueño"*, *"instante"*, um amor *"vida"*, intertextual à poesia posterior, do conhecido poeta do modernismo brasileiro, Vinícius de Moraes: "que seja infinito enquanto dure". Nesse poema em prosa, a

A CONSTITUIÇÃO DA SUBJETIVIDADE FEMININA EM ALFONSINA STORNI   159

musicalidade é expressiva, por um lado, da necessidade de racionalizar o sentimento *"pienso"*, e, por outro, o interrogativo *"si"* introduz nesse "pensar" a dúvida, para observar/analisar "se" de fato o que vive é real ou apenas uma fantasia; também há a repetição da vogal /o/ precedida da consoante líquida /l/ e da nasal /n/, que põe em jogo a negação do sentimento e a dúvida do que é a vida. É viver esse amor? É viver antes de *"quererte"*?

Ainda dentro do tema amoroso, o erotismo irá ganhar, na escritura de Alfonsina Storni, plano de expressão e concretização nos corpos que deslizam e se sentem intrínseca e extrinsecamente *"cuello"*, *"piel"* e *"venas"*. O corpo em Alfonsina é marcadamente força presente:

XI

Estoy en ti.
Me llevas y me gastas.
En cuanto miras, en cuanto tocas, vas dejando algo de mí.
Porque yo me siento morir como una vena que se desangra. (ibidem, p.610)

XIV

Estás circulando por mis venas.
Yo te siento deslizar pausadamente.
Apoyo los dedos en las arterias de las sienes, del cuello, de los puños,
para palparte. (ibidem, p.611)

Na escritura de Storni, o corpo configura-se como um *tópos*, segundo Masiello (1997), no sentido de que descreve uma forma autônoma, que expressa uma crise de representação. Portanto, o corpo, na poesia de Alfonsina, permite a formulação da relação *"entre las palabras y el referente y que recupere una voz que corresponde a una comprensión material del universo, a diferencia de la concepción idealista que a menudo informa la poesía amatoria"* (ibidem, p.248).

Por sua vez, Beatriz Sarlo (1988b, p.271), ao analisar a expressividade erótica e repressiva que se dá em Buenos Aires, entre os anos 1920 e 1930, compara a produção escritural de Norah Lange, Victoria Ocampo e Alfonsina Storni:

> Lê uma ausência de especificidade sexual na poesia de amor de Norah. Ela escreve o amor de modo tal que o sentimento possa ser reconhecido por Borges como de natureza comum. Isso não sucederia sem dúvida se Borges tivesse se referido ao amor em Delmira Agustini ou Alfonsina Storni, que exibem a feminilidade, a sexualidade e a sensualidade dos afetos. Alfonsina, por sua origem e sua formação, por sua biografia, trabalha com a matéria de sua sexualidade, mas, por essas mesmas razões, o faz a partir das poéticas do romantismo tardio cruzado com o modernismo. [...] Alfonsina escreve o que Norah Lange apaga: escreve, de fato, o que se proíbe e se reprime. *"Hay algo superior al propio ser / en las mujeres: su naturaleza"*, que é incompleta, falha, traída, mas que Alfonsina defende e explica. Por isso, está em condições de reivindicar as suas irmãs, de dizer o que não se diz. Também porque a superioridade masculina apresenta-se, em sua poesia, como insegura, Alfonsina corrige alguns tópicos da literatura erótica, a partir da perspectiva de uma mulher que tem aprendido e que sabe mais que o homem: *El engaño.*

Assim, na poesia e nos poemas em prosa de Alfonsina Storni, a temática não é exclusivamente sentimental, mas principalmente erótica, estabelecendo, com a figura masculina, uma relação não mais de submissão ou de queixa, senão de reivindicação da diferença. Por exemplo, no texto LI, nessa conversa com o outro, "o amado", o eu lírico coloca-se inquieta, *"Yo te pregunté"*, e enamorada, *"fulgurando un brillo"*. No relembrar o passeio com o amado, misturam-se características modernas, *"Venus asomaba"*, e ao mesmo tempo vanguardistas, colocando a cidade como personagem e ao mesmo tempo como o "olhar dos outros", *"por sobre una azotea mirándonos andar"*. Nesse texto, mais prosaico que outros, a relação dialógica e

A CONSTITUIÇÃO DA SUBJETIVIDADE FEMININA EM ALFONSINA STORNI

a posição-sujeito da voz feminina são marcadamente de um sujeito conhecedor de seu fazer literário e da diferença no sentir o mundo.

LI

¿Te acuerdas del atardecer en que nuestros corazones se encontraron? Por las arboladas y oscuras calles de la ciudad vagábamos silenciosos y juntos. Venus asomaba por sobre una azotea mirándonos andar. Yo te pregunté: ¿Qué forma le ves tú a esa estrella?
Tú me dijiste: – La de siempre.
Pero yo no la veía como habitualmente, sino aumentada con extraños picos y fulgurando un brillo verdáceo y extraño. (Storni, 1999, t.1, p.620)

Como dito anteriormente, esses poemas em prosa, ainda que escritos em forma de prosa, discursivamente estão carregados de lirismo poético, marcado por um eu-poético que expressa sua subjetividade através do um ritmo orquestrado pela voz do eu-lírico e pelas vozes dos participantes desses pequenos relatos, o amado, os outros, e o outro "eu" do sujeito construtor do texto. Nesse jogo retórico de palavras, a expressividade se renova e se metamorfoseia em outras, *"color y sonido"*:

XXVII

Vivo como rodeada de un halo de luz.
Este halo parece un fluido divino a través del cual todo adquiere nuevo color y sonido. (ibidem, p.614)

XL

He hecho como los insectos.
He tomado tu color y estoy viviendo sobre tu corteza, invisible, inmóvil, miedosa de ser reconocido. (ibidem, t.1, p.617)

162   NILDICÉIA APARECIDA ROCHA

A transformação sugerida no texto XL, *"estoy viviendo sobre tu corteza, invisible..."*, e também presente em *"vivo como rodeada de um halo de luz"* (texto XXVII), metaforiza esse novo sujeito feminino, sujeito que se vê impelido à invisibilidade e à imobilidade, mas que, envolto em luminosidade, metáfora do fazer literário, vislumbra outro *fluido*, aparentemente *divino*, com outra cor e som, o da poesia talvez. Nesse texto, o ritmo é marcado pela repetição do verbo em pretérito perfeito, tempo verbal que indica o acontecimento de algo em um tempo passado que ainda ressoa no presente momento da fala, por isso *"He hecho"* e *"He tomado"*, mostrando uma transformação lá no passado que ainda segue aqui no presente, como um estado de constante transformação. De certo modo, o ritmo ressoa o som de um truncamento, de algo quebrado, ainda não formado, em consonância com o medo de ser algo conhecido, ainda não formado, não identificado suficientemente com algo com o que possa reconhecer-se. Pode-se dizer que, nesse sentido há uma contradição nesse *"querer ser vivencial e poeticamente"*, apesar da metamorfose, esta ainda está incompleta, e, de fato, a incompletude é parte constitutiva do sujeito moderno.

No texto XXVII, também há a afirmação de um fazer poético que adquire nova cor, nova expressão estética, entretanto no poema XL, com certa negação dessa nova expressividade, possibilitada por *"invisible, inmóvil"*, e mais precisamente por *"miedosa de ser reconocido"*, instaura-se uma via dupla no construto poético de Storni, a afirmação do novo, e aí a consciência de um outro fazer estético mais próximo às vanguardas, e se há a negação desse fazer literário, ocorre ainda certa vinculação ao modernismo passadista.

A discursividade social: o discurso literário aceitável

A produção literária de Alfonsina Storni e dos escritores hispano-americanos instaura-se em um conjunto de discursos sociais, no qual se observa certa regularidade que evidenciam modos de leitura e relações de poder que legitimam esta ou aquela produção escritural nas primeiras décadas do século XX.

A CONSTITUIÇÃO DA SUBJETIVIDADE FEMININA EM ALFONSINA STORNI **163**

De acordo com Marc Angenot (1989, p.2), o discurso social é tudo o que se diz e se escreve em um estado de sociedade, tudo o que imprime o que se fala publicamente ou se representa nos meios eletrônicos, tudo o que se narra ou argumenta. Angenot (1989, p.2) toma a totalidade da massa dos discursos que falam e fazem falar o *socius* e que vem ao ouvido do homem em sociedade:

> Todos esses discursos estão previstos em um momento dado de aceitabilidade e sedução. Gozam de uma eficácia social e de públicos cativos, cujos hábitos tóxicos comportam uma permeabilidade particular a essas influências, uma capacidade para gostar e para renovar sua necessidade.

Desse modo, falar de discurso social é abordar os discursos como fatos sociais e, portanto, como acontecimentos históricos (ibidem), é ver esses fatos de modo independentes dos usos que cada indivíduo pode lhes atribuir, fatos vistos fora das "consciências individuais" e dotados de uma "potência", sobre a qual se impõe. O discurso é visto como produto social, e, como tal, o discurso literário é uma entre as outras práticas discursivas.

Salomone e Luongo (2007), em um artigo sobre a crítica literária e o discurso social de mulheres escritoras, mostram como a crítica literária das primeiras décadas do século XX está imersa em um emaranhado simbólico heterogêneo que anuncia certa identidade e "mandatos" para a palavra e as ações femininas. Para as teóricas, junto ao discurso médico, político, psicológico-filosófico e religioso, o discurso da crítica literária também contribuiu para consolidar a maternidade como eixo e norte na construção da identidade feminina na referida época.

De acordo com essa perspectiva, o discurso crítico costuma aplaudir, nos textos de mulheres, a representação da mulher mãe ou da que aspira a ser, como acontece com alguns textos de Gabriela Mistral e Maria Luisa Bombal. Do mesmo modo, valoriza positivamente outras imagens femininas que não contradizem o hegemônico como a da mulher-menina (em Delmira Agustina ou Norah Lange) e a da mãe frustrada advinda da mãe simbólica por meio do magistério (Mistral). Perante essas figuras legitimadas, no entanto, aparecem outras que se situam mais problematicamente contra a crítica e o imaginário de uma época, estendendo e ao mesmo tempo tocando os limites do representável. Elas são a imagem da mulher estéril que mostra Dulce María Loynaz, a que evita a maternidade (Victoria Ocampo), a mãe solteira (Alfonsina Storni), a que expõe abertamente o desejo erótico (Agustini, Storni, Bombal), a mulher--sábia (Ocampo, outra Mistral), a mulher trabalhadora (Storni, Marta Brunet), a feminista (Storni, Ocampo), ou a que apela a uma linguagem e visão de mundo associadas com o masculino (Brunet, Storni, Mistral). Não obstante, ainda poderíamos ir além e descobrir essas outras figuras femininas, que, roçando a fronteira do desprezível em sua configuração identitária, ficam invisibilizadas. Isso é o que sucede, por exemplo, com a sexualidade homoerótica que se filtra na escrita de Teresa de la Parra e inclusive em certa Mistral; uma alternativa que se localiza por fora do tolerável e dizível na trama simbólica de uma modernidade que nasce firmada pelo patriarcalismo e pelo conservadorismo. (Salomone; Luongo, 2007, p.60-1)

Como analisam Salomone e Luongo (2007), a escritura de Storni é vista pela crítica literária como: a mãe solteira, a mulher trabalhadora, a que apela a uma linguagem e visão de mundo vinculadas ao masculino e com uma linguagem erótica; mesmo assim, sua escritura está dentro do que as críticas denominam como *"aceptable"* ao lado de uma literatura realizada por Teresa de la Parra, vista como *"imposible"* ou *"inasimilable"*, por sua orientação sexual, denominada por Salomone de anômala, vista aqui como diferente e que deve se negar ou silenciar. Certos textos de Storni, Agustini e Mistral, no nível do aceitável, apresentam deslocamentos de:

[...] zonas expressivas em uma linguagem que não ilude o corpo feminino em seu potencial de uma decibilidade atrevida. Textualidade que se aproxima ao que Luisa Muraro (1995) chamou

A CONSTITUIÇÃO DA SUBJETIVIDADE FEMININA EM ALFONSINA STORNI **165**

de a decibilidade do corpo selvagem e que é possível assimilar à emergência do continente materno, mas agora a partir da diferença. (ibidem, p.64)

Focalizando especificamente a produção literária de Storni, confirma-se a análise de Salomone e Luongo (2007), anunciadora de uma discursividade social aceitável pela crítica e pelo público, mas também mostrando uma linguagem erótica, apontada desde a crítica contemporânea à autora. Uma obra que apresenta certo vínculo entre a vida e a obra da autora, análise destacada na primeira crítica sobre Storni; e, principalmente, uma escritora mulher que instaura um discurso feminino articulado às mudanças sociais, políticas, culturais e literárias de sua época.

Quanto aos poemas em prosa de *Poemas de amor*, o discurso literário retoma a dicursividade social que constituía o imaginário simbólico das mulheres, focalizando a relação amorosa com uma forte carga sentimental, vinculadas ao ser feminino, como o poema VII, no qual se observa a posição-sujeito feminino de submissão ao sentimento amoroso, ao estilo romântico e esperado pelo papel social da mulher naquele momento histórico:

VII

Cada vez que te dejo retengo en mis ojos el resplandor de tu última mirada.
Y, entonces, corro a encerrarme, apago las luces, evito todo ruido para que nada me robe un átomo de la sustancia etérea de tu mirada, su infinita dulzura, su límpida timidez, su fino arrobamiento.
Toda la noche, con la yema rosada de los dedos, acaricio los ojos que te miraron. (Storni, 1999, t.1, p.609)

No poema em prosa IV, o corpo social ganha voz de enfrentamento no diálogo entre o "eu" e os "*enemigos*". Nessa luta de posições sociais, o corpo feminino enfrenta o social e lá se posiciona com "*palabras más dulces que jamás hayáis oído*". É interessante notar

166 NILDICÉIA APARECIDA ROCHA

a repetição da vogal aberta /a/, confirmando a posição de abertura dessa posição-sujeito feminino.

IV

Enemigos míos, si existís, he aquí mi corazón entregado.
Venid a herirme.
Me encontrarás humilde y agradecida: besaré vuestros dedos; acari-
ciaré los ojos que me miraron con odio. Diré las palabras más dulces
que jamás hayáis oído. (ibidem, p.608)

Também anuncia um corpo feminino que se percebe no sentir do toque do outro como um corpo-amoroso-erótico. E uma voz feminina que atua e toma decisões sobre sua vida e obra, posturas inovadoras naquele discurso social: *"Os daré mis cantos, pero no os daré su nombre. Él vive en mi como un muerto en su sepulcro, todo mío, lejos de la curiosidad, de la indiferencia y la maldad"* (poema II – ibidem, p.607).

Em outro momento, no poema em prosa XXI, o eu-poético, perante outros homens da sociedade, percebe-se invadido pelos olhares e tece no olhar dos outros o "desenho" do amado, mais íntimo e subjetivo, aqui o corpo social da posição-sujeito feminino posiciona-se em distanciamento dos "outros", da sociedade, e traça sua postura e seu "amor", assumindo uma posição de sujeito amante:

XXI

Cuando miro el rostro de otros hombres sostengo su mirada porque, al
cabo de um momento, sus ojos se esfuman y en el fondo de aquellos,
muy lentamente, comienzan a dibujarse y aparecer los tuyos, dulces,
calmos, profundos. (ibidem, p.612)

Ainda ante os olhares do social, o eu-lírico coloca-se distante e protegido:

XXIII

Miro el rostro de las demás mujeres con orgullo y el de los demás hombres con indiferencia.
Me alejo de ellos acariciando mi sueño.
En mi sueño tus ojos danzan lánguidamente al compás de una embriagadora música de primavera. (ibidem, p.613)

A mesma indiferença do poema XXI aparece novamente no XXIII, aqui focaliza também as mulheres, das quais sente orgulho por ter/sentir o amor. Notam-se características do modernismo e certo romantismo na tematização, além da marca erótica no "acariciar" o sonho. Entretanto, o texto como um todo registra uma posição sujeito feminino de um corpo social que marca o afastamento e a diferença com o outro-social. A última parte do texto tece um ritmo de musicalidade primaveral, no jogo entre as vogais /a/ e /e/ seguidas das consoantes nasais /n/ e /m/, aproximando assim o relato ao poema.

Esse corpo social marca a distância com o outro e passeia pela cidade, pelas ruas, pela casa livremente, seja em companhia do amado ou na espera desse, mas um sujeito que conhece a espera, que decide pela espera, uma posição-sujeito feminino social:

He bajado al jardín con la primera luz de la mañana. (poema XXXIV, ibidem, p.616)

En la casa silenciosa, de patios calmos, frescos, y largos, corredores, solamente yo velo a la hora de la siesta. (poema XXXV, ibidem, p.616)

Susurro, lento susurro de hojas de mi patio al atardecer. (poema XXXVI, ibidem, p.161)

Si me aparto de la ciudad, y me voy a mirar el rio oscuro que la orilla, me vuelvo enseguida. (poema XLVII, ibidem, p.619)

De modo geral, nos poemas em prosa de Alfonsina Storni, não há apenas uma posição-sujeito feminino formado por um corpo-amoroso-erótico, mas também e principalmente por um corpo social, que se instaura na diferença e no distanciamento. Esse corpo social registra uma diferença na poética produzida no discurso social de outras escritoras contemporâneas a Storni, no sentido de não reduzir a condição da mulher a uma estreita condição de subjetividade, comportamento geralmente posto em cena e esperado no discurso social daquele momento histórico de outras escritoras, o qual constituía uma relação de assujeitamento feminino no universo masculino.

Marcas dialógicas constitutivas do discurso

> "Minha experiência maior seria ser o outro dos outros: e o outro dos outros era eu."
>
> (Clarice Lispector)

De modo geral, como afirmamos anteriormente, o corpo, na escrita de Alfonsina, tem uma posição central, funciona como um "receptáculo" de palavras; por vezes será a "base de um diálogo com os outros" (Masiello, 1997, p.249); em outros momentos, uma fronteira que separa *"el yo"* do *"otro"*; ou ainda marcará a luta da poeta com a modernidade. Nas palavras da crítica Francine Masiello (1997, p.249), a poesia de Alfonsina, quando "tomada de posse do objeto erótico; não apenas inventa o corpo do outro, senão que assume o papel de leitor exclusivo de seus signos", convertendo-se, por vezes, na "leitora" de si mesma. O outro será, ainda, tematizado em seu discurso, na figura do amado, da(s) mulhere(s) de sua época, dentro da ambiguidade de seu posicionamento social e amoroso. Assim, o discurso poético de Storni resiste a ficar inscrito nos discursos "estetizantes" do outro e se constituirá em sujeito da obra de arte:

A CONSTITUIÇÃO DA SUBJETIVIDADE FEMININA EM ALFONSINA STORNI   169

XXIII

Miro el rostro de las demás mujeres con orgullo y el de los demás hombres con indiferencia.

Me alejo de ellos acariciando mi sueño.

En mi sueño tus ojos danzan lánguidamente al compás de una embriagadora música de primavera. (Storni, 1999, t.1, p.613)

Como leitores, somos interpelados pela aparente sequência narrativa, construímos uma lógica narrativa; portanto, o jogo enunciativo, presente nos poemas em prosa de *Poemas de amor*, constrói uma rede de relações, na qual há uma interpelação do outro (no caso, o leitor), no sentido de demandar o outro; o texto vai orientando a nossa leitura, e, nessa construção, aparentemente os poemas de amor vão compondo uma relação afetivo-amorosa entre um homem e uma mulher, ou seja, compondo uma "história de amor". Mas, nas marcas dialógicas que constituem esse discurso, com um olhar mais crítico, verificamos a constituição de um sujeito feminino, "eu--poético-narrativo" que dialoga com o amado, com o leitor, *vosotros*, inclusive com o próprio "eu". Os poemas em prosa articulam uma voz que fala a um tu, sujeito/objeto recebedor do amor, o amado; dialoga com um *vosotros*, geralmente com tom irônico, e com este estabelece uma relação ora de distanciamento, ora de proximidade; dialoga com um *nosotros*, metáfora da união com o ser amado e com o sentimento "amor"; outras vezes, ainda, dialoga com seu próprio eu/*yo*, subjetivamente.

Da enunciação ao discurso: resgate de uma história

Em uma perspectiva linguístico-discursiva, traçamos o percurso das reflexões teóricas sobre comunicação, língua e discurso, que os linguistas formulam desde o Círculo de Praga, com os estruturalistas funcionais, para chegar à análise de discurso, teoria metodológica empregada para focalizar em especial o jogo enunciativo nas marcas

170 NILDICÉIA APARECIDA ROCHA

dialógicas do discurso literário do *corpus*, especialmente os poemas em prosa de *Poemas de amor*, de Alfonsina Storni.

Segundo Paveau e Sarfati (2006, p.115), as etiquetas em *-ismo*, que compõem o vasto campo teórico da linguística moderna, como o estruturalismo, funcionalismo, formalismo, distribucionalismo, "não constituem corpos teóricos completos e autônomos, mas correntes imbricadas umas nas outras, ligadas por relações de filiação ou de oposição e por escolhas teóricas complexas". Desse modo, o funcionalismo é um estruturalismo específico, ou seja, um estruturalismo funcional; oposto a este seria o formalismo, pois o funcionalismo "privilegia as constantes transformações das formas da linguagem na sociedade", enquanto o formalismo "tem no centro de suas preocupações o funcionamento interno do sistema lingua-geiro" (ibidem).

Ainda de acordo com Paveau e Sarfati (2006, p.116), a linguística funcionalista advém do Círculo de Praga – ou Escola de Praga. Essa linguística instaurou um "novo tipo", uma revolução epistemológica sobre a língua em relação aos enfoques europeus dos anos 1920, por recuperar a centralidade da dimensão sincrônica sem recusar a "fundamentação do enfoque diacrônico".

O Círculo de Praga acontece em torno de Troubetsköi e de Jakobson, os quais foram seguidos por discípulos, como Vlachek. O fundador do Círculo de Praga é V. Mathesius, ao escrever um artigo sobre a língua tcheca, propondo dois pilares do funcionalismo pragueano: "a escolha da sincronia (linha de força da linguística funcional), e os laços que as pesquisas linguísticas entretêm com o campo social da arte e da criação" (ibidem). Porém, o próprio Mathesius não considera o enfoque sincrônico uma ruptura episte-mológica total com a linguística fundada. A relevância desse enfoque é justamente a ênfase na articulação indissociável da linguística com a produção literária. E Jakobson, dedicando-se à poética, será o responsável por esse laço.

As nove teses formuladas por esse círculo estão divididas em três sobre linguística geral (funcionamento da língua, poético e literário), mesmo que tenham dado prioridade à fonologia; e, as seis

A CONSTITUIÇÃO DA SUBJETIVIDADE FEMININA EM ALFONSINA STORNI   171

outras estudam o tcheco e as línguas eslavas. Detemo-nos nas três primeiras, de maior relevância neste estudo:

- "Problema de método que decorrem da concepção da língua como sistema e importância da referida concepção para as línguas eslavas [...]" (ibidem, p.118). Implicam quatro princípios:
  1) língua como um sistema funcional orientado para uma finalidade;
  2) privilégio da análise sincrônica, sem recusar a diacronia;
  3) exploração do método comparativo sincrônico e diacronicamente;
  4) substituição da teoria das mudanças pela teoria do "encaixamento".

- "Tarefas necessárias para o estudo de um sistema linguístico, do sistema eslavo, em particular" (ibidem). Nessa tese, temos a base da fonologia pragueana, de uma teoria da palavra e da sintaxe, derivada de Mathesius.

- "Problemas das pesquisas sobre as línguas de diversas funções", ou seja, apresenta as funções da linguagem, sobre a função da língua, sobre a língua literária e a poética. As funções da língua: "importância da estrutura da língua", "função social da linguagem", "função de comunicação e função poética", "modo de manifestação escrito e oral"; sobre a língua literária: "distinção da língua literária e língua popular", a literária expressa "a vida da cultura e da civilização", portanto é o "lugar de uma intelectualização"; a linguagem poética: vindas de Jakobson, o qual postula fundamentos da poética para o século XX.

Este estudo instaura-se na teoria metodológica da análise de discurso[3] (AD) de linha francesa, especificamente a que surge ao redor

---

3 A análise de discurso inicia-se no ano de 1969 com a publicação de *Análise automática do discurso*, de Michel Pêcheux (1990), e da revista *Langages*,

de Michel Pêcheux,[4] Jean Dubois e Michel Foucault. Para tanto, traçaremos um panorama histórico sobre a formação e constituição da AD a que nos referimos.

No horizonte da AD derivada de Pêcheux, Althusser – com sua releitura das teses de Marx, Foucault – com a noção de *formação discursiva* (interdiscurso, memória discursiva, práticas discursivas etc.) –, Lacan – e a leitura que faz das teses de Freud sobre o inconsciente formulado por uma linguagem – e Bakhtin – e seu fundamento dialógico da linguagem – irão influenciar a AD francesa e levá-la a tratar da heterogeneidade constitutiva do discurso. O alicerce da AD dá-se no intrincamento dos pilares materialismo histórico, linguística, teoria do discurso e teoria da subjetividade, levados à reflexão sobre a articulação entre história, língua, discurso e sujeito.

Quanto ao materialismo histórico, as ideias althusserianas propiciaram a Pêcheux elaborar o conceito de *condições de produção do discurso*, a partir das relações entre língua e ideologia, considerando

---

organizada por Jean Dubois, e irá resgatar um "sujeito" até então esquecido pela linguística e pelo estruturalismo da década de 1950 e 1960. Este será encontrado na psicanálise, como sujeito descentrado e afetado pelo narcisismo, distante de um sujeito consciente; outra parte desse sujeito desejante, inconsciente, a AD vai encontrá-lo no materialismo histórico, na ideologia althusseriana, o sujeito assujeitado, constituído pela linguagem e interpelado pela ideologia. Segundo Paul Henry (apud Indusrsky; Ferreira, 2005, p.14): "O sujeito é sempre e, ao mesmo tempo, sujeito da ideologia e sujeito do desejo inconsciente e isso tem a ver com o fato de nossos corpos serem atravessados pela linguagem de qualquer cogitação".

4 Michel Pêcheux (1990) propôs a constituição da AD como um campo de articulação entre diferentes teorias, um campo transdisciplinar ao considerar a natureza complexa do objeto discurso, espaço onde confluem língua, sujeito e história. Assim sendo, Pêcheux e Fuchs (1997) apresentam o quadro epistemológico geral da AD na articulação de três regiões de conhecimentos científicos:
  • o materialismo histórico como teoria das formações sociais e de suas transformações, a teoria das ideologias;
  • a linguística como teoria dos mecanismos sintáticos e dos processos de enunciação ao mesmo tempo;
  • a teoria do discurso como teoria da determinação histórica dos processos semânticos.

Essas três regiões são atravessadas e articuladas por uma teoria da subjetividade, de natureza psicanalítica, de certa maneira.

A CONSTITUIÇÃO DA SUBJETIVIDADE FEMININA EM ALFONSINA STORNI   173

que há um pré-asserido que se impõe ao sujeito e vai permitir o processo de produção de discurso, ao sujeito caberá a tomada de posição de sujeito falante em relação às representações.

Mesmo com certas ressalvas com relação às propostas bakthinianas, graças a Jaqueline Authier-Revuz, incorporar-se-á à AD a ideia de *heterogeneidade do discurso*, indicando para a análise das relações entre o *fio do discurso* – intradiscurso – formulação (Courtine, 1984) e o interdiscurso – constituição de sentido (ibidem), já que não há coincidências no dizer analítico.

Com relação à psicanálise, as contribuições de Lacan, em sua releitura da obra de Freud, trazem à AD os conceitos de *formações imaginárias* – "fase pré-edípica, o filho é parte da mãe, identidade e presença" – e de ordem *simbólica* – "aquisição da linguagem, perda do corpo materno, repressão primária que inaugura o subconsciente, o sujeito falante é carência, 'é o que não é'" (Moi, 1999, p.109) – e inconsciente.

Michel Foucault (1969), em *A arqueologia do saber*, é determinante para a construção da AD francesa. De caráter teórico-analítico, *A arqueologia do saber* desenha um vasto campo sobre a teoria do discurso, interessado em "analisar as condições de possibilidade dos discursos, o campo problemático que lhes assinala certo modo de existência e que faz com que, em determinada época, em determinado lugar, não se diga, não se diga absolutamente qualquer coisa" (Gregolin, 2006, p.30).

Formula assim o conceito fundamental para AD de *formações discursivas*:

> Sempre que se puder descrever, entre um certo número de enunciados, semelhante sistema de dispersão e se puder definir uma regularidade (uma ordem, correlações, posições, funcionamentos, transformações) entre os objetos, os tipos de enunciação, os conceitos, as escolhas temáticas, teremos uma formação discursiva. (Foucault, 2002a, p.43)

174 NILDICÉIA APARECIDA ROCHA

Outra contribuição foucaultiana para a AD é o conceito de *acontecimento discursivo*, emergência de enunciados como acontecimentos que a língua e o sentido não esgotam totalmente. Desse modo, propõe buscar as regularidades para descrever os possíveis jogos de relações entre enunciados.

A finalidade da AD, portanto, é verificar como ocorre a produção do discurso, isto é, como ele funciona no histórico-social em que se encontra e no qual produzirá sentido. Desse modo, a AD verificará como o texto significa, e a análise dos textos será entendida como uma materialidade simbólica própria e significativa; por outro lado, os textos também serão vistos em sua discursividade e como monumento, não como ilustração ou documento.

Gregolin et al. (2001, p.22), retomando a Foucault, esclarecem o seguinte: "Não há sujeito no interdiscurso, mas *posições de sujeito* que regulam o próprio ato de enunciação; o processo de assujeitamento é realizado por diferentes modos de determinação do enunciado pela exterioridade do enunciável (o interdiscurso)".

Tendo em vista que o propósito da análise foucaultiana é desconstruir a ideia de sujeito como origem e fundamento dos sentidos, não se pensa a ideia de sujeito constituinte, mas a figura do sujeito imerso na trama histórica.

De acordo com Gregolin et al. (2001, p. 23), Foucault indica que se deve descontruir o conhecimento histórico, ou seja, "rachar a História" (Deleuze, 2005), desestabilizar a relação com o passado, desvelando alguns de seus mitos, como a continuidade, a totalidade, a figura do sujeito fundador etc. A historicidade será estabelecida como um problema do presente e voltar à história não seria olhar o passado como fonte do presente, mas como lugar do *acontecimento*, da emergência de enunciados, com suas lutas entre forças em conflito, redes de contingências que os possibilitam aparecer nesse e em nenhum outro momento histórico.

Contemporaneamente, Michel Pêcheux (1999, p.8), no texto "Sobre a (des)construção das teorias linguísticas", de 1982, publicado no Brasil em português em 1999, irá analisar a história epistemológica da linguística, estabelecendo as vinculações ou

A CONSTITUIÇÃO DA SUBJETIVIDADE FEMININA EM ALFONSINA STORNI   175

alianças teóricas "com" e "contra" Saussure, para "explicar as mudanças de afinidade epistemológica da Linguística, as transformações que afetam sua rede de alianças teóricas, no campo das disciplinas 'exatas', 'humanas' e 'sociais' à situação atual".

Pêcheux (1999) reconhece três momentos descontínuos na história desses debates e os denomina *diásporas* e *reunificações* em torno a Saussure:

- *Primeira diáspora* (anos 1920): momento da leitura de Saussure, suas ideias serão retomadas pelos círculos de Moscou, de Praga, de Viena, de Copenhague; "esse circunlóquio – que vai instaurando a história das interpretações das ideias saussureanas – acompanha a História das revoluções e das guerras do século XX" (Gregolin, 2004, p.102); por exemplo, Trubetzkoy desaparece e Jakobson vai para os Estados Unidos, de onde enviará as ideias de Saussure à França; em Moscou, acontece o início do formalismo estrutural e da sociologia da linguagem; em Praga, são fundadas a fonologia e as investigações em torno da escrita literária, além do contato com o psicologismo de Gestalt; em Copenhague, inicia-se a semiótica do signo.
- *Reunificação aparente* (anos 1950): nos anos 1950, a aparente reunificação é dada pela "segunda vida" de Saussure, na qual suas ideias se estendem desde o funcionalismo de Martinet às teorias behavioristas da comunicação, até o estruturalismo distribucional de Bloomfield, deste a Harris e aos primeiros trabalhos de Chomsky; entretanto, a linguística "continuou presa ao imaginário interdisciplinar da comunicação como regulação funcional controlada" (Pêcheux apud Gregolin, 2004, p.103), por ainda buscar na lógica matemática a natureza da linguagem.
- *Reestruturação global* (dos anos 1960 a 1975): dois processos aparentemente independentes esfacelam a unidade acadêmica da linguística: a hegemonia teórica da gramática gerativo-transformacional (GGT) e o surgimento da corrente

filosófica, epistemológica e politicamente heterogênea, em torno de três fundadores e da releitura de suas obras: Marx, Freud e Saussure; surge, assim, o estruturalismo, ciência-piloto, dando fim à hegemonia da fenomenologia e do existencialismo, e possibilitando o aparecimento da "antropologia estrutural, bem como a renovação da epistemologia e da história das ciências, a psicanálise antipsicologista, novas formas de experimentação na escrita literária e a retomada da teoria marxista" (Gregolin, 2004, p.103); o novo dispositivo filosófico materializa-se nos trabalhos de Lévi-Strauss, Lacan, Althusser, Foucault, Derrida, entre outros. Dentre as reflexões semiológicas sobre o espaço literário, temos, por exemplo, Barthes e Kristeva; já nas pesquisas linguísticas, há posições originais em A. Culioli, Tesnière, Guillaume, Benveniste; com o objetivo de separar, portanto, a linguística do funcionalismo sociopsicologista, a AD surge na França como disciplina transversal, engajada pelos trabalhos de Jean Dubois; consequentemente, no encontro da psicanálise, do marxismo e da linguística/antropologia, há uma revolução cultural; questionam-se as evidências da ordem biossocial humana e reconhece-se o fato estrutural próprio do humano: *a castração simbólica* (Pêcheux, 1999, p.17). A partir de 1975, instala-se uma *revolução cultural abortada* (Gregolin, 2004, p.103), pelo efeito subversivo do estruturalismo, implicando o campo sociopolítico, uma nova maneira de ouvir e fazer política.

- *Nova releitura* (anos 1980): a diáspora intelectual, momento de nova mudança nas investigações linguísticas, dá-se com o fim "do materialismo estrutural à francesa e do chomskismo" (Pêcheux, 1999, p.13). Pêcheux (1999) denomina esse momento de a "desconstrução das teorias linguísticas", pois se desconhecem as diferenças e identificam-se indistintamente Saussure e Chomsky. Segundo as palavras de Pêcheux (1999, p.21), instaura-se "um esforço para atingir o nível internacional do positivismo bio-social-funcional".

A CONSTITUIÇÃO DA SUBJETIVIDADE FEMININA EM ALFONSINA STORNI   177

Dentro desse novo panorama, cabe à linguística, segundo Pêcheux (1999), o esfacelamento, ou seja, uma dissociação entre uma linguística do cérebro e uma linguística social, e a integração. A linguística do cérebro, parte das ciências da vida, enfoca a língua como uma classe de programas, como a inteligência artificial, a cibernética, o *hardware*, entre outros. A linguística social localiza--se ou como parte integrada a um projeto político biossocial ou na marginalidade, juntamente com as teorias pragmáticas, a sociologia das interações, os atos de linguagem, os cálculos inferenciais, entre outros. Por sua vez, a literário e o poético registram-se como luxo aristocrático, em que pesem os trabalhos de Jakobson, Benveniste, Barthes, Kristeva e outros (ibidem, p.24).

As contribuições da linguística enunciativa são fundamentais para focalizar a produção de enunciados pelos locutores na situação comunicativa em nossa análise das marcas linguísticas, no caso dialógicas, instauradas nos 67 poemas em prosa, os quais são representativos da subjetividade feminina/feminista da escritora em foco, Alfonsina Storni.

Tradicionalmente o pai da teoria da enunciação é Emile Benveniste (anos 1950 e 1960), entretanto, na Rússia e na Alemanha, desde os anos 1910 e 1920, os estudos linguísticos já apresentam uma preocupação em relação à questão enunciativa. Na Rússia, será Mikhail Bakhtin-Volochinov quem se interessará pela enunciação, ao conceber a linguagem fundamentalmente interativa.

Para Benveniste (apud Paveau; Sarfati, 2006, p.177-8), "a enunciação é este colocar em funcionamento a língua por um ato individual da utilização". Porém, seu conceito é limitado à frase, e serão os linguistas do texto e do discurso os ampliadores dessa noção. O primeiro "*deslizamiento*" semântico de enunciação é metonímico, pela impossibilidade de um tratamento metodológico em sentido próprio e pela motivação do significante (Kerbrat-Orecchioni, 1986, p.39). O segundo deslocamento será o da "especialização", ou seja, redução da extensão: "em lugar de englobar a totalidade do trajeto comunicacional, a enunciação se define então como o mecanismo de produção de um texto, o aparecimento no enunciado do sujeito da enunciação, a inserção do falante no seio de sua fala" (ibidem, p.41).

Nos anos 1970, Oswald Ducrot propõe enunciação como "o acontecimento correspondente à produção de enunciado, abordagem estreitamente análoga àquela de Benveniste" (Paveau; Sarfati, 2006, p.178). Atualmente, enunciação:

> [...] é o acontecimento histórico constituído pelo fato de que um enunciado foi produzido, isto é, que uma frase foi realizada. Pode-se estudá-lo buscando as condições sociais e psicológicas que determinam essa produção. [...] Mas pode-se também estudar [...] as alusões que um enunciado faz à enunciação, alusões que fazem parte do sentido mesmo desse enunciado. (Paveau; Sarfati, 2006, p.178)

Em consonância com Dominique Maingueneau (1989), o conceito de enunciação que a AD rejeita é o da autonomia do sujeito, o da fala livre. Desse modo, a enunciação sob a perspectiva discursiva não deve

> [...] desembocar em uma tomada de possessão do mundo e da língua pela subjetividade. Em outras palavras, a enunciação não deve chegar a estabelecer que o sujeito esteja "na origem do sentido" (Michel Pêcheux), espécie de ponto inicial fixo que orientaria as significações e seria portador de "intenções", de escolhas explícitas. Há que negar, pois, ver na enunciação o ato individual de utilização que, em uma perspectiva saussuriana, permite passar o limite da "língua" como puro sistema de signos e introduzir uma relação com o mundo social. (Maingueneau, 1989, p.113)

Entendemos, portanto, a enunciação como interação verbal, ou seja, como o verdadeiro lugar da fala. Nessa perspectiva, o sujeito da enunciação implica uma teoria do sujeito e, no marco da teoria da enunciação, é posto no centro da linguística. Já desde os anos 1920, com Bakhtin, o sujeito falante "é um sujeito em relação ao seu meio,

A CONSTITUIÇÃO DA SUBJETIVIDADE FEMININA EM ALFONSINA STORNI   179

que tem interiorizadas as normas e as formas discursivas exteriores a ele, mas que o constituem" (Paveau; Safarti, 2006, p.177). Nos anos 1980, Jacqueline Authier (apud Paveau; Sarfati, 2006, p.177) explora a concepção do sujeito heterogêneo e formula o par "heterogeneidade constitutiva versus heterogeneidade mostrada".

> O sujeito é constitutivamente heterogêneo na medida em que é atravessado por sua própria divisão, pelo social, pelo discurso de outrem, pelas numerosas formas de exterioridade. Mas esse sujeito pode também mostrar sua heterogeneidade no seu discurso: ele submete-se a uma encenação particular das diferentes vozes que o atravessam e ao falar exibe a *polifonia*. (Paveau; Sarfati, 2006, p.177)

O princípio de que a linguagem é heterogênea parte do pressuposto de que um discurso é construído a partir do discurso de outro, parte de um "já-dito" previamente dado. A heterogeneidade constitutiva é a que não se mostra no fio do discurso, mas pode ser apreendida pela memória discursiva em uma dada formação social. A heterogeneidade mostrada é a inscrição do outro na cadeia discursiva e altera a aparente unicidade; pode ser registrada nas marcas linguísticas, por meio de discurso direto ou indireto, negação, aspas ou metadiscurso do enunciador.

De acordo com Kerbrat-Orecchioni (1986), a enunciação pode ser concebida como "ampliada" ou "restringida". Quando a linguística da enunciação descreve as relações que se tecem entre o enunciado e os diferentes elementos constitutivos, ou seja, os protagonistas do discurso (emissor e destinatário(s)), a situação de comunicação – circunstâncias espaçotemporais, condições gerais da produção/recepção da mensagem (canal, contexto etc.) – é considerada ampliada. Caso a linguística da enunciação considere apenas o falante-escritor, ou seja, um elemento constitutivo, será então da ordem do restritivo, e os fatos enunciativos serão registrados nas "marcas linguísticas da presença do locutor no seio de seu enunciado, os lugares de inscrição e as modalidades de existência do que com Benveniste chamaremos 'a subjetividade

180 NILDICÉIA APARECIDA ROCHA

na linguagem'. Apenas nos interessaremos, pois, pelas unidades 'subjetivas'" (ibidem, p.42).

Nesse sentido, resume Kerbrat-Orecchioni (1986) que, em função dos dois deslocamentos da enunciação, um como inelutável e outro como conjuntural e provisório, caberia metodologicamente instalar-se no restritivo e na problemática das marcas enunciativas. Assim, a problemática da enunciação é localizar e descrever as unidades indiciais que marcam a inscrição, no enunciado, do sujeito da enunciação, ou seja, trata-se de procurar os procedimentos linguísticos (*shifters,*[5] modalizadores, termos avaliativos etc.) com os quais o locutor imprime sua marca no enunciado, inscreve-se na mensagem e se situa em relação a ele mesmo.

O aparelho formal da enunciação, segundo Benveniste, é o local onde se instauram as produções verbais e a subjetividade dos locutores. As marcas desses lugares de enunciação inscrevem-se em certas formas da língua por meio da dêixis, palavra grega que significa "ostentação, fato de mostrar" (Paveau; Sarfati, 2006, p.179) e designa a "identificação linguageira dos parâmetros da situação de enunciação". Nas palavras de Kerbrat-Orecchioni (1986, p.45): "os dêiticos (ou *shifters*, empregado por Jakobson) exigem, de fato, para que possam dar conta da especificidade de seu funcionamento semântico-referencial, que sejam considerados alguns dos parâmetros constitutivos da situação de enunciação".

Os dêiticos são definidos como as unidades linguísticas que, de acordo com o funcionamento semântico-referencial, implicam considerar o papel desempenhado pelos actantes do enunciado no processo da enunciação e a situação espaçotemporal do locutor e, às vezes, do interlocutor.

Nesta análise, interessam-nos os dêiticos pessoais, como registro da presença do locutor e do interlocutor:

---

5 Jakobson (1963 apud Paveau; Sarfati, 2006, p.179) utiliza em francês *embrayeurs*, em espanhol *embragues*, em português traduzido como "embreadores", que abrangem um conjunto de procedimentos e itens lexicais mais variados como pronome pessoal etc.

A CONSTITUIÇÃO DA SUBJETIVIDADE FEMININA EM ALFONSINA STORNI   181

- *Eu e tu*: dêiticos puros (em espanhol *yo, tú, vos/usted*) que designam os protagonistas na enunciação;
- *Ele, eles, ela e elas*: dêiticos que não funcionam nem como locutor nem como interlocutor, não pertencem à situação de enunciação.

Vale notar que os pronomes que registram a primeira e a segunda pessoa da enunciação só têm realidade no discurso, e "não [têm] significado estável e universal: Qual é, portanto, a 'realidade' à qual se refere *eu* ou *tu*? Unicamente uma 'realidade de discurso', que é coisa muito singular" (Benveniste, 1995 apud Paveau; Sarfati, 2006, p.180).

Assim, Benveniste (1995 apud Paveau; Sarfati, 2006, p.180) define "eu" como "a pessoa que enuncia a presente instância de discurso que contém *eu*, e, simetricamente, "*tu*, como o 'indivíduo alocutado' na presente instância de discurso contendo a instância linguística *tu*".

O jogo dialógico nos poemas em prosa de Storni

Nos poemas em prosa de *Poemas de amor,* que narra a história de uma relação amorosa, estrategicamente são apresentadas marcas dialógicas que instauram um "eu", no caso poético, que fala a um "tu", o amado; o interlocutor recebe o amor desse "eu" que esboça lágrimas caídas dos olhos humanos (Storni, 1999, t.1, p.606):

Tú estás despierto y te estremeces al oírme. Y cuando está cerca de ti se estremece contigo. (ibidem, p.614)

Tú el que pasas, tú dijiste: esa no sabe amar. (ibidem, p.612)

Estoy en ti. / Me llevas y me gastas... (ibidem, p.610)

He pasado la tarde soñándote. (ibidem)

Te amo profundamente y no quiero besarte. (ibidem, p.609)

182   NILDICÉIA APARECIDA ROCHA

Inicialmente, o primeiro texto em tom narrativo conta o despertar do amor. No jogo enunciativo, o "eu" – "Eu havia dormido longamente, cansada de te esperar, crendo..." (ibidem, p.607, tradução nossa) – instaura a posição do locutor, aqui eu-poético, numa referência narrativa a um sujeito amatório, posicionando o interlocutor "te encontrei", como agente/objeto recebedor do amor. No mesmo texto, o sujeito dialoga com um *vosotros*, não conhecedor de seu sentimento, e o convida para que participem desse novo sentir: "Dizia a todos; olhem para o meu peito, veem?" (ibidem). Esse *vosotros*, público dessa história de amor, pode corresponder ao que Kerbrat-Orecchioni (1986, p.56) denomina um *vosotros* representativo de um *tú* não "generizado", mas sim "pluralizado"; metaforicamente, poderíamos dizer que se trata do público leitor de todos os tempos.

No segundo texto, poema II, o "eu" se dirige a um *vosotros*, também destituído de pertencer ao círculo de "pessoas amigas": "Lhes darei meus cantos, mas não lhes darei seu nome" (ibidem). É estabelecido, portanto, um distanciamento entre o sentimento desse sujeito enunciativo, *yo*, com o que pode ser público, *cantos* (aqui seus poemas e textos literários), do que deseja que esteja livre da curiosidade do outro, o nome do amado. Nota-se certo tom autobiográfico, já observado em leituras críticas anteriores, em relação à discrição que é atribuída à vida amorosa de Alfonsina Storni.

Ao longo dos poemas em prosa, Alfonsina vai tecendo o jogo enunciativo ora aproximando-se dos interlocutores, *vosotros*, ora afastando-se destes. Assim consolida seu discurso literário quanto à constituição da identidade feminina/feminista múltipla. Uma voz feminina que escolhe e determina o espaço enunciativo a ocupar.

Observamos, no poema XX, com forte lirismo, a presença desse *vosotros*, um texto que articula o narrativo com o aspecto argumentativo, instaurado na condicional "*si*", tematicamente marcando a realização do tema amoroso:

A CONSTITUIÇÃO DA SUBJETIVIDADE FEMININA EM ALFONSINA STORNI   183

XX

Venid a verme. Mis ojos relampaguean y mi cara se ha transfigurado.
Si me miráis muy fijo os tatuaré en los ojos su rostro que llevo en
los míos.
Lo llevaréis estampado allí hasta que mi amor se seque y el encanto se
rompa. (ibidem, p.612)

Aqui a voz da falante, dirigindo-se a um *vosotros*, transfigura-se
em *tatuaje/palabras* que os marcará até que se rompa o *halo de luz*
que os rodeia. Metaforicamente, é como se o eu-poético avisasse da
impossibilidade de estar imune ao amor de um ou dos que o têm,
uma vez que o *miran*/sentem.

Com relação ao sujeito da enunciação e às vozes que se manifestam no discurso, Bakhtin (2003) e Ducrot (1987) sustentam a
noção de "polifonia enunciativa". Em 1929, o termo polifonia é uti-
lizado por Bakhtin (1981), ao analisar os romances de Dostoiévski,
observando em sua criação um narrador que faz intervir vozes de
personagens em uma mesma situação enunciativa, no quadro do
discurso indireto livre.

A polifonia em Bakhtin pressupõe o principio dialógico constitutivo da linguagem, mas caracteriza-se por "vozes polêmicas em um
discurso" (Rechdan, 2009, p.1), ou seja, "a multiplicidade de vozes
e consciências independentes e imiscíveis e a autêntica polifonia
plenivalentes constituem, de fato, a peculiaridade fundamental dos
romances de Dostoievski" (Bakhtin apud Rechdan, 2009, p.3)

Em *Marxismo e filosofia da linguagem*, Bakhtin (1992) considera,
por sua natureza social, que a enunciação é o produto da interação de
dois indivíduos organizados socialmente. Portanto,

[...] a enunciação não existe fora de um contexto socioideológico, em
que cada locutor tem um "horizonte social" bem definido, pensado e
dirigido a um auditório social também definido. Portanto, a enunciação procede de alguém e se destina a alguém. Qualquer enunciação
pressupõe uma réplica, uma reação. (Rechdan, 2009, p.1)

No esforço dos interlocutores "em colocar a linguagem em relação frente a um e a outro", ou seja, no movimento de recepção/ compreensão ativa, segundo Bakhtin (apud Rechdan, 2009, p.2), entra em jogo o dialogismo. Na linguagem, tanto no exterior, na relação com o outro, como no interior da consciência, na escrita, o diálogo se realiza como relações que se dão entre interlocutores em dado momento sócio-histórico e contextual.

No *Nuevo diccionario de la teoría de Bajtín*, organizado por Arán (2006, p.83), o conceito de dialogismo é visto como amplo e complexo, por seu caráter antropológico de perspectiva filosófica, sobre o papel da alteridade na constituição do sujeito, a qual se dá na interação subjetiva que conforma o "eu". A noção de diálogo, formação etimológica de dialogismo, refere-se à "relação específica, verbal, pela qual os seres humanos conhecem e interpretam o mundo, dão-se a conhecer, são conhecidos, conhecem o outro e se reconhecem para si mesmos, de modo múltiplo e fragmentário, nunca totalmente acabado" (ibidem). Portanto, diálogo pressupõe uma "consciência dialógica que se manifesta em cada ato personalizado, dinâmico, aberto, da discursividade, e forma a trama, o tecido da circulação social (e da luta) do sentido, tanto diacrônica como sincronicamente" (ibidem).

O conceito de dialogismo constitui um fundamento epistemológico de grande importância, a tal ponto que Bakhtin (2003) o propõe como uma metodologia de conhecimentos para as ciências humanas, nos ensaios "O problema do texto em Linguística, a filologia e outras ciências humanas" e "Para uma metodologia das ciências humanas".

Com relação à compreensão do termo dialogismo no cerne de uma obra artística e considerando o romance como o texto dialógico por natureza, aduz Arán (2006, p.87, tradução nossa):

De todos os modos, deve ficar claro que sempre que falamos de dialogismo na manifestação concreta de uma obra artística, segundo Bakhtin, tratar-se-á de um exame dos mecanismos de coexistência, fricção, colisão, confrontação, dos elementos ou

A CONSTITUIÇÃO DA SUBJETIVIDADE FEMININA EM ALFONSINA STORNI   185

unidades que constituem um sistema artístico, tanto no sincrônico como no diacrônico (rumo ao passado e ao futuro). [...] É que, precisamente, o momento dialógico da construção do romance é sempre uma instância que se resolve na tensa relação da consciência criadora com o herói do romance e das relações dialógicas, abertas (como na vida, dirá Bakhtin), que o personagem do mundo criado mantém entre si.

Portanto, o dialogismo pressupõe uma análise dos mecanismos de existência mútua, de *"roce"*,[6] de confrontação dos elementos constitutivos do objeto artístico em foco, com vistas ao passado e ao futuro. De certo modo, o autor, como consciência criadora, mantém uma "espécie de diálogo no tempo presente, inacabado e com o herói" (ibidem); assim, o romance será um "discurso sobre o discurso", e a palavra do autor, "bivocal", que não reserva para si nenhuma vantagem de sentido.

Ainda na perspectiva bakhtiniana, o terceiro elemento com o qual se negocia o sentido de todo enunciado, o leitor, estará autorizado à sua própria "responsabilidade valorativa", pois, no romance polifônico, não há um centro de "verdade" que direcione a posição ideológica do autor; esta se encontra na representatividade do discurso.

Para Bakhtin, a atuação do homem social se expressa sempre por meio de enunciados ou textos que estão dotados de "voz", considerando também que esses enunciados são o resultado histórico da "consciência avaliadora situada" (ibidem, p.88, tradução nossa), produtora de sentido. Por sua vez, os textos

[...] refratam a realidade e a fazem sua a partir de um particular ponto de vista, interpretam-na, e, por isso, os textos estão sempre ligados dialogicamente a contextos cronotópicos que, ao mesmo tempo em que lhes outorgam seu valor e sentido, deixam marcas

---

6 Nesse contexto, a palavra *roce* refere-se a um tratamento de relação familiar entre indivíduos.

186 NILDICÉIA APARECIDA ROCHA

da interação no seu sistema produtivo. O contexto sempre está presente no texto, como resultado de uma consciência subjetiva que o assimila ativamente.

Com o objetivo de outorgar uma outra identidade às mulheres, segundo Masiello (1997, p.247), o projeto literário de Storni propõe-se a estabelecer um "renovado diálogo com seus leitores", reformulando o material semiótico. O mundo literário de Storni, assim, começa com o anúncio de uma separação entre o "eu" e os "outros", entre "inocentes" e "adversários", entre o "belo" e o "abjeto", com fronteiras marcadas discursivamente na relação com a palavra. O locutor estará, então, afastado dos demais interlocutores discursivos. Mesmo quando a voz do outro não é um "adversário no campo das interações humanas" (ibidem), o eu-lírico, emaranhado em mensagens de *desesperación*", logo perde esperança de participar da comunhão linguística dos humanos, a comunicação entre interlocutores.

¿Quién es el que amo? No lo sabréis jamás. [...] Os daré mis cantos, pero no os daré su nombre. (Storni, 1999, p.607)

Enemigos míos, si existís, he aquí mi corazón entregado. Venid a herirme... (ibidem, p.608)

Vosotras que sois mis hermanas porque alguna vez el mismo aire os confundió el aliento, ¿cómo no me dijisteis nada de que existía? (ibidem, t.1, p.618)

É interessante notar que a figura do ser amado, em *Poemas de amor*, é apresentada no poema XX como o que "marca/tatua" em seu coração/olhar secretamente, e, no poema II, encerrado em seu coração, "ele" indica o término da relação amorosa, vive morto, paradoxo do sentimento "amor" em sua essência lírica:

II

¿Quién es el que amo? No lo sabréis jamás. Me miraréis a los ojos para descubrirlo y no veréis más que el fulgor del éxtasis. Yo lo encerraré para que nunca imaginéis quién es dentro de mi corazón, y lo mereceré allí, silenciosamente, hora a hora, día a día, año a año. Os daré mis cantos, peno no os daré su nombre.

Él vive en mí como un muerto en su sepulcro, todo mío, lejos de la curiosidad, de la indiferencia y la maldad. (ibidem, p.607)

O amado é reconhecido no olhar, nos olhos e principalmente no "canto" da falante, pois apenas a ela pertence, funcionando também como preservação ou resistência ao outro do discurso, "*a la mirada y al juicio de los otros*", longe dos olhos alheios. Assim o amado, do mesmo modo que o sentimento estará preservado: "*no lo sabréis jamás*", e ele estará "*lejos de la curiosidad, de la indiferencia y de la maldad*" (ibidem, p. 607). Pode-se dizer que o ser amado será recriado, reinventado pela falante, pelo eu-lírico, "*Él vive en mi como un muerto en su sepulcro, todo mío...*", em referência a estar somente "*para mí*", o sujeito o refunda para si própria.

Em outro momento, no texto XXXIII, o amado será como o orgulhoso e o diferente que a ofendeu; instaura-se uma identificação entre o "eu" e o "tu", mas, contraditoriamente, também é aquele que lhe fez "*grandes heridas*" com duras palavras. Aquele que "*aspirabas*" a dor de seu sangue como em uma relação de repulsão e encantamento, geralmente característico da paixão, como no texto LVI:

XXXIII

Te amo porque no te pareces a nadie.
Porque eres orgulloso como yo.
Y porque antes de amarme me ofendiste. (ibidem, p.616)

LVI

Tenías miedo de mi carne mortal y en ella buscabas al alma inmortal.
Para encontrarla, a palabras duras, me abrías grandes heridas.
Entonces te inclinabas sobre ellas y aspirabas, terrible, el olor de mi
sangre. (ibidem, p.622)

E, nos últimos poemas, quando o amado vai embora, a alegria
será inicialmente tristeza, logo indiferença, representando a possível
superação do abandono pelo amado, e, depois será o esquecimento
do amor, com certo desdém, linguisticamente irônico:

LXV

¿Cuánto tiempo hace ya que te has ido?
No lo recuerdo casi.
Los días bajan, unos tras otros, a acostarse en su tumba desconocida
sin que los sienta. Duermo. No te engañes: si me has encontrado un día
por las calles y te he mirado, mis ojos iban ciegos y no veían.
Si te hallé en casa de amigos y hablamos mi lengua dijo palabras sin
sentido.
Si me diste la mano o te la di, en un sitio cualquiera, eran los múscu-
los, sólo los músculos, los que oprimieron. (ibidem, p.624)

LXIV

Sé que un día te irás.
Sé que en el agua y muerta y plácida de tu alma mi llama es como el
monstruo que se acerca a la orilla y espanta sus pálidos peces de oro.
(ibidem)

A consciência de saber-se sem o amado/amor inicialmente será
vista como se a alma estivesse morta. Com a passagem do tempo,
como uma lembrança, predominarão a lógica, o acaso e a razão
sobre qualquer possibilidade de estabelecimento de reencontro

A CONSTITUIÇÃO DA SUBJETIVIDADE FEMININA EM ALFONSINA STORNI   189

com aquele amado, após o inexorável fim da relação amorosa. Desse modo, na constituição da diversidade de posições de sujeito nesse "eu", há por vezes uma representação de uma voz feminina/ mulher que toma decisões sobre seu coração, sobre sua emoção e, principalmente, sobre suas ações, sua atitude social, desconstruindo a relação patriarcal genérico-sexual, em outros momentos posiciona--se submissa ao amado, e reproduzindo a ideologia vigente naquele momento histórico.

No poema a seguir, observamos como o sujeito feminino, após o abandono do amado, frustrada pela não continuidade do amor--paixão, refunda o amado como um "fantasma" e, tomando-o, "o embala" espaçotemporalmente *ad infinitum*, ou seja, "*el vacío*", metaforicamente, "se lança à eternidade com o amado", para refundar inclusive o próprio sentimento "amor", confirmado pela figura do relógio evocado em "*el antiguo modo de péndulo*" e pelas reticências no final do poema em prosa, poeticamente pela musicalidade na repetição de "*cuando nadie, ni yo misma*":

LXVII

No volverás. Todo mi ser te llama, pero no volverás. Si volvieras, todo mi ser que te llama, te reclazaría.

De tu ser mortal extraigo, ahora, ya distantes, el fantasma aeriforme que mira con tus ojos y acaricia con tus manos, pero que no te pertenece. Es mío, totalmente mío. Me encierro con él en mi cuarto y cuando nadie, ni yo misma oye, y cuando nadie, ni yo misma ve, y cuando, nadie, ni yo misma, lo sabe, tomo el fantasma entre mis brazos y con el antiguo modo de péndulo, largo, grave y solemne, mezo el vacío... (ibidem)

4
A SUBJETIVIDADE FEMININA/FEMINISTA

"Ya sé el secreto enorme: ¡la palabra!
Yo te hablaré al oído (la conquista)
De la palabra mía custa siglos
De vencidas mujeres)."

(Storni, 1999, t.1, p.498)

Em um contexto de formação da modernidade cultural na Argentina, focalizamos, por meio de análise da produção discursivo--poética de Alfonsina Storni, em *Poemas de amor*, como a escritora mulher latino-americana do início do século XX vai se constituir em "sujeito com gênero" (Violi, 1991), em suas distintas modalidades – poesia, poesia em prosa, ensaios, crônicas e teatro –, de subjetividade e identidade feminina múltipla (Lauretis, 1994). Segundo Aralia López González (apud Salomone, 2006, p.113), as subjetividades e identidades sociais que emergem são contextualmente historicizadas como posições particulares e relativas a um contexto histórico-social sempre em movimento.

Patricia Violi (1991), em uma perspectiva linguística, observa como acontece a diferenciação genérico-sexual na linguagem. Considera que, mesmo sendo a estrutura da universalidade linguística feita por meio do gênero masculino, o feminino fica subsumido ao

192   NILDICÉIA APARECIDA ROCHA

universal, aparecendo na estrutura linguística como uma derivação ou oposição ao masculino. O feminino será nomeado a partir de imagens gerais como "A mulher", "A mãe", "A natureza", ou como uma condição particular, mas sem se constituir em uma categoria com aspecto de totalidade vinculado à experiência humana. Em uma cultura na qual os lugares do feminino e do masculino já estão predefinidos, as mulheres realizam uma "contínua operação de deslocamento entre a pessoa e a mulher", entre a esfera "intelecto-cultural e a afetivo-sexual" (ibidem, p.153, tradução nossa). Consequentemente, as mulheres têm, ao longo da história, que suprimir a própria singularidade para poder participar no plano universal da linguagem e da história, gerando representações já elaboradas da "mulher" como forma universal e abstrata, apagando sua individualidade real e concreta.

A partir desse enfoque, Violi e outras teóricas contemporâneas propõem a noção de um "sujeito com gênero", ou seja,

[...] a partir de uma concepção de sujeito que não negue a diferença genérico-sexual, senão que, ao contrário, incorpore-a como uma configuração material e simbólica que dá lugar à emergência de duas subjetividades, de duas formas diversas de expressão e de conhecimento, não redutíveis uma a outra. (Salomone, 2006, p.109-10, tradução nossa).

Desse modo, as formas de subjetividade feminina diferenciada são possíveis quando a diferença feminino/masculino não se oculta, mas que se possa reconhecê-la como o lugar de especificidades, modos distintos de experiência e caminhos assimétricos para homens e mulheres. Propõe Violi (1991) que o discurso feminino, silenciado por imposições histórico-sociais, é passível de ser expresso e modificado a partir da autoconsciência, ou seja, do desnudamento da "particularidade da própria experiência" (Salomone, 2006, p.111), momento em que foi possível às mulheres falar de si mesmas e de suas experiências com maior liberdade. A palavra será ressignificada discursivamente e serão

A CONSTITUIÇÃO DA SUBJETIVIDADE FEMININA EM ALFONSINA STORNI   **193**

abertas possibilidades de criar outras representações para a subjetividade feminina.

A noção de subjetividade parte da negação de uma concepção "do sujeito racional e transparente a si mesmo, expresso em uma suposta unidade e homogeneidade de suas posições [...]" (Mouffe, 1999 apud Cháneton, 2007, p.69). Desde Friedrich Nietzsche (1844-1900), a desconstrução de um sujeito centrado vem sendo apresentada pela filosofia, no âmbito da corrente pós-estruturalista. Em *A genealogia da moral*, por exemplo, pode-se ler: "Não nos buscamos nunca, como sucederia que um dia nos encontrássemos?" (apud Cháneton, 2007, p.70); na psicologia, com Sigmund Freud ou sua releitura desde Jacques Lacan, com relação à questão narcisista.

Apropriando-se dos postulados de Lacan, Louis Althusser (1918-1990), a partir do marxismo estruturalista, repensa a posição do sujeito no campo da política. Assim, a identidade, a linguagem e o desejo inconsciente estariam atravessados pela ideologia, numa função simbólica da constituição do sujeito. O mecanismo de "interpelação" parte das estruturas (aparelhos ideológicos de Estado) como falso reconhecimento, no qual a ideologia constitui o sujeito como fonte dos significados, mas, na verdade, este seria um efeito, uma ilusão. Desse modo, a ideologia formaria sujeitos que desempenham socialmente papéis para cumprir funções designadas e requeridas pela divisão do trabalho, segundo o momento específico do modo de produção. Acrescentamos que, na modernidade, essa divisão social de trabalho está intimamente vinculada à divisão sexual de trabalho.

A crítica argentina Beatriz Sarlo (2005), no texto "Mulheres, história e ideologia", que integra um estudo sobre os intelectuais na América Latina, analisa a inserção da mulher escritora e sua participação no âmbito público como parte de um processo de uma história de resistência e de participação tanto da mulher como das chamadas minorias sociais, como os imigrantes.

Considera Sarlo (2005, p.173) que, no passado, o discurso feminino passou a fazer parte do âmbito público e político a partir da aceitação da hegemonia masculina nesses espaços. Tal aceitação

194   NILDICÉIA APARECIDA ROCHA

discursiva foi sendo desafiada pela "consideração em primeiro lugar do espaço estrutural das mulheres na sociedade capitalista, de seu papel na força de trabalho e no modo de produção" (ibidem), justamente quando emergem as ideologias femininas e feministas.

A educação teve papel preponderante nessa nova perspectiva sociológica, pois indicam "as mulheres como sujeitos e atores públicos" (ibidem, p.174). Portanto, as mulheres, no começo do século XX,

> [...] produziram um programa afirmativo de ação quanto aos direitos das mulheres à educação, baseado em motivos que em geral visavam ao bem comum. Além disso, mulheres instruídas eram os personagens principais no drama social da desigualdade e da batalha contra elas. Assim, advogadas, jornalistas, escritoras, médicas e professoras (em grupos formais ou informais, agregadas de forma livre ou organizadas em partidos) lideraram os primeiros episódios dos movimentos de direitos das mulheres na América Latina. (ibidem, p.174-5)

Dessa sublevação feminina, desse "desejo de romper as convenções sociais e criar novos espaços para as mulheres" e também desejo de "participar no processo de decisões públicas", nascem as novas "categorias intelectuais da sociedade", segundo Sarlo (2005, p.175). Por exemplo, Luisa Capetillo em Porto Rico, Tina Modotti no México e Teresina Carini Rocchi no Brasil, mulheres de classes sociais mais populares que reivindicaram seu lugar público e os direitos das mulheres em um discurso feminista.

Com relação à educação, na Argentina de Sarmiento (na segunda metade do século XIX), por exemplo, houve grande formação de "professoras normalistas" para compor seu projeto político-social da Argentina que almejava com uma perspectiva intelectual de educar massivamente o povo argentino. Houve, portanto, um modelo pedagógico que legitimou a participação das mulheres na esfera pública, como professoras no sentido de possuir determinado conhecimento a ser ensinado e também com a "qualidade e respeito de mãe: elas

A CONSTITUIÇÃO DA SUBJETIVIDADE FEMININA EM ALFONSINA STORNI   195

não somente educavam o pensamento, mas respondiam ao ideal de formação de caráter e disseminação de princípios morais" (ibidem, p.176). Nesse sentido, essas professoras eram "órgãos típicos de reprodução [...] e não de produção de novas alternativas" (ibidem). Entretanto, se a educação possibilitou a legitimação desse espaço pedagógico, autorizando um lugar no âmbito público para as mulheres, estas a partir daí perceberam que poderiam galgar outros lugares sociais e públicos, "a ideia de transferir o modelo pedagógico a outras atividades deveria ser julgada de acordo com os mesmos padrões de aceitação e legitimidade", algo que de fato já faziam em jornais e revistas, mas que queriam realizar por meio de "serviços à sociedade como um todo" (ibidem, p.178-9). Nesse novo panorama, o movimento feminino latino-americano adota um duplo papel: o do consentido, aceitar-se como professoras de um projeto de nação, e de "ressignificação e refuncionalização" de sua atuação e discurso agora públicos, pois haviam aprendido o "ofício do intelectual" (ibidem, p.180).

Ainda de acordo com Beatriz Sarlo (2005, p.184), o processo de participação e resistência da mulher nesse novo panorama de intelectualização feminina pode ser classificado em três estilos que por vezes combinam traços e qualidades, a saber: "política como razão (chamado modelo pedagógico), política como paixão (relação das mulheres com a esfera pública) e política como ação (mediações de táticas)".

Especificamente com relação a este estudo, as mulheres, ao escreverem a história no século XIX "de classe média, educadas e instruídas, escolhiam com frequência, a dimensão estética do discurso e descobriram que sua escrita literária era tolerada por uma sociedade que geralmente adotava uma atitude paternalista" (ibidem, p.193) As convenções das *belles lettres* eram o refúgio para algumas, já outras preferiram o discurso negado: "cartas, jornais, diários e relatos de viagem" (como Clorinda Mattos de Turner), de fato esse era o lugar legitimado para os homens e silenciado para as mulheres, onde não podiam dizer. Instaura-se a luta das mulheres contra "esse código hierárquico". Escreveram por vezes no plural

196　NILDICÉIA APARECIDA ROCHA

ou com pseudônimos masculinos, mas escreveram mesmo que "fingindo" falar a partir de uma "posição própria e aceita" discursiva e socialmente, pois investiam nos "limites do apropriado".

A partir do início do século XX, as mulheres passam a produzir gêneros considerados aceitos pelas "mãos masculinas", como ensaios políticos e ideológicos. Aduz Sarlo (2005, p.193-4) que o discurso feminino articula "estratégias de demonstração, a lógica e a retórica da argumentação". Nesse "aprender as regras do jogo", as mulheres montam seu discurso público e passam a atuar ativamente no campo social:

> Alguns aspectos do jogo foram organizados como mais femininos que outros: mulheres poderiam ensinar e escrever sobre ensino e o ensino público como antes se havia permitido a elas escrever sobre ficção e poesia. [...] podiam escrever em benefício de outras mulheres: mostrar o caminho certo, mostrar aos peregrinos os verdadeiros obstáculos. [...] sobre saúde, educação infantil, alimentação e dispositivos modernos para a boa manutenção do lar – tópicos que hoje talvez sejam vistos com alguma ironia, mas por meio dos quais o jornalismo feminino construiu uma ponte entre o lar e o mundo exterior, criticando o atraso da tradição e apresentado a mulher moderna como o novo anjo do progresso na esfera privada e não semelhante a uma escrava de um mestre caprichoso. As mulheres ensinaram outras mulheres a respeito de problemas que uma crítica ortodoxa da mística feminina rotularia como escravizante. No entanto, esses tópicos promoveram a ocasião para os discursos, para o registro de pensamentos e desejos (não importa o quão codificados) de uma forma pública e legitimada. Além disso, as mulheres estavam sendo treinadas na difícil arte da intervenção pública e tentando encontrar estratégias discursivas para discutir sobre assuntos diversos e independentes. (ibidem, p.193-4)

Uma das primeiras estratégias tem sido o gênero autobiográfico, segundo Sarlo (2005, p.195), e, mais contemporaneamente, as escritoras no intuito de narrar seus desejos, suas reivindicações

A CONSTITUIÇÃO DA SUBJETIVIDADE FEMININA EM ALFONSINA STORNI   197

e interpretações pessoais têm produzidos, em diferentes formas, "narrativas que possuem significado social desenvolvido a pretexto de primeira pessoa". Além disso, a literatura e o jornalismo feminino "têm ouvido e registrado vozes de diferentes atores e reconstruído eventos históricos por meio da apresentação dessas vozes" (ibidem) que são uma multiplicidade de vozes na possibilidade constitutiva das posições-sujeitos femininos, ou seja, sua polifonia.

No campo dos estudos culturais e feministas, e no âmbito da teoria social e política, E. Laclau e C. Mouffe (apud Cháneton, 2007, p.71) propõem a noção de "articulação", ou seja, "correspondência não necessária", estabelecendo um laço entre várias posições de relação contingente, não predeterminada, permitindo uma maior compreensão da relação histórica e política entre os sujeitos e as formações discursivas que os produzem. Eles retomam Foucault e Butler, no sentido de que "pensar formas específicas de identificação não implica a coexistência dessas posições senão a constante subversão e *sobredeterminação* de uma sobre as outras, o que faz com que seja possível a produção de 'efeitos totalizantes' dentro de um campo caracterizado por fronteiras abertas e indeterminadas" (apud Cháneton, 2007, p.71).

Nesse sentido, resgatamos a produção teórico-metodológica de Michel de Foucault, focalizando em especial a problemática do sujeito, a subjetividade. Na denominada primeira etapa do projeto de Michel Foucault, sua preocupação é analisar as mudanças nos "dispositivos históricos" de saber no Ocidente (*As palavras e as coisas*, 1966). Em seguida, ele desenvolve a inovadora teoria sobre o poder para compreender a genealogia das sociedades disciplinadas (*Vigiar e punir*, 1975). *A posteriori*, a partir do questionamento do sujeito, irá se debruçar sobre esses termos, mas sem substituí-los pela subjetividade.

A primeira fase de Foucault, momento das relações entre *saber*, que pressupõe os discursos como práticas discursivas, e *verdade*, já aborda a questão do lugar do sujeito. Em *A arqueologia do saber*, Foucault desvincula a significação do acontecimento da consciência dos indivíduos; portanto, Foucault posiciona-se no nível do enunciado. Vai

198 NILDICÉIA APARECIDA ROCHA

pensar o discurso como conjunto de enunciados e enunciados, como *performances* verbais em função enunciativa. Nesse sentido, o discurso pressupõe a ideia de "práticas discursivas", ou seja, "um conjunto de regras anônimas, históricas, sempre determinadas no tempo e no espaço, que definiram, em uma dada época e para uma determinada área social, econômica, geográfica ou linguística as condições de exercício da função enunciativa" (apud Gregolin, 2004, p.95)

Entendendo o enunciado como acontecimento discursivo, e não como reflexo de uma infraestrutura, ou como reflexo de uma época ou da inspiração de um autor, mas, sim, de um tipo de materialidade *multiarticulada* (Cháneton, 2007, p.73), que possibilita a instauração de um sujeito somente na medida em que este ocupa uma posição construída por ele mesmo, em um cenário e com objetos também produzidos discursivamente. Portanto, a noção de posicionamento do sujeito retoma as sugestões teóricas de Foucault em torno da descontinuidade do sujeito consigo mesmo e sua correlata dispersão, retomando a psicanálise lacaniana.

Segundo Gregolin (2004, p.55), Foucault, no texto "O sujeito e o poder", revela seu projeto de investigação: "procurei acima de tudo produzir uma história dos diferentes modos de subjetivação do ser humano na nossa cultura" (Ocidental). No conjunto da obra desse filósofo, são percorridos três modos de produção "histórica das subjetividades", a saber:

1) Estuda modos para aceder ao estatuto da ciência, os quais, consequentemente, produzem a objetivação do sujeito, como efeito (*As palavras e as coisas*), e investiga os saberes sobre a cultura ocidental, momento arqueológico sobre a história desses saberes (*A arqueologia dos saberes*).

2) Investiga a objetivação do sujeito como "práticas divergentes", sujeito este dividido em seu interior e dos outros segundo técnicas disciplinares. Momento da análise das articulações entre os saberes e os poderes, na genealogia do poder (*Vigiar e punir*), o poder pulveriza-se socialmente em micropoderes, a *microfísica do poder*.

A CONSTITUIÇÃO DA SUBJETIVIDADE FEMININA EM ALFONSINA STORNI

3) Parte da análise da subjetivação[1] de *técnicas de si*, da governabilidade (governo de si e dos outros), em direção à sexualidade, à constituição histórica da *ética e estética de si* (*História da sexualidade*,[2] volume 1 – 1976, volumes 2 e 3, 1984).

Nesse terceiro momento, portanto, as últimas produções de Foucault ressignificam a questão do sujeito a partir do que ele chama "práticas de si", ou seja, ele procura abordar a constituição do sujeito[3] a partir de uma perspectiva histórica das relações entre saber, poder e verdade, como um produto histórico (Cháneton, 2007, p.73).

O volume 2, "O uso dos prazeres", e o 3, "O cuidado de si", da *História da sexualidade*, investigam textos que vão da Antiguidade

---

1 Segundo Revel (2005, p.82): "O termo 'subjetivação' designa, para Foucault, um processo pelo qual se obtém a constituição de um sujeito, ou, mais exatamente, de uma subjetividade. Os 'modos de subjetivação' ou 'processo de subjetivação' do ser humano correspondem, na realidade, a dois tipos de análise: de um lado, os modos de objetivação que transformam os seres humanos em sujeito – o que significa que há somente sujeitos objetivados e que os modos de subjetivação são, nesse sentido, práticas de objetivação; de outro lado, a maneira pela qual a relação consigo, por meio de um certo número de técnicas, permite constituir-se como sujeito de sua própria existência".

2 De acordo com Revel (2005, p.80): "O tema da sexualidade aparece em Foucault não como um discurso sobre a organização fisiológica do corpo, nem como um estudo do comportamento sexual, mas como o prolongamento de uma analítica de poder [...]. 'A sexualidade, muito mais do que um elemento do indivíduo que seria excluído dele, é constitutiva dessa ligação que obriga as pessoas a se associar com uma identidade na forma da subjetividade' (*Sexualité et Pouvoir*)".

3 "O pensamento de Foucault apresenta-se, desde o início, como uma crítica radical do sujeito tal como ele é entendido pela filosofia 'De Descartes a Sartre', isto é, como consciência solipsista e a-histórica, autoconstituída e absolutamente livre. O desafio é, portanto, ao contrário das filosofias do sujeito, chegar a 'uma análise que possa dar conta da constituição do sujeito na trama histórica. É isto que eu chamaria de genealogia, isto é, uma forma de história que considera a constituição dos saberes, dos discursos, dos domínios de objetos etc., sem ter de se referir a um sujeito, quer ele seja transcendente em relação ao campo de acontecimentos, quer ele perseguindo sua identidade vazia ao longo da história' (Entrevista com Michel de Foucault – Verdade e Poder)" (Revel, 2005, p.84).

200 NILDICÉIA APARECIDA ROCHA

clássica até os primeiros séculos do cristianismo, sobre a ética e a existência. Nos mesmos anos da publicação desses volumes, Foucault, em palestras e seminários, também se refere à constituição do "si mesmo" como objeto de práticas e cuidados. Postula, portanto, uma história da subjetividade que é parte tanto da história do pensamento, como da relação com uma verdade que também é histórica. Nesse contexto, a subjetividade[4] é entendida "como o modo em que o sujeito faz a experiência de si mesmo em um jogo de verdade que está em relação consigo mesmo" (ibidem, p.74).[5]

De acordo com Judith Revel (2005, p.85), como a subjetividade é construída historicamente por meio de práticas discursivas, ela implica, portanto, "um certo número de saberes sobre o sujeito" (arqueológico), "práticas de dominação e das estratégias de governo às quais se pode submeter os indivíduos" (genealógico) e a "análise das técnicas" de si mesmos, que se produzem e se transformam. Nas palavras de Foucault (apud Revel, 2005, p.85):

4 Nas palavras de Revel (2005, p.84-5): "A afirmação de que o sujeito tem uma gênese, uma formação, uma história, e que ele não é originário foi, sem dúvida, muito influenciada em Foucault pela leitura de Nietzsche, de Blanchot e de Klossowski, e talvez também por aquela de Lacan; ela não é indiferente à assimilação frequente do filósofo à corrente estruturalista dos anos 1960, visto que a crítica das filosofias do sujeito encontra-se também em Dumézil, em Levis-Strauss e em Althusser. O problema da subjetividade, isto é, 'a maneira pela qual o sujeito faz a experiência de si mesmo num jogo de verdade, no qual ele se relaciona consigo mesmo', torna-se então no centro das análises do filósofo: se o sujeito se constitui, não é sobre o fundo de uma identidade psicológica, mas por meio de práticas que podem ser de poder ou de conhecimento, ou ainda por técnicas de si".

5 "o modo em que o sujeito faz a experiencia de si mesmo em um jogo de verdade que está em relação consigo mesmo" Cháneton (2007, p.74, tradução nossa) nos esclarece que essa referência está em uma nota no *Lê dictionnaire dês philosophes* (1984), dedicada a Foucault, mas assinada por Maurice Florence, que seria um pseudônimo do autor. Ainda ressalta que em francês Foucault emprega *"soi"*, o qual será traduzido como "eu" (ou *"yo"* em espanhol), mas deve ser entendido como "um interlocutor do sujeito e não o sujeito mesmo", segundo Miguel Morey (1996).

A CONSTITUIÇÃO DA SUBJETIVIDADE FEMININA EM ALFONSINA STORNI   201

[...] no curso de sua história, os homens jamais cessaram de se construir, isto é, de deslocar continuamente sua subjetividade, de se constituir numa série infinita e múltipla de subjetividades diferentes, que jamais terão fim e que não nos colocam jamais diante de alguma coisa que seria o homem.

Essa subjetividade em constante movimento é, para Foucault, tanto o produto das determinações históricas como do trabalho de si mesmo, o qual, por sua vez, também é histórico. Desse modo, é na imbricação dessas articulações que o lugar de resistência subjetiva se instaura, ou seja, a "invenção do si não está no exterior da grade saber/poder, mas na sua torção íntima" (Revel, 2005, p.85).

Para Foucault, o sujeito pode constituir-se no conjunto dos processos de objetivação e os processos de subjetivação do indivíduo, assim como nos mecanismos e nas estratégias que compõem esses processos. Foucault parte do pressuposto de que não haveria uma teoria do sujeito para os gregos, pois eles nem mesmo se propuseram a pensar sobre uma definição do sujeito; em lugar disso, eles pensavam sobre as condições da experiência do indivíduo, na medida em que se constitui como "mestre de si".

Ainda sobre a noção de sujeito em Foucault, Gilles Deleuze (2005) explica que, para o filósofo, a noção de sujeito refere-se a um processo de "Si", como uma "dobra", e não à pessoa ou à identidade: "A fórmula mais geral da relação consigo é: o afeto de si para consigo, ou a força dobrada, vergada. A subjetivação se faz por dobra. Mas há *quatro dobras*, quatro pregas de subjetivação – tal como os quatro rios do inferno" (ibidem, p.111). Sendo assim,

- a primeira dobra corresponderia à "parte material de nós mesmos que vai ser cercada presa na dobra", para os gregos era o corpo e seus prazeres, para os cristãos é a carne e seus desejos;
- a segunda dobra "é a da relação de forças, no seu sentido mais exato, pois é sempre segundo uma regra singular que a relação de forças é vergada para tornar-se relação consigo";

202 NILDICÉIA APARECIDA ROCHA

- a terceira dobra "é o saber, ou a dobra da verdade, por constituir uma ligação do que é verdadeiro com o nosso ser, e de nosso ser com a verdade, que servirá de condição formal para todo saber, para todo conhecimento";
- a quarta dobra "é a do próprio lado de fora, a última: é ela que constitui o que Blanchot chamava uma 'interioridade de espera', é dela que o sujeito espera, de diversos modos, a imortalidade, ou a eternidade, a salvação, a liberdade, a morte, o desprendimento [...]" (ibidem, p.111-2).

Deleuze (2005, p.112) esclarece que as quatro dobras "são como a causa final, a causa formal, a causa eficiente, a causa material da subjetividade ou da interioridade como relação consigo". As dobras são variáreis, constituindo modos irredutíveis de subjetivação e em ritmos diferentes, geralmente "operam 'por sob os códigos e regras' do saber e do poder, arriscando-se a juntar-se a eles se desdobrando, mas não sem que outras dobraduras se façam".

Ao responder sobre os nossos modos, atuais, de relação consigo, Deleuze (2005, p.113) faz a seguinte consideração:

A luta por uma subjetividade moderna passa por uma resistência às duas formas atuais de sujeição, uma que consiste em nos individualizar de acordo com as exigências do poder, outra que consiste em ligar cada indivíduo a uma identidade sabida e conhecida, bem determinada de uma vez por todas. A luta da subjetividade se apresenta então como direito à diferença e direito à variação, à metamorfose.

Para Deleuze (2005, p.125), as relações de forças em Foucault concernem aos "elementos, às letras do alfabeto em seu sorteio ou acaso, ou mesmo em suas atrações, em suas frequências de agrupamento de cada língua". Portanto, há o lado de fora, "a linha que não para de reencadear as extrações, feitas ao acaso, em mistos de aleatórios e de dependência". Tais relações de força "vêm sempre de fora", continua Deleuze (2005, p.129-30), de um fora longínquo: "Por

A CONSTITUIÇÃO DA SUBJETIVIDADE FEMININA EM ALFONSINA STORNI   203

isso não há apenas singularidades presas em relações de forças, mas singularidades de resistência, capazes de modificar essas relações, de invertê-las, de mudar o diagrama instável".

Desse modo, a subjetivação dever ser pensada como relação consigo, que se metamorfoseia continuamente, "mudando de modo", como uma "lembrança bem longínqua. Recuperada pelas relações de poder, pelas relações de saber, a relação consigo não para de renascer, em outros lugares e em outras formas" (ibidem, p.111).

Ao longo dos estudos de Foucault, entendemos que tanto os processos de objetivação, como os processos de subjetivação compõem a constituição do indivíduo, seja como objeto dócil e útil, no primeiro caso, ou como sujeito, no segundo. Desse modo, o termo sujeito, a partir de processos de subjetivação, designaria o indivíduo que se reconhece com uma identidade dita sua. Por sua vez, a identidade do indivíduo moderno, justaposto aos processos de subjetivação e de objetivação, encontra-se como um objeto "dócil-e-útil e sujeito" (Fonseca, 1995, p.26). Desse modo, sempre que pensarmos, juntamente com Foucault, em processos de objetivação e subjetivação, haverá uma relação com o indivíduo; já o termo sujeito estará vinculado à constituição do indivíduo ante mecanismos de subjetivação presentes na atualidade.

Michel Foucault: o poder e a subjetividade

Nas obras de Foucault, há a elaboração de uma abordagem das estratégias de poder, o que sugere uma significação e um valor geral, mas não uma teoria do poder. A ideia de poder, para Foucault, tem existência como um *onthos*, definido como ausência e presença, portanto o poder existe como feixes de relações de poder, relações de forças. Assim sendo, a proposta foucaultiana de pensar uma nova economia das relações de poder constitui-se em relacionar formas de resistência aos diferentes tipos de poder; portanto, trata-se de pensar as "relações de poder a partir do confronto das estratégias de poder/resistência" (Foucault apud Fonseca, 1995, p.28). Nesse

204 NILDICÉIA APARECIDA ROCHA

paradigma, refletir sobre a oposição de forças entre poder e resistência, por exemplo, dos homens sobre as mulheres é o foco deste livro, bem como nos textos aqui estudados, das autoras da teoria crítica feminista, reconhecidas como pós-foucaultianas.

As relações entre poder e produção de saber, como dependência mútua, também perpassam toda a análise de Foucault. A produção de saber implica um jogo de relações de poder, por não ser neutra, e as relações de poder, por sua vez, constituem-se na relação com a produção de saberes. Entretanto, as forças e as estratégias das relações de poder não se restringem às formas estáveis de se ver e de se enunciar, por seu caráter local, difuso e instável; por seu lado, o saber se relaciona com as formas estáveis do ser visto e enunciado, podendo ser "estratificado, arquivado e segmentarizado" (Fonseca, 1995, p.35-6).

Foucault trata o poder como "relações de poder", segundo condições específicas, determinadas e complexas, em um dado momento histórico, fazendo com que estas impliquem "efeitos múltiplos",[6] dentro de uma análise filosófica que se desloca do campo tradicional do poder. Assim, há dois deslocamentos em Foucault: o poder não implica o exercício de uns sobre os outros e, ao mesmo tempo, uma "genealogia do poder é indissociável de uma história da subjetividade" (apud Revel, 2005, p.67). Cabe resgatar "como" o poder retorna, ou seja, analisar seu modo de aplicação, seus instrumentos, os campos em que atua a rede que entretece e, consequentemente, os efeitos que constrói em um dado momento da história.[7]

---

6 Lembremo-nos aqui do conceito de "identidades múltiples", sugerido por Lauretis (1994) e retomado aqui.

7 De acordo com Revel (2005, p.68), "A análise do poder exige que se fixe um certo número de pontos: 1) o sistema das diferenciações que permite agir sobre a ação dos outros, e que é, ao mesmo tempo, a condição de emergência e efeito de relações de poder [...]; 2) o objetivo dessa ação sobre a ação dos outros [...]; 3) as modalidades instrumentais do poder [...]; 4) as formas de institucionalização do poder [...]; 5) o grau de racionalização, em função de alguns indicadores [...]. A análise foucaultiana destrói, portanto, a ideia de um paradoxo/contradição entre o poder e a liberdade: é precisamente tornando-o indissociáveis que Foucault pode reconhecer no poder um papel não somente repressivo,

A CONSTITUIÇÃO DA SUBJETIVIDADE FEMININA EM ALFONSINA STORNI   205

Foucault (1995), no texto "O sujeito e o poder", distingue as relações de poder em relações assim definidas, e relações de "dominação", as quais são fixas e assimétricas, dificultando um ponto de reversibilidade desse poder. Ele se refere ao termo "governamentalidade", indicando o conjunto organizado "pelas instituições, procedimentos, análises e reflexões, cálculos e táticas" da existência de determinado tipo de poder; a tendência à "preeminência desse tipo de poder que se pode chamar de 'governo' sobre todos os outros"; e, o "resultado do processo", desde a Idade Média, de 'governamentalizar' a população. Essa biopolítica – maneira como o poder vai se transformando a fim de governar a população com certos procedimentos disciplinares, por meio de biopoderes locais (gestão da saúde, da higiene, da alimentação, da sexualidade, da natalidade etc.), segundo preocupações políticas (apud Revel, 2005, p.26) –, implica um controle das estratégias que a população e os indivíduos "podem ter em relação a eles mesmos e uns em relação aos outros" (ibidem, p.55). Por isso, Foucault estende a "análise da governamentalidade dos outros para uma análise do governo de si" (ibidem, p.55).

Em sua analítica do poder, Foucault evidencia a articulação entre as relações de poder e as estratégias de afrontamento; "se existem relações de poder – afirma Foucault – em todo o campo social, é porque existem possibilidades de liberdade em todas as partes" (Cháneton, 2007, p.75). Toda relação de poder implica uma estratégia de luta em potencial, sem haver sobreposição, perda de especificidades ou confusão. Como uma constante reversão possível, as relações de poder e as estratégias de resistência/luta são reciprocamente complementares, com encadeamento indefinido e trocas constantes.

Segundo Cháneton (2007, p.76), a proposta de Foucault é emancipatória justamente por centralizar as relações de poder nas práticas de si e na crítica das tecnologias de governamentalidade,

---

mas produtivo (efeitos de verdade, de subjetividade, de lutas), e que ele pode, inversamente, enraizar os fenômenos de resistência no próprio interior do poder que eles buscam contestar, e não num improvável 'exterior'".

que constituem as formas de subjetivação dos sujeitos, "as quais estão relacionadas a um conjunto relativamente finito (no nosso universo de análise, as significações identitárias dominantes de gênero/classe/geração), que são as que respondem a uma lógica hegemônica por tenderem a reforçar a estabilidade e reprodução da ordem cultural instituída".

O estudo da proposta foucaultiana sobre o poder possibilita focalizar as diferenças sociais de gênero como "multiformes e integradas" com outros pontos de poder, os quais não podem ser reduzidos à estrutura binária dominante/dominado, na relação homem/mulher. Portanto, não existe uma estrutura de "opressão de gênero" universal e monocausal, pois os diferentes contextos discursivos geram campos atravessados por relações de forças muito diversas e variadas, e uma dinâmica de posições de sujeito que também é regulada e aberta a contingências.

Desse modo, aqui seguimos a proposta de Foucault sobre a noção de subjetivação, na constituição de um sujeito com subjetividade, ou seja, a maneira como o sujeito constitui uma identidade, por meio de práticas de poder, de conhecimento ou de técnicas de si. Portanto, dentro da hegemonia patriarcal,[8] tradicionalmente constituída por práticas discursivas de uma ideologia realizada por "homens", a identidade feminina, de mulheres, está marcada tanto pela sujeição como pela afirmação de si mesma em resistência/luta com respeito a essa dominância hegemônica.

Pensando nas diferenças de gênero e no posicionamento do sujeito dentro do marco de referência nas primeiras décadas do século XX, no qual há a afirmação do papel da mulher como um sujeito social, público, intelectual e artista, mas também assumindo sua categoria de mãe e mulher em uma sociedade patriarcalmente estruturada, articulamos, a seguir, as contribuições teóricas da crítica feminista, da crítica literária feminista e, especialmente, da crítica pós-feminista, denominada pós-foucaultiana por July Cháneton

---

8 De acordo com Cháneton (2007, p.30), entendemos "patriarcado" como uma forma estrutural de "supremacia masculina".

A CONSTITUIÇÃO DA SUBJETIVIDADE FEMININA EM ALFONSINA STORNI 207

(2007), no sentido de que essas teóricas incorporam crítica e produtivamente as ideias de Foucault sobre gênero, subjetividade e poder.

Entre cada ponto do corpo social, entre um homem e uma mulher, na família, [...] entre o que sabe e o que não sabe, passam relações de poder que não são a projeção simples e pura do grande poder do soberano sobre os indivíduos; ou seja, são o solo movediço e concreto sobre o qual esse poder se incardina, as condições de possibilidade de seu funcionamento. [...] Para que o Estado funcione como funciona, é necessário que tenha, do homem à mulher ou do adulto à criança, relações de dominação bem específicas que têm sua configuração própria e sua relativa autonomia. (Foucault, 1979 apud Cháneton, 2007, p.77)

A teoria crítica feminista e a subjetividade feminina/feminista

Historicamente, o desenvolvimento do feminismo moderno acontece, a princípio, por meio da reflexão sobre a igualdade entre os sexos, junto ao pensamento cartesiano, em fins do século XVII e nos postulados da ilustração no século XVIII. Também, por meio dos movimentos sociais de mulheres, na conjuntura da Revolução Francesa, os quais instauram um pensamento feminista autônomo, graças a mulheres como Olympe de Gouges, autora de *Declaração dos direitos da mulher e da cidadã* (1791), e de Mary Wollstonecraft, questionando a pretensa universalidade do sujeito masculino, como representante de toda a humanidade (Salomone, 2006, p.112). Em sua *Declaração...*, apresentada à Assembleia Nacional, Gouges defende que as mulheres devem ter todos os direitos e responsabilidades que os homens têm, incluindo direito à propriedade e à liberdade de expressão, e até mesmo os deveres públicos concernentes a um cidadão.

A partir do século XIX, com a entrada do feminismo no âmbito da política pública, podem-se visualizar três etapas ou ondas do movimento:

- *Primeira onda*: lutas pelo direito a votar, iniciadas pelas sufragistas no século XIX e início do XX.
- *Segunda onda*: ressurgimento do movimento social das mulheres. Após a conquista do direito ao voto e no segundo pós-guerra, no século XX, o sujeito mulher de classe média luta por sua condição de existência.
- *Pós-feminismo*: momento em que o discurso feminista volta o olhar crítico sobre si mesmo e reavalia seus conceitos, em um processo aberto a outros movimentos políticos e filosóficos.

Em decorrência da primeira onda feminista, muitas mulheres tornam-se escritoras, inclusive profissionalmente, às vezes assumindo pseudônimos masculinos, como George Eliot, pseudônimo de Mary Ann Evans, autora de *The Mill on the Floss*, e George Sand, pseudônimo da escritora francesa Amandine Aurore Lucile Dupin, que escreveu *Valentine*. Essa produção feminina deu origem a uma tradição de autoria literária de mulheres e possibilitou um primeiro questionamento dos valores representados nos textos de tradição masculina, por meio da construção de personagens femininas cada vez mais conscientes das relações de poder e de objetivação, nas quais estavam instituídas (Zolin, 2005, p.185).

O Quadro 1 apresenta as principais facções do movimento feminista a partir do século XX, segundo Zolin (2005, p.189).

A crítica feminista, politicamente, inicia-se com a publicação da tese de doutorado de Kate Milliet, *Sexual politics*, de 1970, a qual traz à tona discussões até então desconsideradas. Milliet apresenta a opressão da mulher como resultante de um sistema de patriarcado – a lei do pai, na qual o ser feminino é considerado subordinado ou inferior ao masculino, em função de determinações que seriam próprias da natureza feminina (apud Zolin, 2005, p.189). A contribuição de Milliet está na definição de "sexo" como "uma categoria social impregnada de política" (apud Cháneton, 2007, p.22).

Contemporaneamente, a crítica feminista tende a investigar a literatura realizada por mulheres, com o intuito de "desnudar os fundamentos culturais das construções de gênero" (não mais

A CONSTITUIÇÃO DA SUBJETIVIDADE FEMININA EM ALFONSINA STORNI 209

Quadro 1 – Facções do movimento feminista a partir do século XX

Feminismo radical (dois sentidos)	1) Tendência do feminismo que, inspirada em Beauvoir, toma a divisão sexual, e não a de classe, como central na análise do social. A luta pela libertação da mulher dirige-se ao combate de seu papel como reprodutora (gestação, criação e educação dos filhos). 2) Tendência do feminismo que, aliada à desconstrução de Derrida, visa destruir a supremacia masculina, através da desconstrução das oposições binárias que mantêm a dominação das mulheres pelos homens. Isso porque se entende que as referidas oposições nada mais são do que linguagem, e a linguagem exorbita a realidade. Ao desconstruir a oposição binária homem X mulher, essa facção do feminismo coloca no seu lugar o andrógino, o ser humano acima das diferenças de sexo.
Feminismo liberal	Tendência do feminismo que atribui a causa da opressão feminina à ausência de igualdade de direitos entre os sexos; em vista disso, defende uma sociedade em que homens e mulheres tenham oportunidades iguais garantidas pela legislação.
Feminismo socialista	Tendência do feminismo que parte da premissa de que todos os antagonismos sociais passam pela questão da hierarquia de classes, onde se localizam todas as relações de poder. Nesse sentido, essa facção defende a tese de que a liberação feminina está atrelada a uma sociedade socialista, em que os princípios igualitários se estendem à sociedade como um todo.

essencialistas ou ontológicas) e para "promover a derrocada das bases de dominação de um gênero sobre outro" (Zolin, 2005, p.191).

O Quadro 2, elaborado por Zolin (2005, p.192), apresenta os quatro enfoques que, por vezes, se sobrepõem.

Esses enfoques, por sua vez, pertencem a duas grandes vertentes da crítica feminista: a crítica feminista anglo-americana e a crítica feminista francesa, que, apesar de compartilharem o mesmo interesse na investigação e na contestação do sistema social patriarcalista, internamente divergem no sentido conceitual "de termos de oposições binárias, como: mulher/gênero, igualdade/diferença, privilégio/opressão, centralidade/marginalidade e essencialismo/antiessencialismo" (ibidem).

Quadro 2 – Enfoques da crítica feminista

Enfoque biológico	1) De um lado, a tradição patriarcal defende a ideia de que o corpo da mulher é seu destino, ou seja, os papéis sociais a ela atribuídos são tomados como sendo da ordem do natural; 2) De outro, as feministas celebram os atributos biológicos da mulher como atributos de superioridade: o corpo como textualidade e fonte de imaginação.
Enfoque linguístico ou textual	1) Tenta responder se as diferenças de gênero implicam o uso da linguagem de forma diferente por cada um dos sexos; 2) Contesta o controle masculino da linguagem; 3) Propõe a adoção de uma linguagem feminina revolucionária.
Enfoque psicanalítico	1) Incorpora os modelos anteriores; 2) Debruça-se sobre as especificidades da escrita feminina (*écriture féminine*) à luz da teoria da fase pré-edipiana de Lacan.
Enfoque político-cultural	1) Tendência marxista como categoria de análise (relação entre gênero e classe social); 2) Estabelece analogias entre a noção de experiência e a produção literária da mulher; 3) Analisa a literatura de autoria feminina tendo em vista o contexto histórico-cultural no qual essa produção se insere.

A crítica feminista, como campo disciplinar, segundo Cháneton (2007), surge com *Women's Studies* e *Feminist Studies*, em fins dos anos 1960, postulando estudos sobre a condição da mulher e a crítica dos pressupostos sexistas nas ciências humanas, associados ao ativismo e aos movimentos sociais de liberação nos Estados Unidos. Com o lema "o pessoal é político",[9] a crítica feminista se instaura nesse momento e possibilita uma reformulação do conceito de poder, estendido para além do Estado e de suas instituições e da denúncia dos dispositivos sociais sexuados. O novo está em considerar a experiência pessoal e privada dentro de um marco de referência

---

9 A proposição foi cunhada por Carol Hanisch em um artigo com esse título publicado, em 1971, na revista nova-iorquina *The Radical Therapist* (cf. Cháneton, 2007, p.27).

A CONSTITUIÇÃO DA SUBJETIVIDADE FEMININA EM ALFONSINA STORNI   211

social e cultural, na dimensão política das relações entre os sexos (masculino/feminino):

> O processo de conformação de um corpo teórico feminista inicia-se com o testemunho recolhido sobre as desigualdades, com a reescritura da história, a crítica e a revisão do cânon literário, e o exame do discurso dominante da ciência. A partir desses materiais, as antropólogas, sociólogas, críticas literárias, filósofas e psicanalistas – nos Estados Unidos, mas também na França, Grã-Bretanha e Itália – começaram a desenvolver contextos explicativos em torno dos emergentes da discriminação: uma grande produção de pesquisadores foi publicada em livros e revistas especializadas – é impossível relacionar todos trabalhos aqui – dirigidos a precisar as causas da "opressão" sob o ponto de vista da estrutura. (Cháneton, 2007, p.28-9)

É interessante registrar que a noção de "gênero" é utilizada pela primeira vez por Robert Stoller, psicopatologista norte-americano, em 1964, ao usar a expressão "identidade genérica" no estudo do transexualismo, dentro da oposição de "sexo" como vinculado à biologia, e "gênero", à sociologia e à psicologia.

Nos anos 1970, com a articulação entre marxismo, estruturalismo e psicanálise, haverá uma reformulação da crítica feminista. A antropóloga norte-americana Gayle Rubin, em 1975, por exemplo, irá retomar tais pressupostos teóricos para construir uma conceitualização cultural e materialista, na produção social das relações entre sexo/gênero. Mas, somente a partir dos anos 1980, a questão sobre a opressão sexual passa a ser repensada. Com os estudos de Foucault sobre a sexualidade, toma-se consciência de que todo saber sobre "sexo", "corpo" e "natureza" é produzido social e historicamente, em discursos que se inscrevem em redes de poder (ibidem, p.31).

Na vertente da crítica feminista anglo-americana, a crítica literária feminista Elaine Showalter (1985 apud Zolin, 2005, p. 192), ao sistematizar os estudos sobre a mulher e a literatura, apresenta dois estágios dessa crítica:

- *Crítica feminista*: dedicada às mulheres como leitoras, "analisa os estereótipos femininos, do sexismo subjacente à crítica literária tradicional e da pouca representatividade da mulher na história literária".
- *Ginocrítica*: dedica-se às mulheres como escritoras, constituindo-se em um "discurso crítico especializado na mulher, alicerçado em modelos teóricos desenvolvidos a partir de sua experiência, conhecida por meio do estudo de obras de sua autoria".

O estágio ginocrítica (Showalter, 1994 apud Zolin 2005) dedica-se também a revisar os conceitos básicos empregados nos estudos literários, aqueles que se referem aos empregados a partir de sua tradição na escrita e crítica realizada por homens, masculina.

De acordo com Zolin (2005, p.193), o contato da vertente norte-americana com a inglesa e a francesa possibilita o desenvolvimento de um interesse maior em relação às teorias, assim como o desenvolvimento de uma especificidade própria a cada corrente da crítica feminista:

> A crítica inglesa, ao estabelecer a relação entre gênero e classe social como categoria de análise, enfatiza formas de cultura popular e dá origem à versão feminista da teoria literária marxista. A escola francesa com seu interesse pelo feminino, pelo modo como é definido, representado ou reprimido nos sistemas simbólicos da linguagem, da psicanálise e da arte, relaciona a escritura com os ritmos do corpo feminino.

No campo da linguística, da semiótica e da psicanálise, Hélène Cixous e Julia Kristeva são os dois principais nomes da crítica feminista francesa; elas compartilham a preocupação em identificar uma linguagem feminina. Para tal, Cixous e Kristeva repensam o conceito de "gênero" masculino e feminino, na tradição da crítica feminista, considerando que "as diferenças sexuais são constituídas psicologicamente, dentro de um dado contexto social" (ibidem, p.194).

A CONSTITUIÇÃO DA SUBJETIVIDADE FEMININA EM ALFONSINA STORNI   213

Vale salientar que essa vertente, sob a perspectiva pós-estruturalista de Derrida e Lacan, baseia-se nos estudos dos conceitos de "diferença" (*différance* – conceito-clave na crítica da desconstrução da lógica binária, de Derrida) e de "imaginário" – vinculado à teoria de Lacan, da fase pré-edipiana (ibidem, p.195).

Retomamos outro quadro representativo de Zolin (2005, p.197) sobre as ideias fundamentais das críticas feministas francesas, neste breve resgate histórico da crítica feminista.

Quadro 3 – Ideias fundamentais das críticas francesas

Hélène Cixous (1988)	1) Argumento pós-estruturalista: *différance* (Derrida), *imaginário* (Lacan); 2) O pensamento funciona por meio de oposições duais e hierárquicas, de modo que a oposição homem/mulher (superior/inferior) está presente em todos os tipos de oposições (solidariedade do logocentrismo ao falocentrismo); 3) Essa oposição repressora pode ser derruída a partir da escrita de mulher; 4) *Écriture feminine* = texto subversivo; 5) Homens também podem produzir essa *écriture feminine*.
Julia Kristeva (1974)	1) Argumento pós-estruturalista: *imaginário* (Lacan); 2) Cria o conceito de "sujeito em processo" a partir da definição de duas modalidades: o *Simbólico* e o *Semiótico*;[10] 3) Toma a linguagem como ponto central de seus estudos;

10 De acordo com Zolin (2005, p.196): "Tendo em vista os três registros essenciais que Lacan distingue, no campo da Psicanálise (o *Simbólico* que aproxima a estrutura do inconsciente à de linguagem e mostra como o sujeito humano se insere numa ordem preestabelecida; o *Imaginário*, caracterizado pela preponderância da relação com a imagem do semelhante, e o *Real*), Kristeva explica as raízes do termo acima referido por meio de dois conceitos: o *Semiótico* e o *Simbólico*. Por entender que o Simbólico esta comprometido com o polo masculino da cultura, ela redefine os conceitos de Imaginário e Simbólico, deslocando a força que Lacan imprime à ordem deste último para a ordem do Imaginário. Trata-se de localizar na fase pré-edípica, anterior à entrada do Simbólico, um momento em que a criança e a mãe falam num discurso próprio, que pode ser considerado a matriz da linguagem sequestrada da mulher. A este lugar do Imaginário, Kristeva chama de *Semiótico*, como modo de significação alternativa ao Simbólico".

4) A escritura da mulher é examinada a partir de uma perspectiva antiessencialista e anti-humanista;

5) O que foi reprimido e consignado ao *Semiótico* encontra possibilidades de manifestação em todos os tipos de linguagem que, por qualquer razão, não estão totalmente sob o controle do falante ou do escritor, cujas estruturas de linguagem acham-se restritas aos códigos linguísticos do poder patriarcal;

6) As escritoras são capazes de construir textos que oferecem resistência às regras da linguagem convencional, assim como a linguagem não totalmente regulada das crianças e da doença mental.

A denominada "escrita feminina", proposta por Cixous, reconhece uma escrita como "feminina" quando realizada por mulheres ou homens, no sentido de ser subversiva, marcadamente em oposição àquela masculina, que é considerada opressiva.

Julia Kristeva, também vinculada à crítica pós-feminista, problematiza as questões de sexualidade, identidade, escrita e linguagem feminina, assim como Cixous, mas desconsidera uma fala ou escrita que seja específica da mulher.

Em linhas gerais, a tendência anglo-americana procura definir uma "identidade feminina" e o "lugar da diferença", considerando os pressupostos patriarcalistas. A ressalva que se faz é que, justamente por reforçar a ideia de mulher como sendo o "outro", dentro da estrutura patriarcal, a vertente anglo-americana estaria, de certa maneira, legitimando e garantindo a supremacia masculina, do "mesmo".

Por sua vez, a tendência francesa, ao defender uma especificidade de uma linguagem essencialmente feminina, nas relações entre textualidade e sexualidade – no âmbito de uma "escrita do corpo" –, também apresenta problemas estruturais, uma vez que não explicita "as relações concretas" das práticas sociais que constituem tal linguagem (ibidem, p.198).

Em palavras de Zolin (2005, 199), tanto "linguagem feminina" como "identidade feminina", propostas, respectivamente, pela crítica feminista francesa e pela anglo-americana, "são entendidas como construções sociais, exigem o exame dos contextos sociais

A CONSTITUIÇÃO DA SUBJETIVIDADE FEMININA EM ALFONSINA STORNI   215

e históricos nos quais se estruturam", estando, portanto, em uma perspectiva historicizante e dando margem a posicionamentos múltiplos.

Com a revisão interna dos pressupostos teóricos e analíticos da teoria crítica feminista, como dito antes, vai se construindo uma "política da diferença", que se articula com os objetivos dos novos movimentos sociais, como os da "diversidade sexual", da "diferença étnica", da "desigualdade de classe", ativismo das organizações populares (Cháneton, 2007, p.35). O ponto de encontro é o compromisso com o discurso do saber, com o poder e com a história.

A produção do último feminismo e os estudos pós-feministas provêm da intersecção entre diálogo e apropriação crítica do pós-estruturalismo.

A corrente pós-estruturalista inclui autores em sua maioria inscritos na tradição francesa de pensamento, mesmo que provenham de contextos disciplinários diferentes e que não possam se reduzir a um "conjunto" senão de modo algo forçado, dada a idiossincrasia intelectual que apresentam suas procuras, estilos e itinerários. Entre outros possíveis, apenas mencionaremos filósofos e críticos (da arte, do cine, da literatura), como Jacques Derrida, Gilles Deleuze, Felix Guattari, o último Barthes, Julia Kristeva e de especial interesse no contexto deste estudo, Michel Foucault, quem se resistiu sempre em submeter-se ao que chamava "uma moral de aduaneiro" que o obrigaria a se etiquetar em relação com sua produção como escritor. (Cháneton, 2007, p.38)

Nesse novo panorama, a teórica feminista de maior destaque é filósofa pós-estruturalista estadunidense Judith Butler, que questiona a construção política de "mulheres" no discurso emancipatório feminista e desenvolve uma teoria de gênero como construção identitária aparente e ilusória, produzida pelo "poder" a partir de ficções regulatórias (ibidem, p.39). Joan Scott também propõe uma articulação entre feminismo e pós-estruturalismo, no sentido de resgatar o jogo de forças políticas em conceitos como o de "gênero".

Com relação à articulação da teoria feminista com a crítica pós-moderna, a discussão centra-se nas reflexões sobre a desconstrução da subjetividade feminina. Entretanto, feministas como Seyla Benhabib consideram negativa essa relação, pelo teor essencialista em formular uma "ética feminista e sobretudo, um conceito feminista de autonomia e personalidade consciente" (apud Cháneton, 2007, p.42-3, tradução nossa).

Nancy Fraser e Linda Nicholson (apud Cháneton, 2007) interrogam a postura teórica de Judith Butler, sobre a ressignificação no lugar de "crítica", provocando um possível apagamento da diferença entre positivo/negativo na mudança social. As teóricas Fraser e Nicholson propõem uma articulação das "posturas frankfurtianas e foucaultianas por meio do que denominam 'crítica social sem filosofia'" (ibidem, p.43).

Seguindo a proposta de Cháneton (2007), nosso enfoque sobre a teoria crítica centra-se na postura pós-feminista, ou seja, na vertente do feminismo contemporâneo, a partir da incorporação e reflexão crítica da proposta foucaultiana sobre as redes de poder entre os indivíduos e destes consigo mesmos – técnicas de si, as quais se instauram nas relações sócio-historicamente construídas e funcionam como discurso hegemônico e/ou contradiscurso de resistência.

Desse modo, recuperamos três estudiosas pós-feministas – Joan Scott, Teresa de Lauretis e Judith Butler –, com suas ideias sobre gênero, subjetividade e poder; articulamos as aproximações e os distanciamentos que estas estabelecem com a obra de Foucault e suas especificidades, por isso pós-foucaultiana (ibidem); e propomos nossa releitura da produção da poesia em prosa de Alfonsina Storni.

- *Joan Scott*: historiadora e teórica feminista, com especial contribuição para as reflexões sobre a questão de gênero:
  a) *Conceito de "gênero" como saberes sobre a diferença sexual*: Scott (apud Cháneton, 2007, p.78), ao estabelecer significados para as diferenças nos corpos sexuados, recupera o pensamento de Foucault, "segundo o qual a construção histórica do conhecimento e a verdade são um sucesso

A CONSTITUIÇÃO DA SUBJETIVIDADE FEMININA EM ALFONSINA STORNI **217**

sociopolítico". Portanto, *a noção de gênero, social e politicamente constitutivo* é um componente a mais entre outros estruturantes, ao qual subjaz uma organização de igualdade e desigualdade;[11] além disso, o gênero e as suas diferentes funções de legitimação são atribuídos com relação ao poder, uma vez que se instauram na sua construção.

b) As relações de poder (dominação/subordinação) variam segundo a cultura e a história, e também são construídas por discursos, instituições e referentes epistemológicos.

c) O sujeito, na teoria feminista, está presente na intersecção do pós-estruturalismo, em sua crítica às concepções do político liberal e marxista.

A "experiência" não é vista como as circunstâncias objetivas que condicionam a identidade; a identidade não é um sentido do "eu" objetivamente determinado e definido por necessidades e interesses; o político não é o acesso coletivo à consciência de sujeitos situados de modo similar. Ao contrário, o político é o processo por meio do qual os jogos de poder e saber constituem a identidade e a experiência. Nesse ponto de vista, as identidades e as experiências são fenômenos variados, organizados discursivamente em contextos ou configurações particulares (Scott apud Cháneton, 2007, p.78-9).

• *Teresa de Lauretis*: trabalha com o discurso cinematográfico, combinando a semiótica de Peirce; a teoria da ideologia como interpelação e constituição de sujeitos, segundo Louis Althusser; e as relações de saber/poder nas formações discursivas, de Michel Foucault.

a) Coincidindo com Joan Scott, Lauretis (apud Cháneton, 2007, p.80) também se refere a gênero como "saberes da diferença sexual", propondo as "tecnologias de gênero".

---

11 Cháneton (2007, p.79) esclarece, em nota de rodapé, que, para Joan Scot, a noção de gênero pressupõe categoria descritiva e analítica.

A tecnologia de gênero está diretamente vinculada à "experiência das mulheres", entendida como compreensão da própria condição pessoal da mulher social e política, "e a constante revisão, reavaliação e reconceitualização dessa condição em relação com a compreensão de outras mulheres de suas posições sociossexuais" (Cháneton, 2007, p.80, tradução nossa).

Para poder começar a especificar este outro tipo de sujeito e articular suas relações com um campo social heterogêneo, necessitamos de um conceito de gênero que não esteja tão preso a diferença sexual a ponto de virtualmente se confundir com ela, fazendo com que, por um lado, o gênero seja considerado uma derivação direta da diferença sexual como um efeito de linguagem, ou como puro imaginário. [...] Para isso, pode-se começar a pensar gênero a partir de uma visão teórica foucaultiana, que vê a sexualidade como uma "tecnologia sexual"; desta forma propor-se-ia que também o gênero, como representação e como autorrepresentação, é o produto de diferentes tecnologias sociais, como o cinema, por exemplo, e de discursos, epistemologias e práticas críticas institucionalizadas, bem como das práticas da vida cotidiana.

Poderíamos dizer que, assim como a sexualidade, o gênero não é uma propriedade de corpos nem algo existente *a priori* nos seres humanos, mas nas palavras de Foucault, "o conjunto de efeitos produzidos em corpos, comportamentos e relações sociais", por meio do desdobramento de uma "complexa tecnologia política". [...] ao pensar gênero como produto e processo de um certo número de tecnologias sociais ou aparatos biomédicos, já está indo além de Foucault, cuja compreensão crítica da tecnologia sexual não levou em consideração os apelos diferenciados de sujeitos masculinos e femininos, e cuja teoria, ao ignorar os investimentos conflitantes de homens e mulheres nos discursos e nas práticas da sexualidade, de fato, exclui, embora não inviabilize, a consideração sobre o gênero. (Lauretis, 1994, p.208-9)

A CONSTITUIÇÃO DA SUBJETIVIDADE FEMININA EM ALFONSINA STORNI   **219**

b) Propõe uma "consciência de gênero" que implica um posicionamento de perda da "inocência da biologia", noção derivada da antropologia política marxista, e sugere, desse modo, quatro proposições:

1) O gênero é uma representação: "representa um indivíduo por meio de uma classe" (Lauretis, 1994, p.211), "o sistema de sexo-gênero, enfim, é tanto uma construção sociocultural quanto um aparato semiótico, um sistema de representação que atribui significado (identidade, valor...) a indivíduos dentro da sociedade" (ibidem).

2) A representação do gênero é a sua própria construção: "a construção do gênero é o produto e o processo da representação quando da autorrepresentação" (ibidem, p.217); assim, a representação social do gênero afeta sua construção subjetiva, e a representação subjetiva do gênero afeta sua construção social; e define o "sujeito do feminismo", cuja definição está em andamento: "o sujeito do feminismo, como o sujeito de Althusser, é uma construção teórica (uma forma de conceitualizar, de entender, de explicar certos processos e não as mulheres)" (ibidem).

3) A construção do gênero está sendo construída ao longo da história das relações entre homens e mulheres, ou seja, a construção da tecnologia de gênero ocorre por meio das várias tecnologias do gênero (como cinema) e discursos institucionais (como teoria), "com poder de controlar o campo do significado social e assim produzir, promover e 'implantar' representações de gênero" (ibidem, p.228). À margem dos discursos hegemônicos, há uma construção diferente do gênero, inscrita em práticas micropolíticas; "tais termos podem também contribuir para a construção do gênero e seus efeitos ocorrem ao nível 'local' de resistência, na subjetividade e na autorrepresentação" (ibidem).

4) A construção do gênero implica a sua desconstrução, ou seja, o gênero "não é apenas o efeito da representação,

mas também o seu excesso, aquilo que permanece fora do discurso como um trauma em potencial que, se/quando não contido, pode romper ou desestabilizar qualquer representação" (ibidem, p.209).

c) No texto "A tecnologia do gênero", Lauretis (1994, p.208) formula a noção de sujeito constituído no gênero, mas não somente na diferença sexual, e sim um "sujeito engendrado" nas experiências das relações de sexo, de raça e de classe, por meio de códigos linguísticos e representações culturais, portanto *um sujeito múltiplo e contraditório*:

Por potencial epistemológico radical quero dizer a possibilidade, já emergente nos escritos feministas dos anos 1980, de conceber o sujeito social e as relações da subjetividade com a sociabilidade de uma outra forma: um sujeito constituído no gênero, sem dúvida, mas não apenas pela diferença sexual, e sim por meio de códigos linguísticos e representações culturais; um sujeito "engendrado" não só na experiência de relações de sexo, mas também nas de raça e classe: um sujeito, portanto, múltiplo em vez de único, e contraditório em vez de simplesmente dividido.

- *Judith Butler*: a filósofa feminista norte-americana centraliza seus estudos nas práticas de gênero deslegitimadas das minorias sexuais, denominadas *queer*.[12] Butler parte de posturas feministas "inocentes/ingênuas" da tradição ilustrada; adota uma linha de filósofos anti-ilustrados, como Hegel e Nietzsche; toma elementos de Freud por meio das leituras de Jacques Lacan; posiciona-se na escola inglesa de Austin e Searle e na francesa de Deleuze e Derrida, referentes a giro

---

12 "A teoria *queer* começou a ser desenvolvida a partir do final dos anos 1980 por uma série de pensadores e ativistas bastante diversificados, especialmente nos Estados Unidos" (Colling, 2009). Segundo Butler, passa-se a entender o termo e o movimento *queer* como uma prática de vida que se coloca contra as normas socialmente aceitas.

A CONSTITUIÇÃO DA SUBJETIVIDADE FEMININA EM ALFONSINA STORNI

linguístico; adota, sobre o corpo, alguns temas da fenomenologia existencialista de Merleau-Ponty e Sartre; polemiza com as filósofas feministas, como Simone de Beauvoir e Luce Irigaray, ou Susan Bordo e Nancy Fraser; e, como a última herança, aproxima-se do pós-estruturalismo francês em geral, com o de Michel Foucault (Femenías, 2003, p.11).

a) Concebe a sexualidade juntamente com a identidade de gênero, como uma construção social e reconhecimento cívico-político dos indivíduos considerados sexuados, binária e compulsivamente (Femenías, 2003, p.12).

b) Partindo da teoria feminista e da teoria dos atos de fala, de Austin e Searle, reconceitualiza gênero em termos de "atos performativos", "como constitutivos do gênero, entendendo que não pressupõe um sujeito que realiza ditos atos, senão que é seu objeto" (Cháneton, 2007, p.84, tradução nossa); já em seus estudos de 1993, usará o termo "performatividade", entendendo-o como "modo de produção de uma ontologia sexuada" (ibidem, p.85), ou seja, "a performatividade da discursividade social, a capacidade da linguagem do fazer no dizer, de produzir socialmente as identidades e objetos que nomeia, a partir de efeitos de sentido de conjunto que são cointelegíveis" (ibidem, p.84). Portanto, todos estamos obrigados a negociar; ao entender gênero como performatividade, esse será um mecanismo retórico-discursivo que regula o que significa "masculinidade" e "feminilidade", como matriz binária fundamental.

c) Mas, em 1997, Butler irá superar a sua posição teórica, antes sociológica, promovendo um encontro da teoria psicanalítica e da teoria de gênero; considerará que a teoria da psicanálise não funciona, a não ser na concepção de que o sujeito se define como constitutivamente "falho", e que, portanto, o inconsciente revela o permanente fracasso de uma identidade imaginária que se "deseja" unificada (ibidem, p.87). Desse modo, a noção foucaultina de *"assujettissement"*, que em francês é tanto o "tornar-se sujeito" como "estar sujeito a", sugere que a subjetividade é inseparável de sua regulação: "Butler anuncia como projeto teórico a necessidade de estudar qual é a forma psíquica que adota o poder, não como pressão externa sobre o sujeito, mas sim como parte de um processo de ambivalência característica que envolve ao sujeito em uma relação consigo mesmo" (ibidem, p.88).

d) Butler irá pensar também sobre a resistência possível ante o poder, entendendo que ele produz as "liberdades" inerentes nos sujeitos; além disso, as estratégias de sujeição, a partir da reflexão de Foucault, indicam "que as incitações do poder têm a capacidade de desbordar os objetos que produz e regula, por isso, no limite são imprevisíveis" (ibidem, p.84).

Partimos, portanto, das posturas e propostas teóricas dessas três críticas do pós-feminismo. Adotamos a noção de gênero apresentada por Joan Scott: um saber construído sociopoliticamente em relações de poder que se inscrevem, ideológica e historicamente, nos sujeitos em relação uns com os outros e em sua relação consigo mesmos, portanto "saberes sobre a diferença sexual"; adotamos o conceito de "tecnologia de gênero", segundo Lauretis e em sentido foucaultiano, como representação e como autorrepresentação, produto de diferentes tecnologias sociais, de discursos, epistemologias, práticas críticas institucionalizadas e práticas da vida cotidiana, e, principalmente, na noção de gênero não apenas como diferença sexual, mas de um "sujeito engendrado" nas experiências das relações de sexo, de raça e de classe, por meio de códigos linguísticos e representações culturais, portanto *um sujeito múltiplo e contraditório*, e aqui defendemos a posição de sujeito *constituído por identidades também múltiplas e contraditórias*.

E, finalmente, mas não em último lugar, seguimos Judith Butler, na última fase de sua teoria sobre o gênero, ao abordar a questão da constituição do sujeito, concebendo-o como sexo-genericamente

A CONSTITUIÇÃO DA SUBJETIVIDADE FEMININA EM ALFONSINA STORNI   223

constituído, por meio de uma teoria psicanalítica de sujeito identitário "fracassado" e "falho", atravessado por uma rede de poderes, histórico-sociais e políticos, entre os indivíduos e estes consigo mesmos, que geram e se constituem hegemonicamente em confirmação dessa rede e de sua própria fissura, desdobrando-se em "liberdades" imprevisíveis.

A construção da identidade feminina/feminista em Poemas de amor

> "Me llamaron Alfonsina, nombre árabe que quiere decir 'dispuesta a todo'."
>
> (Alfonsina Storni, 1999, t.2)

No contexto da literatura hispano-americana, Masiello (1997, p.257-8) ressalta que as primeiras feministas argentinas, em vez de renunciarem às exigências do "lar", optam por utilizar uma linguagem baseada na experiência feminina e introduzem uma relação entre a vida social e a escrita, a qual vai impregnando toda a história e a cultura argentina, desde o século XIX até princípios do XX, período da vanguarda.

As mulheres, na cultura impressa, romperam a continuidade dos ideais e das tradições estabelecidos pelos pais da nação ao desmembrarem a coerência do passado inscrito nos textos nacionalistas. Portanto, os textos das mulheres da década de 1920 se leem como transgressões de um projeto nacional, como uma maneira de produzir um contradiscurso em relação ao Estado e explorar o mito de um sujeito feminino fixo. (Masiello, 1997, p.258)

Socialmente, as mulheres da década de 1920, na Argentina, negam-se a servir de objeto ou prenda de intercâmbio na economia monetária, assim como a assumir aqueles papéis tradicionais designados à mulher de antes; elas decidem reformular suas posições na sociedade. Portanto, as escritoras e intelectuais dessa época, contexto no qual Alfonsina produz e vive, desafiam a ideia de um projeto nacional e entram em cena à custa de consequências de silenciamento ou de exílio:

> Desse modo, o discurso sobre gênero deu lugar a *espaços múltiplos e inéditos* e produziu uma série de impulsos irrefreáveis que se negaram ao controle simbólico por parte do Estado. Longe de resolverem a crise da década de 1920, as configurações femininas na literatura sinalizaram o problema de uma cultura nacional à procura de legitimação, enquanto também assinalavam os grupos marginalizados que resistiam a cair na armadilha. (ibidem, grifo nosso)

Nesses lugares múltiplos, afirma Masiello (1997, p.257), as escritoras evitam as categorias das esferas do público e do privado e, muitas vezes, se veem ativamente envolvidas na revisão dos conceitos referentes ao público, mesmo estando na marginalidade; outras vezes, evocam as experiências do privado "como parte de um fenômeno linguístico, no qual a linguagem funcionava como um nexo entre os lugares contraditório do eu e do outro".

O discursivo-literário de Alfonsina Storni, vislumbrado em alguns poemas, como "La loba", de um de seus primeiros livros de poesia, mostra a construção de uma subjetividade feminina de posição identitária "múltipla e contraditória", como parte constitutiva de sua diversidade de posições-sujeito feminina.

La loba

Yo soy como la loba.
Quebré con el rebaño
y me fui a la montaña
Fatigada del llano.

A CONSTITUIÇÃO DA SUBJETIVIDADE FEMININA EM ALFONSINA STORNI   225

Yo tengo un hijo fruto del amor, de amor sin ley,
Que yo no pude ser como las otras, casta de buey
Con yugo al cuello; libre se eleve mi cabeza!
Yo quiero con mis manos apartar la maleza.
[...]
Yo soy como la loba. Ando sola y me río
Del rebaño. El sustento me lo gano y es mío
Donde quiera que sea, que yo tengo una mano
Que sabe trabajar y un cerebro que es sano.

La que pueda seguirme que se venga conmigo.
Pero yo estoy de pie, de frente al enemigo,
La vida, y no tengo tu arrebato fatal
Porque tengo en la mano siempre pronto un puñal.

El hijo y después yo y después... ¡lo que sea!
Aquello que me llame más pronto a la pelea.
A veces la ilusión de un capullo de amor
Que yo sé malograr antes que se haga flor.

Yo soy como la loba.
Quebré con el rebaño
y me fui a la montaña
Fatigada del llano. (Storni, 1999, t.1, p.87)

Nesse poema, espécie de canto ao feminismo da década de 1916, *"La que pueda seguirme que se venga conmigo"*, há ao mesmo tempo um discurso autobiográfico, conforme indica Jean-Philippe Miraux (2005, p.33), "a poética se coloca a serviço da autobiografia, porque a poética é o instrumento da expressão lírica do eu", no sentido de que há certa recuperação biográfica de Storni: *"Yo tengo un hijo fruto del amor, del amor sin ley"*.

Expresso em primeira pessoa, o eu-lírico reivindica seu lugar de mulher que vive como lhe parece adequado a um ser vivente, independentemente de seu gênero, e "fala" o que vive e pensa, expressando seu autorreconhecimendo pela luta constante e consciência do saber: *"que yo tengo una mano / Que sabe trabajar y un cerebro que es sano"*. Além disso, a ironia que perpassa todo o texto é representativa de parte da produção literária de Alfonsina, como bem salientou Salomone (2006) em seus estudos: *"Ando sola / y me río del rebaño"*.

No poema "La loba", percebe-se também como a contradição entre as posições-sujeito, ser independente e sentir-se submissa, perpassa todo o texto por meio da estratégia discursiva do jogo polifônico. Por um lado, mesmo questionando, o eu-lírico se insere em sociedade de trabalho: *"El sustento me lo gano y es mío / donde quiera que sea, que yo tengo una mano / que sabe trabajar y un cerebro que es sano"*, portanto, a partir das relações de trabalho, concorda ideologicamente em assumir um lugar no processo de produção econômica, reproduz a ideologia vigente de "saúde" em *"un cerebro que es sano"* e verbaliza ironicamente o fato de que mulher pode ter um cérebro são, apesar de trabalhar e manter-se sozinha; por outro lado, essa voz questionadora do papel submisso da mulher em *"yo soy como la loba"* vê-se também contraditoriamente frustrada no amor, *"a veces la ilusión de un capullo de amor / que yo sé malograr antes que se haga flor"*. Além disso, há contradição também no fato de, mesmo mantendo-se sozinha e ao filho, põe em primeiro lugar o papel de ser mãe, refletindo a ideologia do momento sobre a supervalorização da maternidade feminina dentre as funções sociais que as mulheres podem assumir. Desse modo, nota-se como a voz feminina assume posições-sujeito contraditórias na polifonia constitutiva desse texto e de outros em sua obra, como uma luta discursiva.

No poema "Bien pudiera ser...", Alfonsina ressignifica a sua voz autobiográfica e resgata, ou seja, dá "visibilidade" (Zanetti, 1994) às mulheres de sua época, de épocas passadas e vindouras, como uma voz polifônica feminina:

"Bien pudiera ser..."

Pudiera ser que todo lo que en verso he sentido
No fuera más que aquello que nunca pudo ser,

A CONSTITUIÇÃO DA SUBJETIVIDADE FEMININA EM ALFONSINA STORNI   227

No fuera más que algo vedado y reprimido
De familia en familia, de mujer en mujer.

Dicen que en los solares de mi gente, medido
Estaba todo aquello que se debía hacer...
Dicen que silenciosas las mujeres han sido
De mi casa materna.... Ah, bien pudiera ser...

A veces en mi madre apuntaron antojos
De liberarse, pero, se le subió a los ojos,
Una honda amargura, y en la sombra lloró.

Y todo eso mordiente, vencido, mutilado.
Todo eso que se hallaba en su alma encerrado,
Pienso que sin quererlo lo he libertado yo. (Storni, 1999, t.1,
p.210)

Desejando dar voz às vozes apagadas das mulheres do passado, do presente e do futuro, mas essa voz instaurada reflete em primeiro plano o "sentir" das mulheres, como um poema ou canto romântico. No jogo polifônico, as vozes de *"dicen que"* instauram o posicionamento do outro, interlocutor do texto, aqueles que dizem/repetem o que veem e não o que sentimos (nós mulheres). De fato, "ela", sujeito lírico do soneto, libera o que fora por séculos reprimido, o silenciamento feminino, e dá voz às mulheres tanto no sentir quanto no poder expressar seus sentimentos.

No poema apresentado a seguir do livro *Ocre*, observam-se literariamente um afastamento em relação à temática amorosa e a focalização da poesia como escritura literária. Esse será o tema central de sua última poesia, desdobrada em *Mundo de siete pozos* e *Mascarilla e trébol*, mas já antecipada em *Ocre*, seu livro de transição, publicado em 1925, ano que antecedeu a publicação de *Poemas de amor* (1926).

En las grandes mujeres reposó el universo.
Las consumió el amor, como el fuego al estaño
A unas; reinas, otras, sangraron su rebaño.
Beatriz y Lady Macbeth tienen genio diverso.

De algunas, en el mármol, queda el seno perverso,
Brillan las grandes madres de los grandes de antaño
Y es la carne perfecta, dadivosa del daño.
Y son las exaltadas que entretejen el verso. (ibidem, t.1, p.281-2)

Nesse distanciamento do tema amoroso, o poema "Hombre pequeñito" ressalta a ironia da produção literária de Storni, marcando poeticamente a incompreensão do homem em relação aos sentimentos da mulher. Esta, também incompreensiva, humoriza a efemeridade do sentimento amoroso, e, nos dois últimos versos, torna-se quase incontido o riso sarcástico. Storni materializa, assim, uma feminilidade que se encaminha para uma consciência da diferença sexo-genérica, por meio da estratégia da ironia e do registro linguístico do diminutivo *"pequeñito"*. Observamos que a incompreensão masculina e a feminina registram uma representação do não diálogo ou da invisibilidade, e da eminente luta da mulher, naquele momento primeiro do feminismo, como afirmação dos direitos das mulheres.

Hombre pequeñito

Hombre pequeñito, hombre pequeñito,
Suelta a tu canario que quiere volar...
Yo soy el canario, hombre pequeñito,
Déjame saltar.
[...]
Tampoco te entiendo, pero mientras tanto
Ábreme la jaula que quiero escapar;
Hombre pequeñito, te amé media hora,
No me pidas más. (ibidem, t.1, p.189)

A CONSTITUIÇÃO DA SUBJETIVIDADE FEMININA EM ALFONSINA STORNI   229

Masiello (1997, p.257) considera que, nessa formação de espaços múltiplos e inéditos na evolução da representação desse "eu feminino", a subjetividade feminina, na Argentina do início do século XX, está constituída: por um lado, a marginalização ou mesmo o exílio no estrangeiro, em favor de lugares excêntricos e da negação da lógica dominante da nação; por outro, a partir da estratégia da fissura ou quebra da leitura, apresenta a fragmentação dos textos literários e a "perturbação" dos lugares na narração. Desse modo, Brumana, Marpons, Ocampo, Lange e Storni alteram a forma já canônica de gênero textual por meio do "poema em prosa"; ao unirem o testemunho e a ficção, ou mesmo empregando a violação das convenções de gênero, indubitavelmente elas questionam o pacto linguístico sobre a linearidade da forma. Seria possível afirmar que, de certo modo, essas escritoras superam os projetos mais avançados da vanguarda de então. Além disso, Masiello (1997) afirma que, mesmo antes dessa experiência vanguardista, escritoras de gerações anteriores, como Gorriti, Manso e Mansilla, já produzem um deslocamento da norma sócio-histórico-político e culturalmente predeterminada, tanto em suas vidas como em suas obras.

Vejamos agora como discursivamente a postura da subjetividade feminina, constituída por uma identidade feminina e feminista aqui considerada "múltipla e fragmentária", em um sentido complementário, materializa-se nos poemas em prosa de *Poemas de amor*. Recuperamos aqui a afirmação inicial deste livro, segundo a qual mesmo se, em alguns momentos, os poemas em prosa de Alfonsina apresentam um amor nos moldes do "amor clássico", com vínculo de submissão da mulher na relação amorosa, isso se faz discursivamente, em uma relação dialógica de permanente convite à conversação com o outro, seja o amado, outras mulheres, o público ou mesmo o "eu". A presença de poeticidade é marcante nesses poemas, mesmo que escritos narrativamente, e na constituição de outra noção de gênero, segundo a qual o ser homem ou mulher é de fato uma representação na tessitura da rede de relações de poder que se materializam no construto discursivo-literário.

Como mencionado anteriormente, os 67 poemas desse único livro de poesia em prosa de Storni registram uma unidade narrativa em torno de uma possível história de amor, enfocando as fases de alumbramento, de sedução e conquista do amor, os vindouros desencontros, cobertos de desencanto por parte do sujeito enunciador e o final da relação, com a solidão e a consciência de não querer mais o amado após o abandono. Nessa trajetória narrativa, a voz feminina mostra-se inicialmente submissa (poema IX), mas uma submissão não ao amado, e sim ao sentimento "amor" (poema XX). Em um processo de "despertar" dessa sujeição, discursivamente são apresentadas estratégias de uma voz feminina conhecedora da rede de relações, na qual está inserida (poema IV), e, finalmente, o eu-lírico mostrar-se-á "dona" de suas atitudes e ações, mesmo que "*sola*", marcando justamente a falha, a incompletude constitutiva do sujeito moderno (poema LX).

IX

Te amo profundamente y no quiero besarte.
Me basta con verte cerca, perseguir las curvas que al moverse trazan
tus manos, adormecerme en las transparencias de tus ojos, escuchar tu
voz, verte caminar, recoger tus frases. (ibidem, t.1, p.609)

XX

Venid a verme. Mis ojos relampaguean y mi cara se ha transfigurado.
Si me miráis muy fijo os tatuaré en los ojos su rostro que llevo en los
míos.
Lo llevaréis estampado allí hasta que mi amor se seque y el encanto se
rompa. (ibidem, p.612)

IV

Enemigos míos, si existís, he aquí mi corazón entregado.
Venid a herirme.
Me encontraréis humilde y agradecida: besaré vuestros dedos; acari-
ciaré los ojos que me miraron con odio; diré las palabras más dulces
que jamás hayáis oído. (ibidem, p.608)

A CONSTITUIÇÃO DA SUBJETIVIDADE FEMININA EM ALFONSINA STORNI   231

LX

He vuelto sola al paseo solitario por donde anduvimos una tarde
cuando ya oscurecía.
He buscado, inútilmente, a la luz de una luna descolorida, sobre la
tierra húmeda, el rastro de nuestros pasos vacilantes. (ibidem, p.624)

A questão do corpo no discurso literário de Storni, como metáfora da escritura, registrada inclusive nos seus primeiros poemas, como afirma Beatriz Sarlo (1988a), é recorrente também nos poemas em prosa, e com certo tom erótico:

LIX

Adherida a tu cuello, al fin, más que la piel al músculo, la uña a los
dedos y la miseria a los hombres, a pesar de ti y de mí, y de mi alma
y la tuya, mi cabeza se niveló a tu cabeza, y de tu boca a la mía se
trasvasó la amargura y la dicha, el odio y el amor, la vergüenza y el
orgullo, inmortales y ya muertos, vencidos y vencedores, dominados y
dominantes, reducidos e irreductibles, pulverizados y rehechos. (ibidem, t.1, p.623)

Nota-se, nesse poema, a intertextualidade marcada pelo eco do conhecido poema de Camões, "Amor é fogo que arde e não se vê [...]", sentimento do contraditório, do paradoxo por excelência que é o "amor". O poema LIX, construído inicialmente pelo verbo no particípio, *"Adherida"*, uma forma nominal do verbo que expressa ações concluídas, indica algo que já aconteceu e está impregnado de potencialidades. Nesse caso, o corpo, em sua especificidade, *"cuello"*, *"piel"* e *"músculo"*, *"uña"* e *"dedos"*, ganha dimensão de existência humana, *"a pesar de ti"* e *"de mí"*, *"tu alma"* e *"mi alma"*, e, nivelando sexo-genericamente "cabeça", considerada como existir, pensar e sentir; possibilita o *"trasvasar"*, ou seja, metaforicamente, transforma o polo do negativo (anterior) em positivo (posterior).

Anterior	X	Posterior
- amargura	=	dicha (alegría)
- odio	=	amor
- vergüenza	=	orgullo
- inmortales	=	muertos
- vencidos	=	vencedores
- dominados	=	dominantes
- reducidos	=	irreductibles
- pulverizados	=	rehechos

É interessante notar que, ao passar de um paradigma a outro, ou seja, da relação de "Anterior" para o "Posterior", isto é, da negatividade semântica, representada na fila que começa com *"amargura"*, para a positividade, na fila que começa por *"dicha"*, a transformação acontece ao sair da *boca* – poder –, de um *tú*, enunciatário do discurso, e ao verter-se na boca *mía*, do "eu", enunciador do discurso, aqui simbolicamente representado por um "eu" feminino, registrado na marca do gênero linguístico em *"adherida"*.

Seria possível formular a hipótese de um retorno à submissão sexo-genérica, mas, diante do contexto histórico da publicação do livro em estudo e da produção literária de Alfonsina Storni, confirma-se a tese aqui desenvolvida: trata-se da constituição de uma subjetividade feminina por meio de uma diversidade de posições-sujeito, marcada tanto por uma identidade sexo-genérica de representação da hegemonia do início do século XX, na Argentina, como de uma resistência identitariamente feminina nas mulheres que eternizaram seu modo, particular e público, individual e social, de ver, pensar, viver e poetizar a época em que lhes coube permanecer entre nós.

Considerações finais

> *"Ancho es el mundo y en él todos caben; y el que,*
> *pueblo o individuo, traiga el mensaje más alto, lo*
> *supremo se lo acreciente."*

(Storni, 1999, t.2, p.1085)

Alfonsina Storni, mulher escritora do início do século XX, é uma das vozes femininas que registram em prosa e em poesia uma subjetividade feminina/feminista múltipla, junto às emergentes mudanças sociais, políticas e histórias da virada de um século. Storni marca também a instauração de um sujeito feminino que se constitui no múltiplo, no fragmentário, na luta por um espaço público e na afirmação do privado, ou seja, na preservação de um lugar instituído e na reivindicação de outro a instituir-se.

No contexto histórico de modernização da América Latina, há o surgimento e a consolidação da mulher como escritora, da profissionalização do escritor e da escritora, da afirmação do modernismo literário e do aparecimento das vanguardas, além de outras tantas transformações sociais e culturais em princípio do século XX, na América Latina. Esse novo panorama histórico permite que as mulheres, de modo geral, e as escritoras, em particular, saiam do "armário": "é que as relações do armário – as relações do conhecido

234   NILDICÉIA APARECIDA ROCHA

e do desconhecido, o explícito e o implícito em torno à definição da homo/heterossexualidade – podem ser especialmente reveladoras sobre dos atos discursivos de modo mais geral" (Kosofsky Sedgwick, 1998, p.13).

Como propõe Eve Kosofsky Sedgwick (1998, p.45) em seu estudo sobre gênero como inextricável ao postulado foucaultiano de sexualidade, cada um se expressa em função do outro, gênero e sexualidade, mesmo não sendo o mesmo.

> [...] na cultura ocidental do século XX, o gênero e a sexualidade representam dois eixos analíticos que podem se imaginar frutiferamente como diferentes entre si [...] todos os temas de gênero deveriam plasmar-se necessariamente pela especificidade de uma sexualidade particular e vice-versa. (Kosofsky Sedgwick, 1998, p.13)

A visibilidade (Zanetti, 1994) no social, no político, no cultural, no artístico e principalmente no literário propicia articular novas regras de circulação e de consumo da literatura nos primeiros anos do século XX, bem como mudar os modos de consagração da obra e do escritor, e impulsionar o surgimento de um público leitor.

Na Argentina, o panorama cultural da época passa por uma ruptura com o imaginário social estabelecido e vai se encaminhar para uma emancipação intelectual. A fragmentação de estilos, de vidas e de correntes artísticas, a estabilidade social, a abertura ao exterior e redescoberta das regiões interiores, certa democratização das formas artísticas e também reaparecimento de velhos sistemas políticos autoritários propiciaram anos de renovação, e na poesia reconhecem-se anos "de ouro". Na prosa, as narrativas produzidas por mulheres focalizam as questões de gênero, dando voz feminina às práticas discursivas, tanto as vanguardistas, a alta cultura e o realismo socialista, o que é realizado por mulheres rurais e de classe baixa, que subvertem a autoridade das narrações canônicas.

Alfonsina Storni como mais um sujeito intelectual "novo", pela sua origem social, de classe média e estrangeira, e também

A CONSTITUIÇÃO DA SUBJETIVIDADE FEMININA EM ALFONSINA STORNI   235

pelo seu compromisso com a criação literária, buscará um espaço próprio na nova conjuntura. Publicou sete livros de poesia, um livro de poema em prosa e outro classificado como prosa, também produziu teatro; apesar de ser mais conhecida no mundo hispânico como poeta, sua produção em prosa é muito mais vasta, com textos de uma longa produção jornalística e ensaística. Segundo Kirkpatrick (2005), a produção literária de Alfonsina Storni, sua biografia e a história das mulheres de seu período se entrelaçam e revelam as experiências de outras mulheres que caminham em direção à profissionalização de escritora.

De acordo com a crítica literária atual, a produção literária de Alfonsina Storni é continuada, por exemplo, na obra de Alejandra Pizarnik, poeta argentina contemporânea que recupera a voz feminina segundo aquela instaurada anteriormente por Storni. Alfonsina é considerada uma das escritoras do início do século XX que registram uma produção literária realizada por mulheres e que dão início à literatura feminina, ao lado de Juana de Ibarbourou no Uruguai, Gabriela Mistral no Chile, Norah Lange e Victoria Ocampo na Argentina, entretanto Storni se distancia destas na origem imigrante e de classe média baixa. A poesia de Storni, com características de um "romantismo tardio", registra o corpo feminino como escritura literária e a voz feminina/feminista como reivindicação da diferença e da afirmação do gênero feminino. A escritura de Storni possibilita a recuperação desse discurso feminino/feminista na década de 1970, principalmente na poesia de Pizarnik, confirmando nossa proposta em considerar a produção literária de Alfonsina como "instauradora de uma discursividade", ao possibilitar tanto a analogia como a diferença (Foucault, 2006, p.280).

Nossa análise não difere da releitura das últimas estudiosas latino-americanas; ao contrário, retomamos a questão da constituição da subjetividade feminina, no sentido de uma construção identitária feminina e feminista por meio das estratégias discursivas presentes nos poemas em prosa de *Poemas de amor*, e que aqui constitui uma diversidade de posições-sujeito. Esse livro, que até o momento foi renegado pela crítica literária, a nosso ver, juntamente

236 NILDICÉIA APARECIDA ROCHA

com *Ocre*, marca o início e a ruptura de um pensar/ver/poetizar o mundo a partir da perspectiva de um sujeito mulher que se vê "pensar" e "sentir" o mundo pela consciência de si e do mundo que a cerca. Ainda que essas características já estejam, de certa maneira, esboçadas desde os primeiros poemas, em *Ocre* e *Poemas de amor*, elas serão enfatizadas e postas em relevo.

De modo geral, a poesia de Alfonsina Storni apresenta três momentos discursivo-poéticos:

1) Poesia mais vinculada ao modernismo de Darío e Lugones, já ultrapassado na Argentina da década de 1920, mas que possibilitou sua afirmação no meio literário, apreço e admiração do grande público, formado especialmente por mulheres, as quais se identificam sexo-genericamente com a poesia e a pessoa de Storni.

2) Poesia de ruptura ou de experimentação, tanto prosaica como poeticamente, na qual se observa uma mudança temática, porque inicialmente é mais lírico-amorosa, vinculada ao papel "tradicional e submisso" da mulher na relações afetivo-amorosas, e passa a apresentar uma perspectiva mais crítica, irônica e reivindicatória, tanto sexo-genérica quanto discursivamente, observando o projeto de Storni no nível do questionamento de seu ato escritural, presente nos livros *Ocre* e *Poemas de amor*.

3) Poesia de vinculação à poesia vanguardista dos anos 1930 e 1940 e, ao mesmo tempo, também de liberdade em relação a essas mesmas formas e buscas, apresentando uma poesia mais expressivamente questionadora da existência humana, com a afirmação da diferença sexo-genérica em um mundo novo, fragmentário, dissoluto, enfim, modernizante e "caótico".

A produção em prosa de Storni, de acordo com Muschietti (1999), é um "gênero discursivo" possibilitador do posicionamento de um "sujeito diferente", a voz não está mais "*doblegada*" (persuadida) pelos estereótipos hegemônicos da obra poética de sua primeira

A CONSTITUIÇÃO DA SUBJETIVIDADE FEMININA EM ALFONSINA STORNI   237

poesia. Nos artigos publicados em *La Nación*, nas seções "Feminidades", "Vida femenina" e "Bocetos femeninos", nas colaborações nos jornais locais, como *Fray Mocho, Atlántida, Caras y Caretas,* entre outros, a voz da "falante" é "frontal e audaz na luta pelos direitos da mulher (ter patrimônio, direito ao divórcio e ao voto)"; é também sarcástica e zombadora ao denunciar as hipocrisias, não se submete às duplicidades (Muschietti, 1999, p.23).

A obra jornalística de Alfonsina Storni pode ser considerada precursora das produções literárias de Virginia Woolf, ao se ler um "mesmo humor irônico", em "Diario de una niña inútil", tematizando o *"decálogo de toda caza-novios"*, ou nas análises das condições materiais presentes no imaginário feminino, em "Un cuarto propio" (ibidem, p.24-5). Ademais, na diversidade de discursos prosaicos de Storni, por seu posicionamento profissional, nota-se a presença do estilo das *aguafuertes* de Roberto Arlt ou as "instantâneas" de uma máquina fotográfica, por exemplo, nos poemas em prosa de *Kodak.* Por sua vez, a tensão com o moderno, com a velocidade e o duplo olhar irônico aproximam-na de Oliverio Girondo, ou seja, "mostram-na em permanente relação de incômodo com seu próprio lugar, gênero e escrita: lá reside a experiência singular desta voz precursora" (ibidem, p.25).

No âmbito da literatura brasileira, podemos dizer também que, após conhecer mais detidamente os textos de Alfonsina Storni e o momento histórico de sua produção, além de nos remetermos à literatura de Woolf, ressoa sonoramente a voz feminina/feminista presente nos textos de Clarice Lispector, pois esta também desvela a condição da mulher e sua relação consigo mesma e com o mundo. Além disso, Clarice como Alfonsina também escreveu em jornais, produzindo textos que "orquestram uma rede de ensinamentos", sobre o poético, sobre o estético e sobre posição da mulher na sociedade. Portanto, há um diálogo entre Storni, Woolf e Lispector na construção de um novo posicionamento de produção literária e da nova condição da mulher no mundo.

Em *Poemas de amor,* observamos uma unidade narrativa com fortes momentos compostos de características formais e efeitos poéticos. Segundo essa unidade, podem-se verificar, desde o primeiro texto, o momento do encontro e o despertar do amor/paixão, sua realização, como amor total, os desencontros e o término com a consequente descrença no amor. Essa unidade constrói uma narratividade poético-literária nos modelos do amor romântico, uma longa história de amor. Esses fortes momentos narrativos vão compondo uma possibilidade de análise das características formais que os constituem:

a) Poeticidade/narratividade
- Nos poemas em prosa, a sujeito mulher anuncia, por um lado, o *"encierro de la voz femenina"*, e, por outro, a mesma voz fissura o enclausuramento por meio do ritmo poético e da musicalidade instaurados.
- Com linguagem fragmentária e coloquial, narra-se aparentemente uma história de amor. Ora com um lirismo relacionado à poesia, ora aproximando-se da narração, as histórias narradas são como relatos.
- O erotismo ganha plano de expressão e concretização nos corpos que deslizam e se sentem intrínseca e extrinsecamente. Storni retoma o erotismo a partir da perspectiva de uma mulher que aprendeu e sabe mais que o homem (Sarlo, 1988a, p.17), estabelecendo assim com a figura masculina, por vezes, uma relação não mais de submissão ou de queixa, mas sim de reivindicação da diferença.
- Posicionamento sobre o corpo social que registra uma diferença na poética produzida no discurso social de outras escritoras contemporâneas a Storni, ao não reduzir a condição da mulher a uma estreita condição de subjetividade, de submissão ao ser amado e à sociedade.

b) Marcas dialógicas
- O corpo como receptáculo das palavras por vezes será a base de um diálogo com outros ou uma fronteira que separa o "eu" de "outro(s)" ou assume o papel de leitor – leitora de si mesma (Masiello, 1997).

A CONSTITUIÇÃO DA SUBJETIVIDADE FEMININA EM ALFONSINA STORNI   239

- Voz feminina que fala a um tu, sujeito/objeto recebedor do amor, o amado; dialoga com um *vosotros*, geralmente em tom irônico, e com este estabelece uma relação ora de distanciamento, ora de proximidade; dialoga com um *nosotros*, metáfora da união com o ser amado e com o sentimento "amor"; outras vezes, ainda, dialoga com seu próprio eu/*yo*, subjetivamente.

- O discurso literário começa com o anúncio de uma separação entre o "eu" e os "outros", entre "inocentes" e "adversários", entre o "belo" e o "abjeto", rompendo com as fronteiras marcadas discursivamente na relação com a palavra.

- A voz feminina escolhe e determina o lugar enunciativo a ocupar, outorgando uma outra identidade às mulheres, uma identidade múltipla e diversa, mesmo que por vezes contraditória, ao reproduzir ou mesmo assumir o posicionamento ideológico na época, como a supremacia da condição de mãe atribuída à mulher, ou seja, a maternidade feminina.

c) Subjetividade feminina/feminista

- "Tecnologia de gênero", segundo Lauretis (1994) e em sentido foucaultiano, como representação e como autor-representação, produto de diferentes tecnologias sociais, de discursos, epistemologias, práticas críticas institucionalizadas e práticas da vida cotidiana.

- Noção de gênero não apenas como diferença sexual, mas de um "sujeito engendrado" nas experiências das relações de sexo, de raça e de classe, por meio de códigos linguísticos e representações culturais, portanto *um sujeito múltiplo e contraditório*, com uma posição de sujeito *constituído por identidades também múltiplas e contraditórias*, mesmo que complementárias historicamente.

- Teoria sobre o gênero de acordo a Judith Butler (2001), quanto à questão da constituição do sujeito, concebendo-o como sexo-genericamente constituído, por meio de uma teoria psicanalítica de sujeito identitário "fracassado" e "falho", atravessado por uma rede de poderes, histórico-sociais e políticos, entre os indivíduos e estes consigo mesmos, que geram e se constituem hegemonicamente em confirmação dessa rede e de sua própria fissura, desdobrando-se em "liberdades" imprevisíveis.

• Na unidade narrativa dos poemas em prosa, a voz feminina mostra-se inicialmente submissa, mas uma submissão não ao amado, mas ao sentimento "amor"; segue um processo de "despertar" dessa sujeição, por meio de estratégias discursivas de uma voz feminina conhecedora da rede de relações de poder, da qual participa, e, finalmente, o "eu feminino" mostra-se "dona" de suas atitudes e ações, mesmo que "sola", registrando a incompletude constitutiva do sujeito moderno.

Desse modo, sob a perspectiva discursiva, com base nos estudos pós-feministas e foucaultianos, resgatando a subjetividade feminina e feminista nesses textos, analisamos as relações dialógicas, a poeticidade e a construção de uma identidade de mulher nas primeiras décadas do século XX, esta se constitui como múltipla e contraditória, em sua complementariedade.

Recuperamos aqui a afirmação inicial desse estudo, mesmo se, em alguns momentos, os poemas em prosa de Alfonsina apresentam tematicamente um amor nos moldes do "amor clássico", com vínculo de submissão da mulher na relação amorosa, isso se faz discursivamente, em uma relação dialógica de permanente convite à conversação com o outro, seja o amado, outras mulheres, o público ou mesmo o "eu", no qual o sujeito feminino é "marcado em primeira pessoa"; assim como na presença de poeticidade marcante desses poemas em prosa que oscilam entre a poesia e a narrativa; e, na constituição de outra noção de gênero, a noção de que ser homem ou mulher, proferir um discurso feminino, é de fato uma representação na rede de relações de poder que se materializam no construto discursivo-literário nesse e em nenhum outro acontecimento histórico.

REFERÊNCIAS BIBLIOGRÁFICAS

ARLT, R. *El juguete rabioso*. Buenos Aires: Editorial Latina, 1926.

AMÍCOLA, J. *La batalla de los géneros*: novela gótica versus novela de educación. Rosario: Beatriz Viterbo, 2003.

AMÍCOLA, J.; DE DIEGO, J. L. (Dir.). *Literatura*: la teoría literaria hoy: conceptos, enfoques, debates. La Plata: Al Margen, 2008.

AMORÓS, C. *Feminismo y filosofía*. Madrid: Síntesis, 2000.

ANDREOLA, C. A. *Alfonsina Storni*. Edición conmemorativa con ocasión de cumplirse el 25° aniversario de su muerte. Buenos Aires: Nobis, 1963.

_____. *Alfonsina Storni*: vida-talento-soledad. Buenos Aires: Plus Ultra, 1976.

ANGENOT, M. El discurso social: problemática de conjunto. In: _____. *Un état du discours social*. Montréal: Le Préambule, 1989, p.37-45.

_____. *Interdiscursividades*: de hegemonías y disidencias. Córdoba: Universidad Nacional de Córdoba, 1998.

_____. Fin de los grandes relatos, privatización de la utopía y retórica del resentimiento. *Revista Estudios*, Córdoba, n.17, p.21-34, 2005.

ARÁN, P. (Org.). *Nuevo diccionario de la teoría de Bajtín*. Córdoba: Ferreyra, 2006.

ARAÚJO, H. *La Sherezada criolla*: ensayos sobre escritura feminina latinoamericana. Bogotá: Centro Editorial, Universidad Nacional de Colombia, 1989.

ARFUCH, L. *El espacio biográfico*: dilemas de la subjetividad contemporánea. Buenos Aires: Fondo de Cultura Económico, 2002.

242 NILDICÉIA APARECIDA ROCHA

ARMSTRONG, N. *Deseo y ficción doméstica*: una historia política de la novela. Madrid: Cátedra, 1991.

ATORRESI, A. *Un amor a la deriva*. Horacio Quiroga y Alfonsina Storni. Buenos Aires: Solaris, 1997.

BAKHTIN, M. *Questões de literatura e de estética*: a teoria do romance. 3.ed. São Paulo: Editora Unesp/Hucitec, 1993.

BAKHTIN, M. *Estética da criação verbal*. São Paulo: Martins Fontes, 2003.

BAKHTIN, M. *Problemas da poética de Dostoiévski*. Rio de Janeiro: Forense--Universitária, 1981.

BAKHTIN, M. *Marxismo e filosofia da linguagem*. São Paulo, Hucitec, 1992.

BAKHTIN, M. O problema do texto na linguística, na filologia e em outras ciências humanas. In: _____. *Estética da criação verbal*. Trad. Paulo Bezerra. São Paulo: Martins Fontes, 2003, p.307-36.

BANDEIRA, M. "Os sapos". Disponível em: <http://peregrinacultural. wordpress.com/2010/05/19/os-sapos-poema-de-manuel-bandeira/>. Acesso em: 2009.

BARRANCOS, D. *Inclusión y exclusión*: historia con mujeres. Buenos Aires: Fondo de Cultura Económica, 2001.

_____. *Mujeres en la sociedad Argentina*: una historia de cinco siglos. Buenos Aires: Sudamericana, 2002.

BARTHES, R. *S/Z*. Buenos Aires, 2004.

BARTHES, R. et al. *La semiología*. Buenos Aires: Tiempo Contemporáneo, 1974.

BENVENISTE, É. *Problemas de lingüística general*. Buenos Aires: Siglo XXI, 1971.

BERENSTEIN, M. *Alfonsina Storni*: pequeña grande, eterna. Buenos Aires: Capital Intelectual, 2008.

BONNICI, T.; ZOLIN, L. O. (Org.) *Teoria literária*: abordagens históricas e tendências contemporâneas. 2.ed. Maringá: Eduem, 2005.

BOURDIEU, P. *A economia das trocas simbólicas*. São Paulo: Perspectiva, 1974.

BRACACCINI, G. D. et al. *Literatura argentina e hispanoamericana*. Buenos Aires: Santillana, 1994.

BRANDÃO, H. H. N. *Introdução à análise do discurso*. Campinas: Unicamp, 1993.

BUTLER, J. El falo lesbiano y el imaginario morfológico. In: NAVARRO, M.; STIMPSON, C. R. (Comp.) *Sexualidad, género y roles sexuales*. Buenos Aires: Fondo de Cultura Económica, 1999. p.213-62.

A CONSTITUIÇÃO DA SUBJETIVIDADE FEMININA EM ALFONSINA STORNI 243

_____. *El género en disputa*: el feminismo y la subversión en la identidad. México: Paidós-Pueg, 2001.

_____. *Cuerpos que importan*. Buenos Aires: Paidós, 2002.

CALVERA, L. *Mujeres y feminismo en la Argentina*. Buenos Aires: Grupo Editor Latinoamericano, 1990. (Colección Controversia).

CAPDEVILLA, A. *Alfonsina:* época, dolor y obra. Buenos Aires: Centurión: 1948.

CARABÍ, Á.; SEGARRA, M. (Ed.) *Mujeres y literatura*. Barcelona: Promociones y Publicaciones Universitarias, 1994.

CATELLI, N. La veta autobiográfica. In: SAÍTTA, S. (Dir.) *El oficio se afirma*. Buenos Aires: Emecé, 2004. (Historia crítica de la literatura argentina, v.9).

CERTEU, M. de. *A escrita da história*. 2.ed. São Paulo: Forense Universitária, 2006.

CHÁNETON, J. Género (m/f) y massmediación: nuevos objetos discursivos. *Revista Mora – Revista del Área Interdisciplinar de Estudios de la Mujer*, Buenos Aires, n.3, p.89-94, ago. 1997.

_____. *Género, poder y discursos sociales*. Buenos Aires: Eudeba, 2007.

CHARTIER, R. *Escribir las prácticas*: Foucault, de Certeau, Marin. Buenos Aires: Manatial, 2001.

CIXOUS, H. *La risa de la Medusa*: ensayos sobre la escritura. Barcelona: Dirección General de la Mujer, Editorial de la Universidad de Puerto Rico, Anthropos Editorial del Hombre, 1995. (Cultura y diferencia).

_____. *La llegada a la escritura*. Buenos Aires, Madrid: Amorrortu, 2006.

COHEN, J. M. *Poesía de nuestro tiempo*. México: Fondo de Cultura Económico, 1966.

COLLING, L. Teoria *queer*. Disponível em: <http://www.cult.ufba.br/maisdefinicoes/TEORIAQUEER.pdf>. Acesso em: 19 jan. 2009.

CORACINI, M. J. R. F. *Um fazer persuasivo*: o discurso subjetivo da ciência. Campinas: Pontes; São Paulo: Educ, 1991.

_____. (Org.) *Identidade e discurso*: (des)construindo subjetividades. Campinas: Editora da Unicamp; Chapecó: Argos, 2003.

COURTINE, J. J. Définition d'orientations théoriques et méthodologiques en analyse de discours. *Philosophiques*, v.9, n.2, Paris, 1984.

COURTINE, J.-J. O chapéu de Clémentis. Observações sobre a memória e o esquecimento na enunciação do discurso político. In: INDURSKY, F.; FERREIRA, M. C. *Os múltiplos territórios da AD*. Porto Alegre: Sagra Luzzato, 1999.

244 NILDICÉIA APARECIDA ROCHA

DALLA PALMA, M. *Discurso literário*: linguagem intrinsecamente diferenciada ou texto institucionalmente determinado? Disponível em: <http://www.uel.br/pos/letras/terraroxa/g_pdf/vol9/9_7.pdf>. Acesso em: 28 jan. 2009.

DALMASSO, M. T. Imágenes de mujer en el cine argentino finisecular. In: _____. *Figuras de mujer*. Córdoba: Centro de Estudios Avanzados, Stipendienwerk Lateinamerika-Deutschland, 2001. p.109-40.

_____. ¿Del giro lingüístico al giro semiótico? In: DA PORTA, E.; SAUR, D. (Coord.) *Giros teóricos en las ciencias sociales/humanidades*. Córdoba: Comunicarte, 2008. p.15-20.

DELEUZE, G. *Foucault*. Trad. Cláudia Sant'Anna Martins. São Paulo: Brasiliense, 2005.

DELEUZE, G.; GUATTARI, F. *Rizoma*. Introducción. 3.ed. México: Coyoacán, 2001.

DELGADO, J. *Alfonsina Storni*: una biografía. Buenos Aires: Planeta, 1990.

DICIONÁRIO de espanhol-português. Porto: Porto, s. d.

DIZ, T. *Alfonsina periodista*: ironía y sexualidad en la prensa argentina (1915-1925). Buenos Aires: Libros de Rojas, 2006.

DUAYÉN, C. *Stella*. Buenos Aires: Ediciones Tor, 1933.

DUCROT, O. Esboço de uma teoria polifônica da enunciação. In: _____. *O dizer e o dito*. Campinas: Pontes, 1987, p.161-218.

ECO, H. *Tratado de semiótica general*. Barcelona: Fontanella, 1980.

ERIBON, D. *Reflexiones sobre la cuestión gay*. Barcelona: Anagrama, 2001.

ESCUDERO-CHAUVEL, L. Identidad e identidades. *Revista Estudios*, Córdoba, n.17, p.51-7, 2005.

FABBRI, P. Pasiones/valorizaciones. In: _____. *Tácticas de los signos*. Barcelona: Gedisa, 1995. p.223-31.

_____. *El giro semiótico*. Barcelona: Gedisa, 1999.

FEMENÍAS, M. L. *Sobre sujeto y género*: lecturas desde Beauvoir a Butler. Buenos Aires: Catálogo, 2000.

_____. *Judith Butler*: introducción a su lectura. Buenos Aires: Catálogos, 2003.

FERNANDES, C. A.; SANTOS, J. B. C. (Org.) *Análise do discurso*: unidade e dispersão. Uberlândia: Entremeios, 2004

_____. *Análise do discurso*: objetos literários e midiáticos. Goiânia: Trilhas Urbanas, 2006.

FLETCHER, L. La profesionalización de la escritora y de sus protagonistas. Argentina 1900-1919,

A CONSTITUIÇÃO DA SUBJETIVIDADE FEMININA EM ALFONSINA STORNI **245**

Disponível em: <http://dialnet.unirioja.es/servlet/listaarticulos?tipo_busqueda=EJEMPLAR&revista_busqueda=4283&clave_busqueda=88690>. Acesso em: 9 out. 2008.

FONSECA, M. A. *Michel Foucault e a constituição do sujeito.* São Paulo: Educ, 1995.

FOUCAULT, Michel. *El discurso del poder.* Presentación y selección Oscar Terán. México: Folios, 1983.

_____. *Historia de la sexualidad.* 1: la voluntad de saber. México: Siglo XXI, 1985.

_____. O sujeito e o poder. In: RABINOW, P.; DREYFUS, H. *Michel Foucault:* uma trajetória filosófica. Rio de Janeiro: Forense Universitária, 1995. p.231-49.

FOUCAULT, M. *A arqueologia do saber.* 6.ed. Trad. Luiz Felipe Baeta Neves. Rio de Janeiro: Editora Forense Universitária, 2002a.

_____. *As palavras e as coisas.* São Paulo: Martins Fontes, 2002b.

_____. *Estética, literatura e pintura, música e cinema.* Org. e sel. Manoel Barros da Mota, trad. Inês Autran Dourado Barbosa. 2.ed. Rio de Janeiro: Forense Universitário, 2006 (Ditos e Escritos III).

GALVEZ, M. Alfonsina Storni. *Nosotros,* Buenos Aires, v.3, p.37-41, nov. 1938.

GARCÍA SALABERRY, A. *Vidas.* Buenos Aires: Rosso, 1938.

GIL LOZANO, F. et al. *Historia de las mujeres en la Argentina.* Buenos Aires: Siglo XX, Taurus, 2000. t.2.

GILMAN, C. Polémicas. In: VIÑAS, D. (Dir.) *Historia social de la literatura argentina:* Yrigoyen entre Borges y Arlt (1916-1930). Buenos Aires: Contrapunto, 1989. t.2, p.51-7.

GIRONDO, O. *Veinte poemas para ser leídos en el tranvía.* 1920. Disponível em: <http://losdependientes.com.ar/uploads/py4xv3r1t6.pdf>. Acesso em: 2010.

GIRONDO, O. "Espantapájaros". Disponível em: <http://www.poemas-del-alma.com/oliverio-girondo-espantapajaros.htm>. Acesso em: 2009.

GIRONDO, O. "Exvoto". 1920. Disponível em: <http://pablodebiaggio.blogcindario.com/2007/10/00064-quot-exvoto-quot-quot-gratitud-quot-oliverio-girondo.html>. Acesso em: 2009.

GIUSTI, R. Alfonsina Storni. *Nosotros,* Buenos Aires, ano III, p.372-97, nov. 1938.

GOCIOL, J. *Alfonsina Storni con-textos.* Buenos Aires: Biblioteca Nacional, 1998.

GÓMEZ PAZ, J. *Leyendo a Alfonsina Storni.* Buenos Aires: Vinciguerra, 1992.

246 NILDICÉIA APARECIDA ROCHA

GORRITI, J. M. et al. *Las escritoras 1840-1940*: antología. Buenos Aires: Centro Editor de América Latina, 1980.

GREGOLIN, M. do R. (Org.) *Filigranas do discurso*: as vozes da história. Araraquara: Editorial UNESP, FCL; São Paulo: Cultura Acadêmica, 2000.

_____. *Foucault e Pêcheux na análise do discurso* – diálogos & duelos. São Carlos: Claraluz, 2004.

_____. AD: descrever-interpretar acontecimentos cuja materialidade funde linguagem e história. In: NAVARRO, P. *Estudos do texto e do discurso*: mapeando conceitos e métodos. São Carlos: Claraluz, 2006, p.19-34.

GREGOLIN, M. do R. et al. (Org.) *Análise do discurso*: entornos do sentido. Araraquara: UNESP, FCL, Laboratório Editorial; São Paulo: Cultura Acadêmica Editora, 2001. (Série Trilhas lingüísticas, 2).

GÜIRALDES, R. *Don Segundo Sombra*, Buenos Aires: Edelsa (Nivel I), s.d.

HALLIDAY, M. A. K. *El lenguaje como semiótica social*. La interpretación social del lenguaje y del significado. Buenos Aires: Fondo de Cultura Económico, 1982.

HALPERIN, D. *San Foucault*. Para una hagiografía *gay*. Córdoba: Cuadernos del Litoral, 2000.

HJELMSLEV, L. *Prolegómenos a una teoría del lenguaje*. Madrid: Gredos, 1971.

INDUSRSKY, F.; FERREIRA, M. C. L. (Org.) *Michel Pêcheux e a análise do discurso*: uma relação de nunca acabar. São Carlos: Claraluz, 2005.

IRIGARAY, L. *Yo, tú, nosotras*: feminismos. Madrid: Cátedra, 1992.

ITKIN, S (Comp.) *Mujeres y escritura*: las 56 ponencias leídas durante las primeras jornadas sobre mujeres y escritura "Puro Cuento". Buenos Aires: Editorial Puro Cuento, 1989.

JITRIK, N. *Conocimiento, retórica, procesos*. Campos discursivos. Buenos Aires: Eudeba, 2008.

JORDÁN, L. M. Alfonsina Storni. *Nosotros*, Buenos Aires, ano 3, t.32, p.37-41, 1919.

KAMENSZAIN, T. *Historias de amor*: y otros ensayos sobre poesía. Buenos Aires: Paidós, 2000.

KERBRAT-ORECCHIONI, C. *La enunciación*: de la subjetividad en el lenguaje. Buenos Aires: Hachette, 1986.

KIRKPATRICK, G. *Women, culture and politics in Latin America*. Berkley: University California Press, 1990.

_____. *Don Segundo Sombra*: edición crítica. Pittsburgh: University of Pittsburg Press, 1995.

A CONSTITUIÇÃO DA SUBJETIVIDADE FEMININA EM ALFONSINA STORNI   247

———. *Disonancias del modernismo*. Buenos Aires: Libros del Rojas, 2005.

KOSOFSKY SEDGWICK, E. *Epistemología del armario*. Barcelona: Ediciones de la Tempestad, 1998.

LAURETIS, T. de. *Alicia ya no*: feminismo, semiótica, cine. Madrid: Cátedra, 1992.

———. A tecnologia do gênero. In: HOLLANDA, H. B. *Tendências e impasses*: o feminismo como crítica da cultura. Rio de Janeiro: Rocco, 1994. p.206-42.

LISPECTOR, C. Disponível em: <http://projectoclarice.blogspot.com.br/p/clarice-lispector.html>. Acesso em: 2009.

LLAGOSTERA, M. R. Prólogo. In: ———. *J. L. Borges, L. Marechal, C. Mastronardi y otros*: la generación poética de 1922 (antología). Buenos Aires: Centro Editor de América Latina, 1980.

LYNCH, B. *Los caranchos de la Florida*. Buenos Aires: Claridad, 1994.

MACHADO, R. *Foucault, a filos fia e a literatura*. 3.ed. Rio de Janeiro, Jorge Zahar Editor, 2000

MAINGUENEAU, D. *Introducción a los métodos de análisis del discurso*: problemas y perspectivas. Buenos Aires: Hachette, 1989.

MALDIDIER, D. *A inquietação do discurso*: (re)ler Michel Pêcheux hoje. Trad. Eni Orlandi. Campinas: Pontes, 2003.

MARTÍNES FERRER, G. P. de. La obra lírica de Alfonsina Storni. *Nosotros*, Buenos Aires, ano 3, t.3, p.45-57, oct. 1938a.

———. Su obra lírica. *Nosotros*, Buenos Aires, ano 3, t.3, p.253-65, 1938b.

MARTÍNEZ TOLENTINO, J. *La crítica literaria sobre Alfonsina Storni (1945-1980)*. Kassel: Reichenberger, 1997. Disponível em: <http://books.google.com.ar/books?id=qq2ArWrI5bcC&pg=PA1&dq=critica+literario+de+alfonsina+storni&source=gbs_toc_s&cad=1&sig=r_92ITumcdhtzoHm2W-YNZvy88k#PPP1,M1>. Acesso em: 8 jan. 2009.

MASIELLO, F. *Entre civilización y barbarie*: mujeres, nación y cultura literaria en la Argentina moderna. Buenos Aires: Beatriz Viterbo, 1997.

MATTO DE TURNER, F. *Aves sin nido*. Lima: Imprenta del Universo de Carlos Prince, 1889.

MÉNDEZ, C. E. *Alfonsina Storni*: análisis y contextualización del estilo impresionista en sus crónicas. 2004. Disponível em: <http://www.lib.umd.edu/drum/bitstream/1903/1706/1/umi-umd-1659.pdf>. Acesso em: 21 jun.2008.

MIRAUX, J.-P. *La autobiografía*: las escrituras del yo. Buenos Aires: Nueva Visión, 2005.

248 NILDICÉIA APARECIDA ROCHA

MOI, T. *Teoria literaria feminista*. 3.ed. Madrid: Cátedra, 1999.

MOISÉS, M. *A literatura portuguesa*. 27.ed. São Paulo: Cultrix, 1994.

MONTEMAYOR-BORSINGER, A. Una perspectiva sistémico-funcional de texto e interacción: las funciones del sujeto y tena. *Revista de la Sociedad Argentina de Lingüística*, n.1, p.25-36, ene. 2005.

_____. El análisis de la organización del discurso literario en español: una propuesta desde la lingüística sistémica funcional. *Co-herencia*, v.4, n.7, p.133-53, jul./dic. 2007.

MOTTA, M. B. da (Org.) *Michel Foucault*: arqueologia das ciências e história dos sistemas de pensamento. Rio de Janeiro: Forense Universitária, 2000. (Ditos e escritos, 2).

_____. (Org.) *Michel Foucault – estética*: literatura e pintura, música e cinema. 2.ed. Rio de Janeiro: Forense Universitária, 2006. (Ditos e escritos, 3).

MUSCHIETTI, D. Mujeres: feminismo y literatura. In: VIÑAS, D. (Dir.) *Historia social de la literatura argentina*: Yrigoyen entre Borges y Arlt (1916-1930). Buenos Aires: Contrapunto, 1989. t.7, p.131-56.

_____. La producción de sentido en el discurso poético. *Cuadernos Hispanoamericanos*, Madrid, n.527, p.12-29, 1994.

_____. Prólogo. In: STORNI, A. *Alfonsina Storni*. Buenos Aires: Losada, 1999, p.25.

NALÉ ROXLO, C. *Genio y figura de Alfonsina Storni*. Buenos Aires: Eudeba, 1964.

NARI, M. M. A. La educación de la mujer. *Revista Filología*, ano 21, n.1, p.31-59, ago. 1995.

_____. Maternidad, política y feminismo. In: GIL LOZANO, F. et al. *Historia de las mujeres en la Argentina*. Buenos Aires: Siglo XX, Taurus, 2000. t.2.

NARVAJA DE ARNOUX, E. *Análisis del discurso*: modos de abordar materiales de archivo. Buenos Aires: Santiago Arcos, 2006.

NICHOLSON, L. (Comp.) *Feminismo/posmodernismo*. Buenos Aires: Feminaria, 1992.

NUNES, B. *O drama da linguagem*: uma leitura de Clarice Lispector. São Paulo: Ática, 1989.

OLMOS, C. de. Cronotopo. In: ARÁN, P. (Dir.) *Nuevo diccionario de la teoría de Mijail Bajtín*. Córdoba: Ferreira Editor, 2006. p.68-75.

ORLANDI, E. P. *Análise de discurso*. Campinas: Pontes, 2001.

PAVEAU, M.-A.; SARFATI, G.-É. *As grandes teorias da línguística*: da gramática comparada à pragmática. Trad. Maria do Rosário Gregolin. São Carlos: Claraluz, 2006.

A CONSTITUIÇÃO DA SUBJETIVIDADE FEMININA EM ALFONSINA STORNI 249

PAZ, O. *Los signos en rotación y otros ensayos*. Madrid: Alianza, 1971.

———. *Signos em rotação*. São Paulo: Perspectiva, 1972.

PÊCHEUX, M. *Discurso*: estrutura ou acontecimento? Campinas: Pontes, 1999.

PÊCHEUX, M. Análise automática do discurso. In: GADET, F.; HAK, T. (Org.). *Por uma análise automática do discurso*. Campinas: Unicamp, 1990, p.61-161.

PÊCHEUX, M.; FUCHS, C. A propósito da análise automática do discurso: atualização e perspectivas. In: GADET, F.; HAK, T. (Orgs.). *Por uma análise automática do discurso*. 3.ed. Campinas: Unicamp, 1997, pp.163-252.

PÊCHEUX, M. Sur la (dé)construction des théories linguistiques. Trad. Celene M. Cruz e Clémence Jouët-Pastré. In: *Línguas e instrumentos linguísticos*. Campinas: Pontes, 1999.

PEIRCE, C. S. *La ciencia de la semiótica*. Buenos Aires: Nueva Visión, 1974.

PERCAS, H. *La poesía femenina argentina (1910-1950)*. Madrid: Cultura Hispánica, 1958.

PEREIRA, N. C. Hermenêutica feminista – uma leitura entre olhares heroicos e eróticos de identidades e narrativas das mulheres na América Latina. Disponível em: <www.cbibliocoverbo.com.br>. Acesso em: 5 jun. 2008.

PERROT, M. *Os excluídos da história*: operários, mulheres e prisioneiros. São Paulo: Paz e Terra, 1988.

PÉRSICO, A. R. *Un huracán llamado progreso*. Washington: OEA, 1992.

PESSOA, F. *Obra poética*. Rio de Janeiro: Companhia José Aguilar Editora, 1969.

PIZARRO, A. (Org.). *América Latina*: palabra, literatura e cultura. São Paulo: Fundação Memorial da América Latina, 1994. t.2.

PONZIO, A. *La revolución Bajtiniana y la ideología contemporánea*. Madrid: Cátedra, 1998.

PORTOCARRERO, V.; CASTELO BRANCO, G. *Retratos de Foucault*. Rio de Janeiro: NAU, 2000.

RECHDAN, M. L. de A. Dialogismo ou polifonia? 2009. Disponível em: <www.unitau.br/scripts/prppg/humanas/download/dialogismo--N1-2003.pdf>. Acesso em: 20 jan. 2009.

REVEL, J. *Foucault*: conceitos essenciais. São Carlos: Claraluz, 2005.

RICOUER, P. *Sí mismo como otro*. Madrid: Siglo XXI, 1996.

RIVERA, J. E. *La vorágine*. Disponível em: <http://www.banrepcultural.org/sites/default/files/libros/brblaa619043.pdf>. Acesso em: 3 jun. 2013.

250 NILDICÉIA APARECIDA ROCHA

ROCCHI, F. Concentración de capital, concentración de mujeres. Industria y trabajo femenino en Buenos Aires, 1890-1930. In: GIL LOZANO, F. et al. *Historia de las mujeres en la Argentina*. Buenos Aires: Siglo XX, Taurus, 2000. t.2.

ROSA, N. La naturaleza de la pasión. *Revista Estudios*, Córdoba, n.17, p.35-50, 2005.

RUSSOTO, M. La constitución de la voz femenina en la poesía latinoamericana. In: PIZARRO, A. (Org.) *América Latina*: palabra, literatura e cultura. São Paulo: Fundação Memorial da América Latina, 1994. t.2, p.807-29.

RUIZ, E. (Org.) *Las escritoras. 1840-1940*: antología. Buenos Aires: Centro Editor de América Latina, 1980.

SALOMONE, A. N. *Alfonsina Storni*: mujeres, modernidad y literatura. Buenos Aires: Corregidor, 2006.

_____. Voces femeninas/feministas en el discurso intelectual: Alfonsina Storni y Victoria Ocampo. Disponível em: <http://lasa.internacional.pitt.edu/LASA98/Salomone.pdf>. Acesso em: 21 jun. 2008.

SALOMONE, A. N.; LUONGO, G. Crítica literaria y discurso social: feminidad y escritura de mujeres. *Íconos, Revista de Ciencias Sociales*, Quito, n.28, p.59-70, mayo 2007. Disponível em: <http://www.flacso.org.ec/docs/i28luongo.pdf>. Acesso em: 20 jun. 2008.

SANTOS, B. de S. *Pela mão de Alice*: o social e o político na pós-modernidade. 10.ed. São Paulo: Cortez, 2005.

SARGENTINI, V.; NAVARRO-BARBOSA, P. (Org.) *M. Foucault e os domínios da linguagem*: discurso, poder, subjetividade. São Carlos: Claraluz, 2004.

SARLO, B. Alfonsina: reconstrucción de una lucha. In: STORNI, A. *Poemas de amor*. Bellinzona: Edizioni Casagrande, 1988a. p.7-25.

_____. *Una modernidad periférica*: Buenos Aires 1920 y 1930. Buenos Aires: Nueva Visión, 1988b.

_____. Mulheres, história e ideologia. In: _____. *Paisagens imaginárias*: intelectuais, arte e meios de educação. Trad. Rubia P. Goldoni. São Paulo: Edusp, 2005.

_____. *Escritos sobre literatura argentina*. Buenos Aires: Siglo XXI, 2007.

SARLO, B.; ALTAMIRANO, C. La Argentina del Centenario: campo intelectual, vida literaria y temas ideológicos. In: _____. *Ensayos argentinos*. De Sarmiento a la vanguardia. Buenos Aires: Ariel, 1997.

SARMIENTO, D. F. *Facundo*. 1845. Disponível em: <http://www.librosenred.com/libros/Facundo.html>. Acesso em: 3 jun. 2013.

A CONSTITUIÇÃO DA SUBJETIVIDADE FEMININA EM ALFONSINA STORNI   251

SCOTT, J. El género: una categoría útil para el análisis histórico. In: NAVARRO, M.; STIMPSON, C. R. (Comp.) *Sexualidad, género y roles sexuales*. Buenos Aires: Fondo de Cultura Económica, 1999. p.37-76.

STORNI, A. *Obras completas*. Buenos Aires: Losada, 1999. 2v.

————. *Antología*. Buenos Aires: Losada, 2004.

TEZZA, C. *Entre a prosa e a poesia*: Bakhtin e o formalismo russo. Rio de Janeiro: [S.l.], 2003.

TODOROV, T. *Os gêneros do discurso*. São Paulo: Martins Fontes, 1980.

VALÉRY, P. *Variedades*. São Paulo: Iluminuras, 1991.

VEIRAVÉ, A. *Alfonsina Storni*: historias de la literatura argentina. Las primeras décadas del siglo. Buenos Aires: Centro Editor de América Latina, 1980-1986. v.3.

VERÓN, E. *La semiosis social*. Barcelona: Gedisa, 1987.

————. *Fragmentos de un tejido*. Barcelona: Gedisa, 2004.

VIÑAS, D. (Dir.) *Historia social de la literatura argentina*: Irigoyen entre Borges y Arlt (1916-1930). Buenos Aires: Contrapunto, 1989. t.7.

————. *Literatura argentina y política. II*. De Lugones a Walsh. Buenos Aires: Arcos, 2005.

————. (Dir.) *Literatura argentina siglo XX*: la década infame y los escritores suicidas (1930-1943). Buenos Aires: Paradiso, Fundación Crónica General, 2007.

VIOLI, P. *El infinito singular*. Madrid: Cátedra, 1991.

VOLOSHINOV, V. N. *El marxismo y la filosofía del lenguaje*. Alianza Editorial, 1992.

ZANETTI, S. Modernidad y religación: una perspectiva continental (1880-1916). In: PIZARRO, A. (Org.) *América Latina*: palabra, literatura e cultura. São Paulo: Fundação Memorial da América Latina, 1994. t.2, p.491-534.

ZOLIN, L. O. Crítica feminista. In: BONNICI, T.; ZOLIN, L. O. (Org.) *Teoria literária*: abordagens históricas e tendências contemporâneas. 2.ed. Maringá: Eduem, 2005. p.181-203.

SOBRE O LIVRO

Formato: 14 x 21 cm
Mancha: 23,7 x 42,5 paicas
Tipologia: Horley Old Style 10,5/14
Papel: Offset 75 g/m² (miolo)
Cartão Supremo 250 g/m² (capa)
1ª edição: 2013

EQUIPE DE REALIZAÇÃO

Coordenação Geral
Marcos Keith Takahashi

Impressão e Acabamento:

psi7

Printing Solutions & Internet 7 S.A